DAS PEAK-PRINZIP

Das Komplettsystem für Kraftsport und Bodybuilding

© 2005, Jürgen Reis publishing
und bei den Autoren

Verlag Jürgen Reis publishing, Dornbirn
Steggasse 2
A–6850 Dornbirn
Telefon +43 5572 20 38 29
info@juergenreis.com
www.juergenreis.com

Lektorat: Maria Luise Graziadei
Gestaltung: Sebastian Nagel
Fotografie: Jürgen Christmann

höfledruck Höfle Offsetdruckerei Ges.m.b.H.

Siebte Auflage, Februar 2009
Sechste Auflage, Juli 2008
Fünfte Auflage, Juli 2007
Vierte Auflage, September 2006
Dritte Auflage, Januar 2006
Zweite Auflage, Juli 2005
Erste Auflage, März 2005
Alle Rechte vorbehalten.

Jegliche Veröffentlichung, Vervielfältigung, Speicherung oder Weiterverbreitung in jedem Medium als Ganzes oder in Teilen bedarf der schriftlichen Genehmigung von Jürgen Reis.

ISBN10 3-200-00236-0
ISBN13 978-3-200-00236-4
printed in Austria

Mit freundlicher Unterstützung von

Inhalt

Experten über das Peak-Prinzip 8
Dankeschön 10
Jürgen Reis 12
Das Peak-Expertenteam 13

PEAK! **14**
Die Elemente des Peak-Prinzips 15
Warum das „Prinzip" hinter dem Peak? 16
Ein Kletterer schreibt über Kraftsport? 16
Wichtiger Hinweis zu Steroiden 17
It's Peak-Time – Ein Bericht von Daniel Zauser 18
Die Grundsäulen der Peak-Trainingsstrategie 24
    Was dürfen Sie erwarten? 25
    Der Einsteigervorteil 26
    Ein neuer Weg für Profis 26

Teil 1 – Peak-Training

PEAK HIGH INTENSITY TRAINING **28**
Die Seele des Peak-Prinzips 28
Die 10 Gebote des High Intensity Trainings 30
Ist ein Satz wirklich genug? 36
Positives und negatives Muskelversagen 37
Die besten Intensitätstechniken 37
Die beste Trainingszeit 40
Schluss mit den Kraftsportmärchen! 42

DAS ZYKLISCHE TRAININGSSYSTEM **44**
Warum ein zyklisches Trainingssystem? 44
Was ist ein Trainingszyklus? 45
Ein Wort zur Vergangenheit 46
Zyklisches Peak-Training – Der neue Weg 46
Training zum Erfolg 48
Heavy HIT und Easy HIT 49

Die Trainingstage festlegen 49
  Der A-Tag – Die Hauptdisziplin! 49
  B- und C-Tage 50
  D-Programm – Fill the gap! 50
  Kombination 52
Die drei Zyklen 52
  Aufbauzyklus 1 52
  2. Aufbauzyklus 2 54
  Der Peak-Zyklus – Das Highlight! 56
  Over the Top – Was ein Peak wirklich bedeutet 57
  Nach dem Peak: Erholung oder Erhaltungsphase? 59
  Alles Peak, oder was? 60
Stärken stärken 61
Ausdauertraining im zyklischen System 62
Trainingstagebuch – unentbehrlicher Begleiter 65

IHR TRAININGSPROGRAMM **66**
Grundübungen und Isolationsübungen .67
Die besten Übungen für jede Muskelgruppe 68
Kurzer Leitfaden für ein Trainingsprogramm 69
Ein Beispiel aus meinem Trainingsalltag 70
Anmerkung zu den Körpertypen 73

ÜBERTRAINING UND VERLETZUNGEN **74**
Übertraining – Pures Gift! 74
Anzeichen für ein Übertraining 76
Hilfe, ich bin im Übertraining! Was jetzt? 78
Verletzungen vermeiden 80
Jetzt erst recht! – Zurück zur Top-Form .83

INTERVIEW: DIPL. PT HANNO HALBEISEN **88**

Teil 2 – Peak-Ernährung

MEIN WEG ZU 4,4% KÖRPERFETT 90

Von „kohlenhydratreich" zur Peak-Ernährung 90

Der Weg zur Sensation 93

Trotz allem: Ich habe auch Fehler gemacht!. 97

Ist so wenig Körperfett nicht gefährlich? 99

PEAK-ERNÄHRUNG – EIN NEUER WEG 100

Ein ernstes Wort vorweg 100

Neue Wege beschreiten 101

Das „Making of" meiner Peak-Ernährung 101

Kriterien für erfolgreiche Kraftsportler-Ernährung 102

Die 10 Vorteile der Peak-Ernährung 104

Gesundes Fett – Basis der Peak-Ernährung 104

Lebenswichtige Funktionen von Fett und Fettsäuren 105

Gesättigte Fettsäuren 105

Einfach ungesättigte Fettsäuren 106

Mehrfach ungesättigte Fettsäuren 106

Trans-Fettsäuren (gehärtetes Fett) 107

Ist so viel Nahrungsfett nicht ungesund? 108

Kohlenhydrate – strategische Geheimwaffe 109

Einfach-, Zweifach- und Mehrfachzucker 109

Blutzucker für konstante Energiebereitstellung 110

Kohlenhydrate als Insulinauslöser 110

Ketose – Das Fettverbrennungswunder? 111

Eiweiß – Baustoff der Muskulatur 112

Aufbau von Eiweiß 112

Die Wertigkeit von Eiweißquellen 113

BCAAs – Verzweigtkettige Aminosäuren 113

Molkenprotein (Wheyprotein) 113

Kasein 114

Hormone 114

Insulin strategisch nutzen 114

Glucagon, Adrenalin – Fettverbrennung und Gluconeogenese 115

Testosteron und Wachstumshormon 116

Weitere wichtige Stoffe 117

Vitamine, Mineralstoffe und Spurenelemente 117

Ballaststoffe 117

Flüssigkeit! 117

Hinweis zu Supplementen 117

Ihr Weg zum langfristigen Erfolg 118
Wie funktioniert Peak-Ernährung konkret? 119
    6/1 – Leistung, Wachstum, Fettverbrennung 119
    Timing ist alles 119
    Ladetag – Der anabole Turbo 120
    Die Kalorien haben das letzte Wort 121
    Ernährung soll kein Stress sein 121
Noch mehr Grundlagen zur Peak-Ernährung? 122

PEAK-ERNÄHRUNG IN DER PRAXIS 124
Der einfache und sichere Start 124
Auf die Peak-Ernährung umstellen 126
    Schritt 1: Eingewöhnungsphase 126
    Schritt 2: Kohlehydrate weiter reduzieren 127
    Troubleshooting nach Schritt 2 127
    Häufige Fehler zu Beginn 128
Die 6/1 Praxis 129
    6 Tage wenig Kohlenhydrate, aber volle Leistung! 129
    Der Ladetag – Abschluss und Belohnung 130

IHR ERNÄHRUNGSPLAN 132
Schritt 1: Eiweiß 132
Schritt 2: Kohlenhydrate 133
Schritt 3: Fett 134
Ernährungsplan am PC – einfach und elegant! 134
Anpassung an die Trainingszyklen 136
Oft gehört und geglaubt: Ernährungsmärchen 138
Extra-Tipps für den Peak-Ernährungsalltag 140
    Ernährung und Supplemente bei Verletzungen 145
12kg weniger Fett pro Jahr dank Peak-Lifestyle! 150

INTERVIEW: DIPL. ERNÄHRUNGSMED. BERATERIN DORIS GISELBRECHT 152

SUPPLEMENTE 154
Supplemente und Kraftsport 154
Dopingfrei zu mehr Leistung! 156
Die Supplemente 157
Buchempfehlung 162

INTERVIEW: LEISTUNGSPHYSIOLOGE JULIUS BENKÖ 164

Teil 3 – Peak-Mental Power

DIE MENTALE STÄRKE **168**
Besser sein, wenn's zählt! 168
Das Warum ist wichtiger als das Wie! 169
Das Ziel definieren 170
Erfolg vorstellbar machen: die Vision 171
Autogenes Training: Die richtige Grundlage 172
Glaubenssätze 173
Modeling 174
Direkt im Training 175
Mental Power am Peak-Tag 178
Muskelaufbau by „Mental Power"? 179
Mentaltraining als wichtige Peak-Komponente 180

INTERVIEW: NLP-LEHRTRAINER FREDY ANWANDER **182**

PEAK-LIFESTYLE **184**
Der aktive Lebensstil für Ihren Alltag 184
Mit dem Peak-Lifestyle zu 4,4 % Körperfett! 185
Beispiel für einen trainingsfreien Tag 186
Die neue Freiwilligkeit 189
   Die Gelegenheit am Schopf packen 191
   Die Wissenschaft vom inneren Schweinehund 191
Disziplin – Die andere Seite der Medaille 192
Der Stellenwert des Trainings 193
Warum ich trainiere 196

Teil 4 – Anhang

ANHANG – DIE ZUGABE **198**
Killer Edge – Der letzte Schliff 198
Die Peak-Ernährung auf einen Blick 204
Der glykämische Index (GI) 206
Das Peak-Prinzip im Internet! 207
Quellennachweis, weiterführende Literatur 208
Start frei für Ihr Peak-Prinzip! 210

Experten über das Peak-Prinzip

Die Recherchen von Jürgen Reis, einem erfolgreichen Top-Sportler und Jung-Unternehmer, sind sehr praxisnah. Keiner kann das besser beurteilen als ich, der selber 25 Jahre lang Hochleistungssport betrieben hat. Auf alle Fälle gibt das Buch für den sportlichen Neuling, genauso wie für den Sport-Extremisten genügend Möglichkeiten und Ideen, sich professionell weiter zu entwickeln.

Marc Girardelli, 5-facher Gesamtweltcupsieger, Ski Alpin

Jürgen Reis beschreibt in seinem Buch ein hochmodernes und allumfassendes Intensiv-Trainingskonzept, das gleichermaßen für Einsteiger wie für Profis geeignet ist.

Andreas Bindhammer, Weltcupsieger, Sportklettern

Auf 3 Beinen steht man bekanntlich am sichersten. Getreu diesem Grundsatz baut auch das Peak-Prinzip auf den gleich gewichteten 3 Säulen Training – Ernährung – Mentale Power auf. Die Stärke des Buches liegt in der Erkenntnis, dass erst die ausgeglichene Mischung dieser drei Komponenten zum angestrebten Erfolg führt. Und noch etwas: Nach wie vor gibt es viel zu viele „Leistungssportler", die in krankhaftem Ehrgeiz meinen, nur mit Hilfe von anabolen Steroiden zum Ziel zu kommen. Allein, wenn es gelingt, den einen oder anderen von ihnen statt dessen zu einem vernünftigen Training zu bewegen, hat dieses Buch bereits seinen Zweck erfüllt.

Günter Polanec, Leiter der Sportredaktion im ORF-Studio Vorarlberg

Jürgen Reis selbst ist ein absoluter Profi. Sein Buch ist aber auch für Hobby-Sportler oder Menschen, die einfach einen gesunden Lebensstil pflegen möchten, eine wahre Fundgrube an Anregungen und Ideen. Wie Jürgen Reis all diese Informationen zusammengetragen und in Buch-Form gebracht hat, zeigt einmal mehr, dass sein Herzblut in dem steckt, was er anpackt - egal ob sportlich oder im Beruf.

Mag. Ulrike Elisabeth Breit, NEUE Vorarlberger Tageszeitung

„Was der Schmid kann, kann das Schmidle schon längst." Jürgen Reis enthüllt in seinem Buch nicht nur sein eigenes Erfolgsrezept, sondern zeigt auf, wie ambitionierte Hobbysportler – ohne komplette Selbsteinschränkung – mit dem richtigen Trainingskonzept, der richtigen Ernährung und mentalen Einstellung ihre ganz persönlichen sportlichen Erfolge feiern können.

Mag. Matthias Linder, WIFI Geschäftsbereichsleiter Führung und Persönlichkeit

In der heutigen Zeit, in der schon beinahe alles erforscht wurde, ist es sehr erfrischend ein Buch zu finden, das es vermag, den Leser intensiv zum Nachdenken zu bewegen. Jürgen Reis ist nicht nur ein exzellenter Sportkletterer, sondern auch ein akribisch genauer Buchautor – danke für deine Idee, wieder etwas Neues für die Leser bereit zu halten.

Wolfram Waibel, 2-facher Olympiamedaillengewinner Atlanta 1996, Schießen

Dankeschön

Mein ganz besonderer Dank gilt allen, die an diesem Buch direkt oder indirekt beteiligt waren. Es war ein „heißer Herbst 2004", in dem diese Seiten entstanden sind. Einige Menschen in meinem Leben spielten während dieser Zeit eine besonders entscheidende Rolle:

Mein Vater – Größtes Vorbild, Privat-Coach in allen Lebenslagen und Alleskönner in einem. Wenn Evolution wirklich bedeutet, dass eine Generation die nächste übertreffen soll, habe ich wohl noch einen sehr, sehr weiten Weg vor mir. Aber ich werde alles geben, damit du auch weiterhin stolz auf mich sein darfst!

Meine Mutter – Durch deine oft strenge, aber konsequente Erziehung hast du mir den Sinn für wirkliche Werte und meine eiserne Disziplin mit auf den Weg gegeben. Im Training, Weltcup, aber auch im Leben heute wohl eine meiner wichtigsten Fähigkeiten.

Andrea, Sonja, Chris, Macky, Michi und der Rest der Family – Ihr habt mir die Frage nach dem *Warum* schon öfter als Ihr vielleicht ahnt eindeutig beantwortet. Zu euch gehören zu dürfen, ist ein tolles Gefühl und gibt mir echten, warmen Rückhalt!

Julius Benkö – Freund, Trainer und Leistungsphysiologe des Olympiamodells Vorarlberg aus Leidenschaft. Das Peak-Prinzip basiert zu einem großen Teil auf deinen Erkenntnissen, die ich erfolgreich umsetzen durfte. Wo wäre ich eigentlich heute ohne dich?

Hanno Halbeisen und Doris Giselbrecht – Ihr habt auch dann an mich geglaubt, wenn's nicht nur aufwärts ging. Danke für die Geduld!

Fredy Anwander – Du hast mir gezeigt, wie man die Sterne nicht nur sieht, sondern sie einfach vom Himmel reißt!

Benny Dahmen, Andi Bindhammer, Betti Schöpf und Lukas Fäßler – Ihr wart für mich im Herbst 2004 mehr als Trainings- oder Kletterpartner. Eure Energie und der hundertprozentige Glaube an mich und meine Ziele haben mich immer wieder zu Höchstleistungen angetrieben.

Alwin Leitner – Mentor, Freund und „geschäftlicher Wegweiser" seit meinen Anfängen. Deine Ratschläge kamen immer von Herzen und haben mir oft den Weg gezeigt.

Marc Girardelli – Deine freundschaftlichen Praxistipps und Ratschläge wecken seit Jahren immer wieder den Kämpfer in mir oder bestätigen mich auf meinem Weg. Du bist und bleibst sportlich, aber vor allem als Mensch für mich eines meiner größten Vorbilder!

Erwin Marz – Trainer und Betreuer der Nationalmannschaft. Du hast Großes für einen ganz besonderen Sport geleistet und lebst deine Berufung mit unvergleichlicher Leidenschaft.

Jürgen Höfle – Geschäftsführer und Leistungssportler. Dass diese Kombination erfolgreich möglich ist, beweist du mir seit Jahren. Die Druckqualität dieses Buches spricht für sich – Dein Unternehmen gehört, wie auch du als Mensch, zu den „ganz Großen"!

Josef Spiegel und Bertram Konzett – so verschieden ihr seid. Ihr habt zwei Dinge gemeinsam. Ihr besitzt die besten Restaurants in Dornbirn und könnt den Krieger in mir immer wieder neu inspirieren.

Werner Petrasch, Rudi Pfeiffer und Kurt Taurer – dass hochwertige Supplemente eben nicht nur die „Spitze des Eisbergs" sind, beweist Ihr mir immer wieder aufs Neue!

Sebastian Nagel, Jürgen Christmann und Maria Luise Graziadei – Visionen zu erkennen und an sie zu glauben, ohne Wenn und Aber. Diese seltene Eigenschaft ist in euch tief verwurzelt. Eure Liebe zum Detail beim inhaltlichen Ausarbeiten, beim Lektorat, Layout und bei den Fotoaufnahmen gaben diesem Buch schließlich den entscheidenden Feinschliff!

Daniel Zauser – wir wollten gemeinsam ein Buch schreiben. Dass daraus für uns beide die wohl längste und intensivste „Peak-Phase" unseres bisherigen Lebens werden sollte, war anfangs nicht vorhersehbar. Während ich im Weltcup die Effektivität meines Peak-Prinzips bewies, hast du deinen „Schreibweltcup" gewonnen!

Danke!

Jürgen Reis

geboren 1976, wuchs im österreichischen Dornbirn auf. Er ist seit dem Jahr 2000 Fixstarter im rot-weiß-roten Sportkletternationalteam und zählt seit vier Jahren zu den drei erfolgreichsten Wettkampfkletterern Österreichs. Zu seinen sportlichen Erfolgen gehören Siege bei nationalen Wettkämpfen und vor allem ein zehnter Platz beim Weltcup in Singapur 2002.

Neben seiner nach wie vor aktiven sportlichen Laufbahn gründete Jürgen Reis schon 1996 ein eigenes IT-Unternehmen. Seit 2003 ist er zudem als Seminartrainer aktiv. Als geprüfter NLP-Practitioner und Leistungssportlehrwart verfügt er über umfassendes Fachwissen sowohl im Mentalbereich als auch hinsichtlich der wissenschaftlichen Grundlagen des Kraftsports.

Co-Autor Daniel Zauser

1978 in Bregenz geboren, studierte Philosophie, Germanistik und Theaterwissenschaft an der Universität Wien. Nach Abschluss des Studiums und dem Verfassen zahlreicher wissenschaftlicher Arbeiten richtete sich sein Interesse verstärkt auf Fitness und Ernährung. Die Idee, sich im Rahmen eines Buches weiter in diese Thematik zu vertiefen und seine Kompetenz als Autor in dieses Projekt einzubringen, begeisterte ihn und begründete seine erfolgreiche Zusammenarbeit mit Jürgen Reis.

Das Peak-Expertenteam

Hanno Halbeisen (geb. 1972) absolvierte nach der Matura eine Ausbildung zum Dipl. Physiotherapeuten an der Internationalen Akademie für Physiotherapie „Thim van der Laan AG" in der Schweiz sowie Ausbildungen zum Sports Physical Therapist und Physical Rehabilitation Trainer an der International Academy for Sportscience. 1999 machte er sich mit dem Schwerpunkt Unfallchirurgie, Orthopädie, manuelle Therapie und Sportverletzungen selbstständig. Ein großer Stellenwert kommt der Betrachtung gesundheitlicher Probleme aus funktionell zusammenhängender Denkweise zu, im Jahr 2003 begann er deshalb die Gesamtausbildung der Osteopathie.

Doris Giselbrecht (geb. 1969) absolvierte eine 3-jährige medizinisch-therapeutische Ausbildung in Innsbruck, und schloss 1996 als diplomierte Diätassistentin und ernährungsmedizinische Beraterin ab.
Der Sporternährung gilt neben der Arbeit im Krankenhaus ihr Hauptinteresse, das bereits mit ihrer Diplomarbeit zum Thema „Ernährungsbewusstsein von Leistungsamateursportlern" begann. Seit fast zehn Jahren erarbeitet sie als freiberufliche Ernährungsberaterin mit Leistungssportlern verschiedenster Sportarten individuelle Ernährungsstrategien, hält Vorträge und gibt Seminare.

Julius Benkö (geb. 1962) ist seit 1997 am Olympia- und Leistungszentrum Vorarlberg als Leistungsphysiologe tätig und betreute während dieser Zeit eine Vielzahl von Sportlern aus unterschiedlichsten Sportarten. Während seiner aktiven Laufbahn war er mehrfach österreichischer Staatsmeister in verschiedenen Ausdauersportarten.

Fredy Anwander (geb. 1954), zum NLP-Trainer zertifiziert und lizenziert durch Richard Bandler (USA), einem der Begründer des NLP. Anerkannter NLP-Lehrtrainer nach Richtlinien des DVNLP. Seit 1991 ist er hauptberuflich als praktizierender Trainer und Berater tätig. Eine Ausbildung in Hypnose und Hypnotherapie ergänzen sein umfangreiches Tätigkeitsfeld. Seit Juni 2003 betreut er Jürgen Reis im mentalen Bereich und begleitete ihn durch seine eigene Ausbildung zum NLP-Practitioner.

EINFÜHRUNG

PEAK!

Peak heißt Spitze, Gipfel, Höhepunkt. Das Peak-Prinzip steht für Spitzenleistungen im Kraftsport und Bodybuilding. Es ist ein allgemein gültiges Komplettsystem, mit dem jeder Athlet die Grenzen seines genetischen Potenzials ausloten kann.

Das Peak-Prinzip ist die Essenz der effektivsten Trainingsmethoden und Ernährungsstrategien, abgerundet und abgesichert durch jahrelange Erfahrung im internationalen Leistungssport. Nicht Statistiken und wissenschaftliche Theorien, sondern die erfolgreiche Erprobung im tagtäglichen Kraftsport-Einsatz geben dem Peak-Prinzip Recht. Von ambitionierten Freizeitathleten, die ich selbst coachen durfte, über Vertreter meines Sports wie dem mehrfachen Weltcupsieger und Weltmeister François Petit, und bis hin zu Bodybuilding-Ikonen wie dem 5-fachen Mr. Olympia Dorian Yates reicht die Bandbreite. Sie alle durften mit den hier präsentierten Methoden oder Elementen daraus sensationelle Erfolge feiern.

Und doch ist das Peak-Prinzip einzigartig und neu, da all seine Methoden nie zuvor in einem perfekt abgestimmten Komplettsystem präsentiert wurden. Training, Ernährung, Supplemente und mentale Stärke verbinden sich im Peak-Prinzip zu einer leistungsstarken Einheit, die jedem Kraftsportler und Bodybuilder die Verwirklichung seiner Ziele ermöglicht.

Ein Peak-Tag ist der *eine* Tag, auf den es wirklich ankommt, der Tag der absoluten Höchstleistung. Im Peak-Prinzip geht es darum, *diese* Leistung zu erreichen, gezielt zu reproduzieren und sie kontinuierlich zu steigern.

Die Kriterien zur Erreichung der Peak-Leistungen sind zugleich die drei Elemente, auf denen das Peak-Prinzip basiert:
- Optimaler Muskel- und Kraftaufbau durch das Peak-Training
- Effektive Körperfettverbrennung und Muskelaufbau durch die Peak-Ernährung
- Dauerhafte Fitness und Motivation durch mentale Power und Peak-Lifestyle

Das Trainingssystem, die Ernährung und Supplemente sowie die mentale Stärke greifen dabei nahtlos ineinander. Kein Bereich steht für sich allein, denn nur durch das reibungslose Zusammenspiel aller drei leistungsrelevanten Komponenten sind sportliche Höchstleistungen möglich.

Das Peak-Prinzip ist für alle, die mehr wollen, die sich mit angeblichen Grenzen nicht abfinden und ständig auf der Suche nach ihrem wahren Potenzial sind! Dafür ist eine gewisse Disziplin in allen Bereichen wichtig, das steht außer Frage. Doch fällt das Disziplinhalten mit dem Peak-Prinzip verhältnismäßig leicht, da es nicht allein die sportliche Leistung, sondern auch die Lebensqualität mit berücksichtigt und verbessert. Lebensqualität und Höchstleistung schließen sich im Peak-Prinzip nicht aus, sondern ergänzen und steigern sich gegenseitig.

Ein echter Peak-Athlet ist das ganze Jahr über fit, gesund und motiviert, und erreicht seine Ziele.

Die Elemente des Peak-Prinzips

Das Fundament für die optimale Körperentwicklung bildet das Peak-Training. Es kombiniert die äußerst erfolgreiche und seit langem bewährte Methode des High Intensity Trainings mit einem bahnbrechenden zyklischen Trainingssystem, das jedem Athleten einen kontrollierten Aufbau und das gezielte Erreichen von Höchstleistungen ermöglicht. Langfristigkeit und kontinuierliche Leistungssteigerungen sind neben den Spitzenleistungen die Kernziele des Peak-Trainingssystems.

Auf dieses Fundament baut die Peak-Ernährung auf, eine leistungsorientierte und langfristig praktizierbare Ernährungsform, die perfekt auf die Anforderungen des Peak-Trainings ausgerichtet ist und sich dabei ausnahmslos jedem individuellen Anspruch anpasst. Im Gegensatz zu einer Diät verzichtet die Peak-Ernährung auf keinen Nährstoff. Sie setzt vielmehr auf eine strategische Nutzung von Fett, Eiweiß und Kohlenhydraten zur Optimierung des Muskelwachstums, der Regeneration, der Fettverbrennung und der Leistungsbereitschaft. Kurz, die Peak-Ernährung beeinflusst den Hormonhaushalt auf die für den Kraftsport bestmögliche Weise.

Die grundlegenden Trainings- und Ernährungsprinzipien stammen aus dem Bodybuilding, da es die beiden Seiten der Körperentwicklung – Muskelwachstum und Körperfettreduktion – auf die Spitze treibt. Das Bodybuilding ist in diesem Sinne der exakteste Kraftsport und gibt als solcher den Leitfaden für jede andere Kraftsportdisziplin vor. Kein anderer Sport modelliert den Körper mit größerer Präzision.

Schließlich spielt im Peak-Prinzip aber nicht nur der Körper, sondern auch der Geist eine wichtige Rolle. Motivation, Disziplin, Konzentration und Willensstärke sind nicht selbstverständlich, sondern langfristige Wegbegleiter durch anspruchsvolle und intensive Trainingsphasen und Resultate einer aktiven Auseinandersetzung mit den eigenen mentalen Ressourcen. Mentale Stärke und ein aktiver Lebensstil runden das Bild des Peak-Prinzips ab und sind die eigentlichen Wegbereiter zu Spitzenleistungen.

Warum das „Prinzip" hinter dem Peak?

Ganz einfach: Ich schreibe niemandem vor, was er im Kraftraum oder beim Mentaltraining genau zu tun hat oder wie jede einzelne Mahlzeit aussehen soll. Aber ich gebe Ihnen Grundsätze in die Hand, mit denen Sie Ihr Training und Ihre Ernährung optimieren können. Dieses Buch enthält nur sehr wenige Beispielpläne und keine fertigen Detailanleitungen. Ein Trainings- oder Ernährungsplan ist nur sinnvoll für genau *einen einzigen* Athleten in *einer* bestimmten Phase seiner Entwicklung. Wenn Sie also darauf warten, dass Ihnen eines Tages aus einem Buch oder einer Zeitschrift genau Ihr Idealplan entgegen springt – weiterhin viel Glück!
Das Peak-Prinzip ist die Essenz aller Trainings- und Ernährungsprinzipien, die es Ihnen ermöglichen, Ihren ganz individuellen Idealplan zu erstellen. Wenn Sie diese Prinzipien anwenden, werden Sie erfolgreich sein. Das Peak-Prinzip zeigt Ihnen eine klare Richtung auf. Wie Sie den Weg zum Erfolg im Detail bewältigen, hängt ganz von Ihren persönlichen Voraussetzungen und Zielen ab. Das Peak-Prinzip ist allgemein gültig, weil jeder Einzelne es für sich nutzen und individuell umsetzen kann.

Ein Kletterer schreibt über Kraftsport?

Sportkletterer sind notwendigerweise Experten in Kraft- und Muskelaufbau. Beide Kraftkomponenten – sowohl die Maximalkraft als auch die Kraftausdauer – sind in meinem Sport mindestens ebenso wichtig wie Technik und Beweglichkeit. Kurz, Kletterer sind Kraftsportler.
Zusätzlich spielt für einen Kletterer, ebenso wie für einen Bodybuilder, der Körperfettanteil eine bedeutende Rolle. In der Kletterwand arbeitet sein Gewicht gegen ihn – Muskeln bedeuten Kraft, Körperfett hingegen bedeutet Ballast. Neben den Bodybuildern selbst ist ein Sportkletterer deshalb *der* Experte für Muskelwachstum und Körperfettreduktion. Aber anders als Bodybuilder, die für ein oder zwei Wettkämpfe im Jahr richtig in Form sein müssen, hat ein Sportkletterer sowohl im

Frühjahr als auch im Herbst eine mehrmonatige Saison zu bestreiten. Für ihn sind also auch konstante Fitness und Leistungsfähigkeit während des ganzen Jahres äußerst wichtig. Alles, was keinen langfristigen Erfolg und keine kontinuierliche Steigerung ermöglicht, hat deshalb im Peak-Prinzip nichts verloren.

Wichtiger Hinweis zu Steroiden

Alle Angaben in diesem Buch gehen davon aus, dass Sie auf anabole Steroide verzichten und „natural" trainieren. Ich selbst habe nie mit Steroiden experimentiert, nicht nur wegen strikter Auflagen in meinem Sport, sondern auch weil mir meine Gesundheit sehr am Herzen liegt und ich keine Risiken eingehen möchte.
Ich gebe Ihnen allerdings in dieser Hinsicht keine Empfehlung. Die Entscheidung für oder gegen Steroide muss jeder für sich treffen. Kurzfristig gesehen scheint viel für Steroide zu sprechen: Schnelle Erfolge, erhöhte Leistungsbereitschaft, unglaubliches Muskelwachstum, kaum Regenerationsbedarf. Langfristig spricht allerdings viel mehr dagegen: *(Zer-)*Störung des Hormonhaushalts, Funktionsstörungen von Leber und Nieren, erhöhte Herzinfarktgefahr, Kreislaufprobleme, eventuelle Zeugungsunfähigkeit und vieles mehr.
Was ist ihnen wichtiger? Es liegt bei Ihnen. Sie sind selbst für sich verantwortlich. Wenn Sie Wert darauf legen, auf natürliche Weise das Beste aus Ihrem Körper zu machen, haben Sie mit dem Kauf dieses Buches auf jeden Fall die richtige Entscheidung getroffen.

Bevor Sie mit dem Peak-Training oder der Peak-Ernährung beginnen: Lassen Sie sich in Ihrem eigenen Interesse von einem Arzt Ihres Vertrauens „durchchecken"! Ideal ist eine sportärztliche Untersuchung. Nur wenn Sie gesund sind macht die Anwendung des Peak-Prinzips Sinn.

It's Peak-Time – Ein Bericht von Daniel Zauser

Der 26. November 2004 war Jürgens allerletzter Peak-Tag der Saison 2004. Die Weltcups waren vorbei und eigentlich hätte er sich guten Gewissens auf die faule Haut legen können.

Der Grund, weshalb er noch einmal zu einem Peak-Training nach Ottobeuren fuhr, war sein Einsatz als Testkletterer für die Süddeutschen Meisterschaften, die am nächsten Tag stattfinden würden. Jürgen sollte die von seinen Trainingspartnern Christian und Andreas Bindhammer gebauten Wettkampfrouten für Qualifikation, Halbfinale und Finale möglichst durchklettern, um den Schwierigkeitsgrad und die Charakteristik der Routen aus erster Hand bewerten zu können.

Der Name Bindhammer ist in der internationalen Szene seit Jahren ein Maßstab. Zahlreiche Finalplatzierungen im Weltcup, darunter ein Sieg, der begehrte „Rockmaster"-Titel und wohl die umfangreichste Sammlung von Begehungen schwierigster Sportkletterrouten weltweit stehen auf dem Erfolgskonto. Auch die Qualität des Routenbaus von Andreas und Christian ist schon seit Jahren auf absolutem Topniveau. Eine Herausforderung, wie geschaffen für ein Peak-Training.

Andererseits wurde Jürgen von seinem Trainer nach den Weltcup-Bewerben in eine Zwangsruhepause geschickt. Er trainierte seinen letzten Peak also „heimlich". Was trieb ihn an? Warum wollte er es unbedingt noch einmal wissen?

Ganz einfach: Er liebt hochintensives Training, er liebt die Spannung, er liebt den Kick – und er liebt den Erfolg. In der Peak-Phase lebt Jürgen für das Training und für das damit verbundene Hochgefühl. Er wollte noch ein letztes Mal zeigen, was er in Peak-Form zu leisten imstande ist. Deshalb war dieser Freitag als die „Peak-Zugabe" der Saison angesetzt. Und ich begleitete ihn.

Aus den Federn

Das erste Mal öffnet Jürgen an diesem Tag um 3.49 seine Augen. Keine Frage, er ist ein Frühaufsteher, aber um diese Zeit schläft selbst er für gewöhnlich tief und fest. Etwas hat ihn dennoch aus seinen Träumen gerissen und ihn zu nachtschlafener Stunde hellwach gemacht. In Jürgens Kopf ist in diesem Augenblick nur ein einziger Gedanke: Peak-Tag!

Auf den ersten Blick ist dieser Peak-Tag nur die Simulation eines Wettkampfes. Körper und Geist stellen sich jedoch genau so darauf ein und verhalten sich genau so, als handle es sich um den „Ernstfall". Diese Einstellung ist charakteristisch für einen hochintensiven Peak-Tag und kann schon einmal dazu führen, dass Jürgen um 4 Uhr früh aufwacht und sich wie vor einer Weltcupentscheidung fühlt.

Jürgen lässt sich davon aber nicht sonderlich beeindrucken. Er nutzt die Zeit für ein autogenes Training, in dem er sich den vor ihm liegenden Tag genau vor Augen führt und sich noch einmal auf Höchstleistung programmiert. Darauf folgt dann doch noch eine kurze, aber wertvolle Tiefschlafphase. Auch dies ein Nebeneffekt des autogenen Trainings – „programmierter Schlaf"!

Kurz nach sechs kann ihn dann endgültig nichts mehr im Bett halten. Er springt auf, schnappt sich die bereitgelegten Supplemente und startet in den Tag.
An einem Peak-Tag hat Jürgen alles längst vorbereitet. Er tut absolut nichts, was er nicht schon hundertmal getan hat. Alles ist penibel standardisiert und perfekt abgestimmt. Die Supplemente sind bereits dosiert und liegen bereit. Der Rucksack und die Trainingstasche sind längst gepackt. Überraschungen haben im Peak nichts verloren. Alles, was unnötig Energie verschwenden und Stress verursachen könnte, wird von vornherein aus dem Weg geräumt. Dafür kann Jürgen sich auf die Höchstleistung an Peak-Tagen verlassen. „Peak-Tage sind für mich der Höhepunkt", sagt er, „meine Belohnung für Körper und Geist."
Nach dem Aufstehen checkt Jürgen seine Blutwerte und sein Körpergewicht. Das gehört immer dazu, nicht nur an Peak-Tagen. Dabei vergleicht er das Gewicht nicht mit dem des Vortages, sondern mit dem entsprechenden Tag der Vorwoche. Alles andere wäre in einem zyklischen Trainings- und Ernährungssystem unsinnig.
Die Blutwerte sind gut, doch die Gewichtskontrolle fällt ein wenig enttäuschend aus. Offenbar hat die Weltcupsaison doch etwas Substanz gekostet: Ein gutes halbes Kilo ist nach den vergangenen Wettkampfwochenenden dahin.

Nun aber hinein in die Turnschuhe und raus an die frische Luft. An einem Peak-Tag ist Jürgens Körper bereits automatisch aktiviert und er kann sofort loslegen. Er fühlt sich gut und erhöht nach zehn Minuten das Lauftempo. Der Sinn dieses Morgenlaufs besteht allein darin, Sauerstoff zu tanken und sich aktiv auf den harten Trainingstag einzustellen. Gegen Ende streut er einige kurze Intervallsprints ein. Nach dem Joggen folgt noch ein leichtes Stretching. Nach 20 Minuten ist die Aktivierungseinheit schon wieder zu Ende. Er braucht die Energie schließlich noch.
Das Frühstück fällt wie üblich recht einfach aus: Ein Milchshake mit Proteinpulver. Rucksack schnappen und ab ins Auto.
Kurz vor acht holt er mich ab. Eine Stunde später sind wir in Ottobeuren.

Trainingsstart

Es ist kurz nach neun und wir warten auf unsere Capuccinos. Jürgen wärmt sich bereits mit lockerem Klettern im Grundlagenbereich auf. Durch die Kletterhalle schallt ein Song von Bon Jovi aus seiner CD-Sammlung, die ihn zu jedem Training begleitet. Das gehört zu seinen Motivationsgeheimnissen und ist somit auch und besonders an Peak-Tagen Standard.
Ich sitze herum, bin todmüde und mache Notizen. Immerhin will meine Anwesenheit gerechtfertigt sein. Der Kaffee tut uns gut. Dann wird es langsam ernst.

20 DAS PEAK-PRINZIP – EINFÜHRUNG

Beim Aufwärmen ist es wichtig, nicht zuviel Energie zu verschwenden, aber doch aggressiv zu werden und die richtige Feinabstimmung der Koordination zu finden. Jürgen aktiviert der Reihe nach alle Systeme.
Er beginnt mit der Grundlagenausdauer mit ganz leichtem Klettern. Dann geht er über zu Maximalkraftübungen, wobei er sich langsam steigert.
Auch Turnerübungen haben ihren Platz in Jürgens Trainingsprogramm. Seine Spezialität sind Hangwaagen (eine Spannungsübung) und Klimmzüge. Zum Aufwärmen macht er noch beidarmige, und legt dabei die ganze Belastung auf die Finger. Für ihn ist das eine lockere Übung. Ich bin bei Klimmzügen selbst nicht schlecht, doch nach dreien an diesem Holzbalken tun mir die Finger weh und ich lasse es erstmal gut sein.

Jürgen wirkt immer noch sehr locker. Er macht ein paar Stretching-Übungen und bereitet sich in aller Ruhe an der Boulderwand vor. „Bouldern" ist eine Maximalkraftdisziplin im Klettersport. Die Belastungen sind kurz aber hochintensiv. Dabei wird in Absprunghöhe durch eine Matte gesichert geklettert. Wir sprechen ein wenig über das Buch. Von Anspannung ist nicht viel zu bemerken.
Das ändert sich schlagartig, als Benny Dahmen, Jürgens Trainingspartner, hier auftaucht. Benny wird heute selbst nicht klettern, sondern ist nur zum Anfeuern und Sichern gekommen. Es vergehen keine zwei Minuten, da fordert er Jürgen schon mit einem extrem anspruchsvollen Boulderproblem heraus. Jürgen winkt zunächst ab: Keine Chance! Doch Benny überredet ihn zu einem Vergleich ihrer Armspannweiten und lässt keine Ausrede gelten: Jürgens Reichweite muss genügen, um den schwierigen weiten Zug gleich zu Beginn zu meistern.
Er lässt sich überreden, versucht es und scheitert. „Das fängt ja gut an!", denke ich mir. Doch in Jürgen hat sich in dem Augenblick ein Schalter umgelegt. Mit einem Mal ist er richtig wach, richtig heiß, richtig aggressiv. Er hat gesehen, dass es sehr knapp war und verbeißt sich nun gnadenlos in seine Aufgabe.
Und tatsächlich: Beim zweiten Versuch überwindet Jürgen die anfängliche Hürde und löst das gesamte Boulderproblem ohne weiteren Durchhänger. Dabei ist ihm vor lauter Konzentration entgangen, dass Benny kurz die Kletterhalle verlassen und von seinem Triumph gar nichts mitbekommen hat. Jürgen kann es nicht fassen! Wo ist er nur hin? So kann's gehen, wenn man alles um sich herum vergisst. Immerhin war ich ja dabei.

An der Boulderwand trainiert Jürgen schwere Einzelstellen, wobei er mit kleinen Griffen die Gelenke aktiviert und den Körper in Alarmbereitschaft versetzt.
Bei einem Weltcup-Bewerb wäre es zudem noch notwendig, die Kraftausdauerkomponente durch längere Quergänge an der Boulderwand gezielt zu aktivieren. Heute erfüllt die Qualifikationstour diesen Zweck.

Vor dem eigentlichen Peak-Abschnitt des Trainingstages macht Jürgen jedoch zuerst eine vollständige Pause, die bei dieser Art des Klettertrainings 20 Minuten dauert. Das ist für die bevorstehende Höchstleistung äußerst wichtig, denn nach dem Aufwärmen fehlt einfach ein bisschen Sauerstoff und es entsteht ein wenig Laktat in der Muskulatur, was für die eigentliche Peak-Einheit nicht förderlich ist. In diesen 20 Minuten passiert deshalb gar nichts mehr. Jürgen wartet, macht ein wenig fast meditative Gymnastik und konzentriert sich.

Es ist kurz nach zehn. Vor Jürgen liegt die Qualifikationstour des morgigen Tages. Er ist angeseilt und macht sich auf den Weg nach oben. Benny sichert – und ich muss erkennen, dass ich vom Klettersport noch immer nicht viel mehr verstehe als vor ein paar Monaten, als ich ihn zum ersten Mal hierher begleitete.
Jedenfalls meistert Jürgen die erste Tour souverän. Er klettert ohne den kleinsten Aussetzer durch. Er hat den notwendigen Biss und fühlt sich gut.

Wieder 20 Minuten Pause. Nun steht das Highlight des Tages auf dem Programm: Die morgige Finaltour. Um die Tour richtig bewerten zu können, muss Jürgen sie zur Gänze durchsteigen. Dabei steht einiges auf dem Spiel: Von der Qualität dieser Finaltour könnte es abhängen, ob die Meisterschaften in Ottobeuren bleiben oder nach Bad Tölz abgezogen werden. Natürlich will Jürgen Erwin Marz, Trainer und Betreuer der Nationalmannschaft sowie Veranstalter, nicht hängen lassen. Er will einfach noch einmal Ernst machen, um einen möglichst realistischen Testlauf zu bieten.

10.35: Die Finaltour

Benny drängt: „Komm schon Jürgen! Auf geht's!" Jürgen lässt sich nicht hetzen. Er steht einfach da, 15 Meter von der Wand entfernt, und starrt hinauf. Eine Minute nach der anderen vergeht. In seinem Gesicht zeigt sich nicht die geringste Regung. Dann geht es los. Zielstrebig, ungeduldig, mit großen Schritten marschiert er auf die Wand zu und steigt ansatzlos nach oben.
Zunächst klappt alles problemlos. Doch nach halber Strecke weiß Jürgen plötzlich nicht mehr weiter. Ein schwieriger Zug liegt vor ihm. Er zögert lange. Setzt immer wieder an, versucht verschiedene Manöver, doch die Situation scheint aussichtslos. Der nächste Griff liegt zu weit entfernt, seine Position ist zu unsicher. Wenn er leicht abspringt, wird er den Griff zu fassen bekommen. Ob er sich daran wird festhalten können ist die Frage – eine Frage der Kraft. Er muss es riskieren. Und dann passiert es.
Für den Bruchteil einer Sekunde hängt Jürgen frei in der Luft. Nicht nur ich halte für einen Augenblick den Atem an ... und ... er hat den Zielgriff sicher in der Hand. Es geht weiter. Bei acht Minuten Kletterzeit auch eine Frage der Kraftausdauer.

Benny feuert Jürgen immer wieder an. Die Schwierigkeit der Tour ist deutlich zu erkennen. Doch Jürgen hat den wirklich entscheidenden Punkt überwunden. Kopfüber hängt er in der Wand und greift um die Ecke, klettert jeden Übergang souverän. Er hängt an der Decke. Der letzte Griff... Geschafft!
Mit dem abschließenden Kampfschrei des Triumphs hat Jürgen das entscheidende Tagesziel erreicht. Was jetzt noch folgt ist die „Zugabe".

Nach weiteren 20 Minuten Pause – es ist 11.10 – klettert Jürgen das am nächsten Tag anstehende Halbfinale. Es ist an einigen Stellen kaum leichter zu bewältigen als die Finaltour, doch er weiß nun, dass er heute alles schaffen kann. Und ich habe sowieso schon aufgehört zu zweifeln.
Jürgen schafft heute alle Touren „on sight", das heißt beim ersten Versuch. Hier liegt eine der Hauptschwierigkeiten des Klettersports, die geistige Komponente: Im Wettkampf hat der Athlet nur sechs Minuten Zeit, sich die Tour in allen Einzelheiten einzuprägen und in Gedanken sämtliche Züge und Bewegungen vorzubereiten. Mit nur einem Versuch hat man keine Möglichkeit, die Bewegungsabläufe durch praktische Erfahrungswerte zu automatisieren. Diesen Lernprozess kann und muss ein Kletterer allein in seiner Vorstellung vollziehen. Gelingt dies, hat er unter Umständen trotz des ersten Kontaktes mit einer neuen Tour das Gefühl, sie bereits einmal durchstiegen zu haben. Heute ist Jürgen genau *das* zweifellos gelungen.

Jürgen hängt – ganz im Peak-Rausch – an seine Pflichttouren direkt noch zwei Touren an und absolviert ein „Tripple-Setting". Das heißt drei Touren in Folge, ohne Pause, bei etwa 80% seiner maximalen Leistungsfähigkeit, wie er sagt. Unter 80% zu gehen oder noch länger zu trainieren wäre sinnlos, da es an Peak-Tagen allein um die Qualität des Trainings geht. Die Finaltour war Jürgens 100%-Reiz und der eigentliche Grund für den Peak-Tag. Die „Zugabe" in Form des „Tripple-Settings" entspricht einer Intensitätstechnik, wie sie später in diesem Buch auch für „Nichtkletterer" entsprechend beschrieben wird.
Ich gestehe, dass ich die letzte Route nur aus dem Augenwinkel mitbekommen habe, weil ich mich währenddessen angeregt mit einer sehr sympathischen Physiotherapeutin unterhalten habe, die am nächsten Tag die Kletterer nach ihrem Einsatz massieren wird. Ich bereue kurz, nicht selbst ein Kletterer zu sein. Doch schon ist Jürgen wieder zur Stelle. Das spezifische Klettertraining ist abgeschlossen.

11.30: Ab in die Kraftkammer

Als Erstes stehen einarmige Klimmzüge auf dem Programm, Jürgens Spezialität. Er absolviert zunächst seinen Aufwärmsatz mit rechts drei und links zwei Wiederholungen. Darauf folgen drei Arbeitssätze mit jeweils rechts vier und links drei Wiederholungen. Beim zweiten und dritten Arbeitssatz macht er am Ende jeweils eine Intensivwiederholung, das heißt er unterstützt seinen Klimmzug mit zwei Fingern der freien Hand ein wenig, um auch das letzte bisschen Kraft noch auszuschöpfen. Die Pausen zwischen den Sätzen betragen jeweils drei Minuten. Im Verhältnis zur Belastung sind das wiederum vollständige Pausen, wie an einem Peak-Tag notwendig.

Ich bin begeistert von der Steigerung, die Jürgen während der Peak-Phase erreicht hat. Vor knapp zwei Monaten machte er noch einen Satz weniger und dabei bestenfalls rechts drei und links zwei Wiederholungen. Mir persönlich ist bislang noch kein einarmiger Klimmzug gelungen, auch wenn Jürgen mich jedes Mal wieder dazu motivieren will. Die Hoffnung lebt.

Die Hanteln lässt Jürgen heute liegen. Stattdessen macht er einige statische Turnerübungen, die möglichst viel Muskulatur beanspruchen. Zuerst Hangwaagen, dann Bauchaufzüge, bei denen er die Beine, an einer Reckstange hängend, Richtung Decke streckt und in dieser Haltung für einige Sekunden verharrt. Dies beansprucht die gesamte Oberkörper- und Bauchmuskulatur.

Als Letztes kommt ein echtes Highlight, eine Übung, die ich selbst noch nicht bei Jürgen gesehen habe: Handstanddrücken. Das ist eine Art Liegestütz im Handstand, zur Sicherheit in unmittelbarer Nähe zu einer Wand. Jürgen macht sechs Wiederholungen. „Wow! Spitze!", rufe ich anerkennend. Doch er winkt ab. „Das war der Aufwärmsatz", sagt er. Auch gut. Beim Arbeitssatz im Handstanddrücken absolviert Jürgen nicht weniger als 14 Wiederholungen.

Er ist zweifellos in Bestform, und ich verstehe nun, warum er ein wenig traurig über das Ende seiner Peak-Phase ist. Das Handstanddrücken war seine letzte Übung für diesen Tag. Das Training ist beendet.

P.S. Wie sich herausstellen sollte, konnte bei der Meisterschaft am nächsten Tag keiner der Kletterer die Finaltour durchsteigen. Die Athleten waren sehr gut, aber die Tour einfach eine Spur zu schwierig!

Die Grundsäulen der Peak-Trainingsstrategie

Die im folgenden Kapitel vorgestellten Trainingsprinzipien ermöglichen Ihnen:
- schnelle Erfolge bei Kraft- und Muskelzuwachs
- konstante Steigerungen und einen beständig hohen Fitnesslevel
- gezielt und kontrolliert herbeigeführte Spitzenleistungen
- best möglichen Schutz vor Übertraining und Verletzungen

Es spielt keine Rolle, ob Sie bereits seit vielen Jahren trainieren und Ihre Grenzen erweitern wollen oder ob Sie gerade die ersten Schritte in ein ernsthaftes Training wagen. Die hier präsentierten Trainingsprinzipien sind allgemein gültig und so flexibel, dass sie sich auf jeden individuellen Anspruch abstimmen lassen. Alle hier präsentierten Erkenntnisse sind praktisch und theoretisch abgesichert und stammen direkt von der Front des Leistungssports.

Training ist das Fundament körperlicher Fitness. Die Trainingsleistung steht an erster Stelle. Solange Sie nicht *richtig* trainieren, ist es sinnlos, über Ernährung, Supplemente und mentale Stärke nachzudenken. Sie sind im Verhältnis zum Training nur Mittel zum Zweck und werden auf das Training abgestimmt, um dessen Ergebnisse und die Regeneration zu optimieren.

Die vorrangige Frage lautet also: „Wie trainiere ich richtig?" Die Antworten darauf sind beinahe so zahlreich wie die Autoren, die sich mit dieser Frage beschäftigt haben. Und tatsächlich scheint es für jede Trainingsmethode „lebende Beweise" aus der Welt des Leistungssports zu geben. Jede Methode hat schon einmal bei irgendjemandem unter bestimmten Umständen auf irgendeine Weise funktioniert. Aber welche Methode ist die beste? Dafür gibt es drei Kriterien:
- Der maximal mögliche Erfolg (abhängig vom genetischen Potenzial)
- Der für diesen Erfolg notwendige Zeitaufwand
- Die Allgemeingültigkeit der zugrunde liegenden Prinzipien
  (unabhängig von den genetischen Voraussetzungen)

Wenn Sie nach einem Trainingskonzept suchen, das diese Kriterien erfüllt, dann sind Sie beim Peak-Prinzip genau richtig! Lassen Sie mich erläutern, warum.

Der Erfolg eines eingesetzten Trainingsprogramms zeigt sich nicht allein in den anfänglichen Zuwächsen an Kraft und Masse. Ein Einsteiger oder auch Umsteiger wird durch ungewohnte Reize mit beinahe jedem System kurzfristig Fortschritte erzielen. Wesentlich entscheidender sind dagegen die Kontinuität und Langfristigkeit dieser Fortschritte, wobei im Idealfall erst das genetische Limit den Endpunkt der Entwicklung darstellt.

Ist es mit dem Peak-Prinzip möglich, das individuelle genetische Limit zu erreichen? Genau davon bin ich überzeugt. Ansonsten hätte ich mir die Arbeit an diesem Buch sparen können. Dafür müssen und sollen Sie gar nicht ständig trainieren. Wenige Stunden Training pro Woche genügen nicht nur, mehr wäre sogar kontraproduktiv!

In diversen Magazinen wird immer wieder von Kraftsportlern und Bodybuildern berichtet, die Volumentraining praktizieren, das heißt jede Woche sechsmal, teilweise sogar zweimal täglich mehrere Stunden trainieren. Sehen wir einmal davon ab, dass ein Erfolg mit dieser Trainingsmethode einigen wenigen genetischen Wunderkindern sowie gedopten Athleten vorbehalten ist – worin besteht der Sinn eines so umfangreichen Trainings, wenn mit einem Bruchteil des Zeitaufwands zumindest die gleichen, im Normalfall aber weit bessere Ergebnisse erzielt werden können?

Meine Lebenszeit ist wertvoll, und ich denke, Ihnen geht es ebenso. Die Frage darf deshalb nicht lauten, wie viel Training Ihr Körper verkraftet, sondern wie wenig Training für eine optimale Kraft- und Muskelentwicklung ausreicht.

Bevor Sie sich die Hände reiben: Das Peak-Prinzip vollbringt auch keine Wunder. Sie werden sich Ihre so gesparte Zeit mit sehr hartem Training erarbeiten. Die extreme Konzentration auf sehr kurze Zeiträume hochintensiven Trainings erfordert natürlich absolute Hingabe und Disziplin!

Sie wollen? Dann können Sie auch. Während es inzwischen zahlreiche Athleten gibt – Ja, auch ich gehöre dazu! – die nach langwierigen Leistungsplateaus auf hochintensives Training umgestiegen sind und nun wieder Fortschritte machten, ist mir kein Fall bekannt, der das Gegenteil beweisen würde.

Was dürfen Sie erwarten?

Vom Peak-Training können Sie sich neue Höchstleistungen, Reproduzierbarkeit und Langfristigkeit erwarten. Voraussetzung dafür ist die Peak-Trainingsstrategie, die auf zwei wesentlichen Komponenten beruht:

- Einerseits das High Intensity Training (HIT). Diese Trainingsmethode beruht auf der Tatsache, dass nicht die *Dauer*, sondern die *Intensität* des Trainings der wesentliche Faktor für Muskelwachstum und Kraftzuwachs ist. Durch schonungslosen Einsatz während kurzer, hochkonzentrierter Trainingseinheiten wird die Muskulatur maximal belastet und zu idealem Wachstum angeregt.
- Auf der anderen Seite steht ein speziell entwickeltes zyklisches Trainingssystem, das durch einen langfristig optimierten Umgang mit den eigenen Ressourcen die bestmögliche Entwicklung garantiert. Trainingsvariation und ein kontrolliertes Vorgehen sind unbedingt notwendig, um in allen Trainingsdisziplinen kontinuierlich Fortschritte zu erzielen. Dabei ist es entscheidend, Schwerpunkte zu setzen, ohne die anderen Trainingskomponenten zu vernachlässigen.

Für Leistungssportler und Wettkampfathleten ist so ein kontrolliertes Entwickeln *der* Peak-Form möglich. Doch auch ambitionierte Freizeitathleten können in der so genannten Peak-Phase an ihr Limit gehen und herausfinden, wozu sie wirklich fähig sind.

Sie erfahren im Kapitel „High Intensity Training", wie Sie hocheffektiv trainieren, und im Kapitel über das zyklische Trainingssystem, wann und mit welcher Intensität Sie trainieren sollten, um Ihre Ressourcen während des ganzen Jahres optimal einzusetzen.
Kraftaufbau und Muskelwachstum sind naturgemäß langsame Prozesse. Warum sollten Sie Ihre Zeit für schwerfällige, langwierige und demotivierende Trainingssysteme vergeuden? Die einzigartige Kombination aus High Intensity Training und dem revolutionären zyklischen Trainingssystem liefern Ihnen den Schlüssel zum Erfolg!

Der Einsteigervorteil

Das Motivierende an meinem System: Sie können jederzeit einsteigen und werden sofort Erfolge erzielen und sich von Training zu Training steigern, ganz egal wie Sie bisher trainiert haben. Speziell als Ein- oder Umsteiger bietet Ihnen Peak-Training ein sicheres und solides System, mit dem Sie auch langfristig noch Freude an Ihrer Körperentwicklung finden. Sie werden neue Erfahrungen machen und einen neuen Zugang zum Kraftsport finden.

Ein neuer Weg für Profis

Das Ziel besteht letztlich darin, in einem kontinuierlichen Aufbau das individuelle genetische Potenzial voll auszuschöpfen. Dies ist nur durch langfristige Leistungssteigerungen ohne physische oder psychische Durststrecken zu erreichen. Das Geheimnis liegt in der bestmöglichen Aufteilung der körperlichen und mentalen Ressourcen auf den gesamten Trainingszyklus. Ich will meinen Körper nicht zwingen müssen, etwas zu tun, sondern ihn „sanft aber doch" von der Notwendigkeit einer Anpassung überzeugen.

Genau aus diesem Grund verzichte ich in meinem Trainingszyklus auf eine klassische „Off-Season", also monatelange „Vorbereitungsperioden", in denen ein Athlet sich oft sehr weit von seiner Höchstform entfernt. Das zyklische Programm des Peak-Trainings macht es möglich. Sie sind das ganze Jahr über konstant so fit, dass Sie für die eigentliche Wettkampfvorbereitung maximal sechs Wochen benötigen.

Das Peak-Trainingssystem wurde auf Grundlage neuester Erkenntnisse, bewährter Techniken und nicht zuletzt langjähriger Erfahrung im Leistungssports entwickelt.

Durch die Allgemeingültigkeit seiner Prinzipien lässt es sich leicht auf jeden individuellen Anspruch ausrichten und ist sowohl für Leistungssportler als auch für ambitionierte Freizeit-Athleten gleichermaßen geeignet. Für den Erfolg meines Systems spielt es keine Rolle, ob Sie Ihre Wettkampfdisziplin perfektionieren oder einfach rundum fit sein wollen. Geben Sie HIT und dem zyklischen Programm eine faire Chance. Sie *werden* Ziele erreichen, die bisher vielleicht nur in Ihren kühnsten Träumen existierten!

PEAK-TRAINING, KAPITEL 1

PEAK HIGH INTENSITY TRAINING

„Training von hoher Intensität regt den Körper in einem Maße an, wie es durch kein anderes, weniger intensives Training auch nur annähernd möglich ist."
Mike Mentzer, HEAVY DUTY

Die Seele des Peak-Prinzips

Das High Intensity Training (HIT) ist eine inzwischen bewährte Methode, die seit den 70er Jahren stetig weiterentwickelt wurde. Vordenker und glühender Verfechter dieser Trainingsphilosophie war der amerikanische Bodybuilder Mike Mentzer, dessen berühmtes Heavy Duty-System althergebrachtes Volumentraining ernsthaft ins Wanken brachte.

Hinter der Philosophie des High Intensity Trainings steht die Erkenntnis, dass vor allem die Intensität jedes Trainingsreizes für das Kraft- und Muskelwachstum ausschlaggebend ist. Dabei definiert sich die Intensität als die Summe der physischen und mentalen Anstrengung, die notwendig ist, um einen Übungssatz korrekt durchzuführen.

Qualität geht beim HIT klar vor Quantität. Die korrekte Ausführung der Übungen mit möglichst schweren Gewichten steht im Vordergrund. Genau hier liegt auch der große Unterschied zum Volumentraining, wo der Umfang der Trainingseinheit im Vordergrund steht.

Die Effektivität der HIT-Methode steht mittlerweile schon lange außer Zweifel. Dafür bürgen die großen Erfolge von Bodybuilding-Champions wie Dorian Yates (Mr. Olympia 1992–1996), Lee Labrada (Mr. Universum 1985, Sieger bei der Night of the Champions 1986, 2. bei Mr. Olympia 1989 und 1990) und nicht zuletzt Mike Mentzer selbst, der 1978 mit der Idealpunktzahl von 300 den Mr. Universum-Titel gewann.

Ja, HIT ist knallhart! Aber zugleich äußerst motivierend und unschlagbar effektiv. Ich beschäftige mich inzwischen seit 15 Jahren intensiv mit verschiedenen Methoden des Krafttrainings, elf davon auch als aktiver Leistungssportler. Sportklettern ist eine Sportart, die vom Athleten vor allem eines verlangt: pure, maximale Kraft. Aber neben dem eigentlichen Klettertraining an der Wand steht bei mir auch ganzjährig der Kraftraum auf dem Wochenplan. HIT ist das mit Abstand effektivste System mit dem ich bisher arbeiten durfte. Sie können unabhängig von Ihrer Trainingsvorgeschichte sofort einsteigen und werden vermutlich vom ersten Training an bisher unerreichte Erfolge und Leistungssteigerungen erzielen.

Bevor ich nun auf die Details zu sprechen komme, möchte ich Ihnen in aller Deutlichkeit erklären, worum es beim High Intensity Training wirklich geht: Es geht um Sie! Es geht um Ihre Leidenschaft, Ihren kompromisslosen Einsatz, Ihre Konzentration auf das Wesentliche, Ihren unbändigen Willen und Ihre Überzeugung.

Das letzte Trainingsvideo von Mike Mentzer zeigte dies deutlich. Die Kommentare des von ihm trainierten Bodybuilders gingen von „Ich bin dir so dankbar, Mike!" bis „Ich hasse dich, Mike!". Beide Aussagen bedeuteten genau dasselbe. Mentzer hat seinen Schützling bis an die Grenzen des Erträglichen getrieben. Mit Recht, denn die jeweils letzte Wiederholung, mit beinahe unmenschlicher Anstrengung ausgeführt, ist absolut entscheidend! Sie ist nicht einfach nur eine Wiederholung *mehr*, sondern Ziel und Zweck aller vorher durchgeführten. Ist die neunte Wiederholung die letzte, dann waren die ersten acht dazu da, diese hervorzubringen. Erst *diese* neunte stimuliert die Muskeln optimal und regt so ein maximales Kraft- und Massewachstum an.

Aber alles der Reihe nach. Ich werde Ihnen, egal ob Sie gerade mit dem Kraftsport beginnen oder bereits zu den „Studio-Legenden" gehören, in diesem Kapitel einen umfassenden und auch sicheren Einstieg ermöglichen. Sie werden ab dem ersten Training enorm effektiv, aber gesund und kontrolliert trainieren und so *Ihre* Ziele erreichen.

Wissen Sie, was Sie wollen?

Warum HIT? Richtig ausgeführt garantiert es maximales Muskelwachstum bei minimalem Zeitaufwand! Es ist somit nicht nur die effektivste, sondern auch die ökonomischste Trainingsmethode. Auch wenn sich manche noch hartnäckig daran klammern: Die Zeit des Volumentrainings ist vorbei! Wer nicht nur die Muskeln, sondern auch seinen Verstand einsetzt, wird HIT den Vorzug geben.

Auf der nächsten Seite finden Sie heraus, ob HIT zu Ihnen passt!

High Intensity Training ist für Sie der Königsweg, wenn...
- Sie Ihr gesamtes genetisches Entwicklungspotenzial maximal ausreizen wollen
- für Sie maximale Kraft und Leistung zählen
- Sie Ihre Zeit höchst effektiv nutzen und nicht täglich den ganzen Tag im Kraftraum verbringen wollen
- Sie den Willen haben, Ihre Grenzen kontinuierlich und langfristig zu erweitern
- Sie den Mut haben, Ihrem Körper im entscheidenden Augenblick alles, wirklich alles abzuverlangen

High Intensity Training ist für Sie nicht geeignet, wenn...
- Sie an maximaler Kraft und Leistung nicht wirklich interessiert sind
- Sie gar nicht so genau wissen, warum Sie überhaupt trainieren
- Sie nicht den notwendigen Willen für dieses Training aufbringen (dann werden Sie es jedoch mit keiner Trainingsform zu etwas bringen)
- Sie außerhalb des Kraftraums „kein Leben" haben und mit der gewonnenen Zeit deshalb nichts anzufangen wüssten.

Die 10 Gebote des High Intensity Trainings

1. Kurz und knallhart
So lautet das Credo des High Intensity Trainings! Eine Trainingseinheit in der Kraftkammer sollte nicht länger als 60 Minuten dauern, der ideale Zeitrahmen liegt zwischen 30 und 45 Minuten.

Ein Grund dafür ist die Tatsache, dass der Körper die Bildung wachstumsfördernder Hormonen nach etwa 45 Minuten drastisch reduziert und somit jedes weitere Training nicht mehr den gewünschten Effekt erzielen würde. Der weitaus offensichtlichere Grund aber besteht in der hohen bis extremen Intensität des Trainings, die eine wesentlich längere Dauer von vornherein ausschließt. Ihr Körper kann einfach nicht länger als eine Stunde alles geben. Sollte Ihnen die Trainingsdauer nicht genügen, trainieren Sie entweder nicht hart genug, oder Sie sind so hoch motiviert, dass Sie ein Übertraining riskieren!

Je weiter fortgeschritten Sie sind und je härter Sie trainieren, desto kürzer sollte das Training ausfallen. Das Muskelwachstum hängt in erster Linie von der Intensität der Übungen, nicht von ihrem Umfang ab. Die Anpassungsschuld des Körpers richtet sich vor allem nach der Höhe der Gewichte. Weniger Gewicht regt weniger Wachstum an, egal wie viele Sätze oder Wiederholungen Sie machen. Eine gewisse Wiederholungszahl muss dennoch sein, damit Ihr Körper merkt, dass es sich nicht um eine einmalige Belastung handelt und dass eine Anpassung notwendig ist, um der Aufgabe in Zukunft gewachsen zu sein.

Das Energiesystem des Körpers arbeitet äußerst rationell, das heißt, es wird nur jenes Maß an Energie für das Muskelwachstum aufgewendet, das zur Bewältigung einer Aufgabe unbedingt notwendig ist. Im Grunde ist Muskelwachstum nichts anderes als die Reaktion auf eine Überforderung der aktuellen Leistungsfähigkeit. Umfangreiches Training verschwendet lediglich Ressourcen. Es ist im besten Fall sinnlos, im schlimmsten Fall, wenn Sie in ein Übertraining geraten, sogar kontraproduktiv.

2. Geringes Volumen
Maximal drei Krafteinheiten pro Woche! Die Mehrzahl der Kraftsportler und Bodybuilder trainieren zu viel, zu oft und nicht intensiv genug. Allen, die glauben sechs Mal pro Woche trainieren zu *müssen*, sei versichert: Muskeln wachsen nicht während des Trainings, sondern in der Regenerationsphase! Mindestens 48 Stunden sind nach einem wirklich intensiven Training notwendig, damit der Körper seine Energiereserven vollständig erneuern und die Muskulatur mit Nährstoffen für das Wachstum versorgt werden kann. Je nach Intensität sind aber auch 72 Stunden und mehr keine Seltenheit.

Das Prinzip, nicht öfter als dreimal wöchentlich zu trainieren, ist der einzig logische Schluss aus dieser Tatsache. Wer zu oft trainiert, pfuscht regelrecht in den Aufbauprozess hinein. Zu viel des Guten ist kontraproduktiv! Ihr Ehrgeiz und Ihre Einsatzbereitschaft werden an dieser Tatsache nichts ändern. Akzeptieren Sie, dass Sie Ihrem Körper nichts aufzwingen können.

3. Schwere Gewichte und Grundübungen
... bestimmen zu einem wesentlichen Teil die HIT-Einheit. Grundübungen sind für HIT ideal, da sie den beiden Prinzipien – *kurz und hart* – entsprechen: Bei Grundübungen, wie Kreuzheben oder Bankdrücken, sind mehrere große Muskelgruppen an der Ausführung beteiligt, wodurch sowohl mit wesentlich schwereren Gewichten als auch in geringerem Umfang trainiert werden kann.

Was sogar viele erfahrene Athleten nicht wissen und berücksichtigen: Zwar spricht auch jede Grundübung „nur" ein bis zwei Muskelgruppen in besonderem Maße an, doch wird zusätzlich auch die unterstützende Muskulatur stark belastet – fast immer sogar besser als in spezifischen Isolationsübungen! Hinzu kommt, dass bei schweren Übungen wie Kniebeugen oder Kreuzheben der gesamte Körper einen unschlagbar effektiven Wachstumsreiz empfängt und entsprechend reagiert!

Dies wirkt sich automatisch auf die Anzahl der Übungen und somit den Umfang des Trainings aus. Wenige Grundübungen anstatt zahlreicher Isolationsübungen senken wesentlich den Umfang des Trainings und sorgen für die maximale Rationalität beim Einsatz der physischen Ressourcen. Mehr zur Übungsauswahl finden Sie im Kapitel „Ihr Trainingsprogramm" auf Seite 66.

4. Langsam und technisch perfekt

Qualität und Effektivität einer Übung sind aber nicht nur vom Gewicht abhängig, ebenso wichtig ist die korrekte Durchführung. Die Frage ist nicht, wie viele Wiederholungen Sie *irgendwie* schaffen, sondern wie viele Sie kontrolliert und langsam zustande bringen. Begehen Sie nicht den Fehler, sich durch unsaubere oder schnelle Bewegungen eine „bessere Leistung" zu erschwindeln!

Es ist wichtig, den gesamten Bewegungsspielraum zu nutzen, ausgehend von der vollkommenen Streckung bis hin zur höchsten Kontraktion. Nur so werden sämtliche Muskelfasern optimal eingesetzt.

Die ideale Dauer für eine Wiederholung beträgt zwei bis vier Sekunden in der positiven Phase, dann sollten Sie das Gewicht ein bis zwei Sekunden am Scheitelpunkt halten und abermals in zwei bis vier Sekunden wieder langsam und kontrolliert absenken. Nach weiteren ein bis zwei Sekunden folgt die nächste Kontraktion. Diese extrem langsame Ausführung mag für manche anfangs eine gewaltige Umstellung bedeuten! Natürlich trainieren Sie automatisch mit leichteren Gewichten, wenn Sie langsamer trainieren. Aber lassen Sie Ihr Ego bei Seite. Der Erfolg wird auch Sie schon bald reichlich dafür entschädigen!

Es versteht sich von selbst, dass langsame Bewegungen für Gelenke, Bänder und Sehnen wesentlich schonender und somit gesünder sind.

5. Optimaler Wiederholungsbereich

Es geht nicht darum, das höchst mögliche Gewicht zu wählen, sondern jenes, mit dem eine dem Trainingsziel entsprechende Anzahl an Wiederholungen möglich ist. Als Faustregel gilt:

• Muskelaufbau: 8 bis 12 Wiederholungen
• Maximalkraft: 6 bis 10 Wiederholungen
• Kraftausdauer: 10 bis 15 Wiederholungen

Muskelaufbau ist dabei relativ zu verstehen. Wenn Sie stärker werden, wird auch Ihr Körper *immer* Masse aufbauen. Aber wenn Sie als Einsteiger zunächst vor allem auf optimale Muskelzuwächse abzielen, halten Sie sich an die 8 bis 12 Wiederholungen. Fortgeschrittene Athleten, die vor allem das Kraft- und weniger das Muskelwachstum stimulieren wollen, sind in den anderen Bereichen besser aufgehoben. Auch ich bin in meinem Sport eher an Maximal- und Rohkraft als an Muskelmasse interessiert. Aus diesem Grund orientiert sich auch mein Wiederholungsbereich, vor allem in den Peak-Phasen (mehr dazu später), am unteren Limit.

Je nach Trainingsziel werden Sie also mit 6 bis 15 Wiederholungen die besten Fortschritte erzielen, wenn es um einen effektiven Kraftaufbau geht. Bei noch weniger Wiederholungen werden die Muskeln meist nicht wirklich ausgereizt, da die Stimulation zu kurz ist.

Bei mehr als 15 Wiederholungen ist es an der Zeit, schwerere Gewichte aufzulegen, um den Intensitätslevel aufrecht zu erhalten. Gerade wenn die Übung, wie oben beschrieben, *langsam* ausgeführt wird, ist die Belastungszeit sonst einfach zu lang. Extreme Übersäuerung und zu lange Regenerationszeiten sind die Folge!

Für fortgeschrittene Athleten und Bodybuilder – auch mit Ziel „maximaler Muskelaufbau" – ein Tipp: Es kann durchaus Sinn machen, die Anzahl der Wiederholungen in einem zweiten Zyklus auf 6 bis 8 zu verringern.
Die Abwechslung versorgt Ihren Körper mit neuen Wachstumsreizen! Mehr dazu aber im folgenden Kapitel über die Peak-Trainingszyklen. Bei kleineren Übungen, wie Seitheben oder Bizepscurls, ist aber generell eine etwas höhere Wiederholungszahl zwischen 12 und 15 zu empfehlen, die auch von Fortgeschrittenen beibehalten werden sollte. Die angesprochenen kleineren Muskelgruppen brauchen einfach einen etwas ausgedehnteren Reiz, um optimal stimuliert zu werden.

6. Effektive Intensitätstechniken

Ein gewöhnlicher HIT-Satz geht bis zum positiven Muskelversagen. Das ist jener Punkt, an dem eine weitere korrekt und langsam ausgeführte Wiederholung nicht mehr aus eigener Kraft möglich ist.
Mit Intensitätstechniken lässt sich diese Leistungsgrenze allerdings ohne Verfälschung der Übung durchbrechen und das Training weiter intensivieren. Sie sind kleine, aber hochwirksame Trainingstricks. Es gibt Intensitätstechniken, die Sie alleine ausführen können, wie Dropsätze und Intervallsätze, und solche, für die Sie die Hilfe eines oder zweier Trainingspartner benötigen, wie das negative Muskelversagen. Die besten Intensitätstechniken finden Sie später in diesem Kapitel.

7. Aufwärmen

Ich empfehle vor jedem HIT zunächst eine allgemeine Aktivierung des gesamten Organismus, beispielsweise in Form eines lockeren Aufwärmlaufs oder einer Einheit auf dem Radergometer oder Cross-Stepper. Sie sollten jedoch nicht länger aufwärmen, als zur Dehnung, Lockerung und guten Durchblutung der Muskulatur und Gelenke unbedingt notwendig ist. Der Fokus liegt immer auf dem Krafttraining, so dass es keinen Sinn macht, schon vorher Energie zu verschwenden. Lockere 10 bis 20 Minuten reichen vollkommen aus.
Vor jeder Übung sollten Sie weiters ein bis drei Aufwärmsätze mit 50% bis 80% des Arbeitsgewichts ausführen. Diese spezifische Aktivierung ist elementar als Verletzungsprophylaxe und stimmt Sie zugleich bei geringer Belastung auf die eigentliche Herausforderung ein. Einzige Ausnahme: Sie absolvieren eine spezifische Übung, nachdem die in Angriff genommene Muskulatur in einer komplexen Übung vorbelastet und dadurch bereits ausreichend aufgewärmt wurde.

8. Abwärmen

HIT ist eine Trainingsmethode, die die Leistungsfähigkeit Ihres Organismus vollkommen ausreizt. Dementsprechend hoch sind der verursachte Adrenalinspiegel und Belastung für den Kreislauf. Während des Trainings kennen Sie keine Gnade mit Ihrem Körper – entsprechend heftig wird er darauf reagieren.

Es ist also notwendig, nach der Trainingseinheit von dieser Spitze wieder herunterzukommen, den Körper zu beruhigen und ihn möglichst schnell in einen regenerativen Zustand zu bringen. Hierfür ist es ideal, direkt nach dem Krafttraining eine lockere aerobe Einheit von etwa 20 bis 30 Minuten anzuhängen.

Am Besten eignet sich für diesen Zweck ein Cross-Stepper, da dieses Gerät die gesamte Muskulatur anspricht. Auch Schwimmen wäre eine Alternative. Das aerobe Training nach dem HIT bedeutet keine zusätzliche Anstrengung mehr, sondern dient allein der Entspannung. Die intensiv belasteten Muskeln werden gelockert, der Laktat-Abbau beschleunigt und die Kreislauffunktionen wieder normalisiert.

9. Regeneration

Regeneration ist genau so wichtig wie das Training selbst! Der Körper benötigt ausreichend Ruhe und Erholung, um den Trainingsreiz zu verkraften und schließlich in Muskelwachstum und Kraftsteigerungen umzusetzen.

Hochintensives Training gleicht einem Schock, den der Organismus zunächst einmal verarbeiten muss. Es dauert mindestens zwei bis drei Tage, bis der Körper wieder genügend Energie für den Wachstumsprozess zur Verfügung hat.

Es wäre der größte Fehler, den Regenerationsprozess durch ein verfrühtes Training zu stören. Ein weiterer Trainingsstimulus hat für den Körper immer höchste Priorität, er muss unmittelbar darauf reagieren. Dadurch werden sämtliche Ressourcen, die für die Regeneration dringend nötig wären, für die erneute Trainingsleistung verbraucht. Für Reparatur und Wachstum bleibt nichts mehr übrig.

Grundsätzlich gilt: Je intensiver das Training, desto größer sind sowohl der Wachstumsstimulus als auch der Regenerationsbedarf.

Eine ebenso weit verbreitete wie auch falsche Annahme in diesem Zusammenhang lautet: Eine Aufteilung der Übungen nach Muskelgruppen – ein Split-Programm – erlaube es, häufiger zu trainieren. Viele Athleten glauben, sie könnten an einem Tag beispielsweise Bizeps und Rücken trainieren und sich am nächsten schon wieder an Beine, Brust oder Trizeps heranwagen. Zwei Tatsachen sprechen eindeutig dagegen:

1. Das Training beansprucht nicht ausschließlich die Muskulatur der trainierten Körperregion, sondern immer den gesamten Organismus. Besonders das Zentralnervensystem leistet jedes Mal Schwerstarbeit, ganz egal, welche Muskeln Sie

gerade trainieren, denn Kontraktionsbefehle werden vom Gehirn über die Nerven-bahnen an die Muskulatur übermittelt. Ist das Nervensystem überlastet, funktio-niert diese Vermittlung nicht mehr richtig. Effektives Training ist so nicht mehr möglich und Sie werden in einen allgemeinen Erschöpfungszustand geraten. Genaue Informationen dazu finden Sie im Kapitel „Übertraining und Verletzungen" auf Seite 74.

2. Bei fast allen effektiven Übungen mit freien Gewichten und hohem Bewegungs-spielraum wird nicht nur *eine* isolierte Muskelgruppe belastet. Vielmehr sind auch die anderen Muskeln an der Kraftleistung oder zumindest in stützender Funktion beteiligt. Schwere Grundübungen stimulieren sogar den ganzen Körper. Eine durchdachte Kombination von Übungen an einem Trainingstag ermöglicht es, daraus den optimalen Nutzen zu ziehen. Es bedeutet aber auch, dass scheinbar ge-schonte Körperregionen am Training oft gar nicht so unbeteiligt sind, wie es zu-nächst den Anschein hat. Erfahren Sie mehr über die richtige Zusammenstellung eines Trainingsplanes im Kapitel „Ihr Trainingsprogramm".

10. Abwechslung

Bleiben Sie nur so lange bei einer Übung, wie Sie damit Fortschritte erzielen. So-bald Sie mit bestimmten Übungen stagnieren, ist ein Wechsel angesagt. Dieselben Muskelgruppen müssen immer wieder auf neue Weise stimuliert werden, da sich der Körper relativ rasch an bestimmte Belastungen gewöhnt und keine Notwendig-keit mehr für weitere Anpassungen sieht. Neue Übungen belasten die Muskeln jedoch auf andere Weise und gewährleisten dadurch eine weitere Entwicklung. Nach einer gewissen Zeit, wenn Sie das Limit der neuen Übung ausgereizt haben, kehren Sie einfach wieder zur alten zurück. Sie werden zuerst wahrscheinlich leicht unter Ihren alten Bestmarken beginnen, diese im weiteren Verlauf allerdings hin-ter sich lassen und einen neuen persönlichen Rekord aufstellen. Die Muskulatur ist insgesamt stärker geworden, was sich nach kurzer Eingewöh-nungszeit auch auf die alte Übung überträgt. Lesen Sie mehr zum Thema Abwechs-lung im Kapitel „Das zyklische Trainingssystem" auf Seite 44.

Ist ein Satz wirklich genug?

Das hängt ganz von Ihnen ab. Genauer, von Ihrer Trainingserfahrung und dem Maß an Konzentration, das Sie für einen einzigen Satz aufbringen können. Die meisten Einsteiger, aber auch fortgeschrittene Kraftsportler, die mit den harten HIT-Einheiten noch nicht ausreichend vertraut sind, werden mehrere Sätze benötigen. Je länger Sie nach den HIT-Prinzipien trainieren, desto größer wird die Fähigkeit, beim ersten Satz bereits alles zu geben.

Entscheidend ist letztlich immer *ein* wirklicher HIT-Satz. Ihr Gefühl wird Ihnen vermitteln, ob Sie alles gegeben haben oder ob Sie doch ein wenig abgelenkt waren. Konnten Sie sich nicht vollkommen fokussieren, empfiehlt sich ein weiterer Satz.

Das Ziel besteht bei jeder Übung zumindest im Erreichen, besser im Übertreffen der Leistung eines vergleichbaren Trainingstages. Bleiben Sie allerdings einmal unter Ihren Erwartungen, obwohl Sie wirklich all Ihre Kräfte mobilisiert haben, sollten Sie nicht mehr als einen zusätzlichen Satz ausführen, um den „Rückstand" aufzuholen. Ein höherer Umfang kann mangelnde Intensität nicht kompensieren. Ein Übertraining droht!

Haben Sie Ihr *Soll* erfüllt oder sogar einen neuen Rekord erreicht, stellt sich die Frage nach weiteren Sätzen erst gar nicht! Sie haben optimal trainiert, jeder weitere Satz wäre sowohl Zeit- als auch Energieverschwendung und würde sich negativ auf Ihre Regeneration auswirken. Genießen Sie Ihren Erfolg und fahren Sie mit der nächsten Übung fort.

Einsteiger sollten mit drei Sätzen bis zum positiven Muskelversagen (dazu gleich mehr) beginnen. Sie werden es schwer haben, mit *einem* Satz ans Limit zu gehen, weil ihnen einfach noch die Konzentrationsfähigkeit für absolut unerbittliche HIT-Sätze fehlt. Das wird sich mit zunehmender Erfahrung ändern. Es ist auch überhaupt kein Problem, denn Einsteiger erzielen auch mit etwas geringerer Intensität beachtliche Fortschritte.

Bedenken Sie bitte: Der Zeitpunkt des Muskelversagens ist nicht allein von Ihrer physischen Kraft und Ausdauer abhängig. Ihre mentale Stärke ist mindestens genauso entscheidend! Mehr dazu im Kapitel „Die mentale Stärke", ab Seite 168.

Wie viel Pause sollte zwischen den Sätzen liegen?

Ob und wie lange Satzpausen ausfallen, hängt vom Trainingsziel ab. Kurze Pausen verbessern vor allem die Kraftausdauer und die Leistungsfähigkeit des Herz-Kreislauf-Systems, sind aber auch für das Muskelwachstum gut. Wenn es dagegen primär um die Steigerung der Maximalkraft geht, sollten Sie unbedingt vollständige Pausen von 3 bis 7 Minuten einlegen, denn je nach beanspruchter Körperpartie wird diese Zeit für ein Auffrischen der Ressourcen einfach benötigt.

Positives und negatives Muskelversagen

Der Grad an Intensität bezeichnet beim High Intensity Training die Summe aller physischen und mentalen Anstrengungen, die zur Bewältigung einer Übung aufgewendet werden. Die Intensität hängt somit nicht allein vom Gewicht ab, sondern auch von der Anzahl an Wiederholungen und der Überwindung, die insbesondere die letzte Wiederholung erfordert.
Im Normalfall wird ein Arbeitssatz bis zum positiven Muskelversagen ausgeführt. Das ist jener Punkt, an dem keine weitere, *korrekt ausgeführte* Wiederholung aus eigener Kraft mehr möglich ist. Dies betrifft Technik, Bewegungsumfang, Tempo und die Kontrolle über das Gewicht.

Die Intensität und damit verbunden der Zeitpunkt des Muskelversagens sind nicht vollkommen objektiv messbar, da sie zu einem bedeutenden Grad von der mentalen Verfassung des Athleten abhängen. So kann ein Satz mit 80 Kilogramm intensiver sein als einer mit 100 Kilogramm. Wie intensiv Sie trainieren können, ist immer eine Frage Ihrer Einstellung, Konzentrationsfähigkeit und Willensstärke. Allein Ihr persönliches Limit bestimmt die Intensität, nicht das Gewicht.
Vom positiven wird beim High Intensity Training negatives Muskelversagen unterschieden. Dasselbe Gewicht kann in einer Negativbewegung bzw. Streckung des Muskels wesentlich länger kontrolliert werden, als in der positiven, kontrahierenden Bewegung. Oder anders ausgedrückt: In der Negativ- oder „Entlastungsphase" der Bewegung, z.B. während dem Absenken der Hantel beim Bankdrücken, können Sie bis zu 40% mehr Gewicht kontrollieren als beim Beugen. Von genau diesem Prinzip „leben" einige der nun beschriebenen Intensitätstechniken.

Die besten Intensitätstechniken

Im Folgenden stelle ich Ihnen die besten Intensivtechniken vor, mit denen Sie den Trainingseffekt gewaltig steigern können. Der Grundgedanke dabei ist, nach dem eigentlichen HIT-Satz die Übung nicht zu beenden, sondern die Belastung der Muskulatur bis zum vollkommen Ausreizen der Kraft- und Energiereserven weiterzuführen. Um das zu erreichen, werden im Wesentlichen strategische Gewichts- oder Wiederholungsreduktionen eingesetzt.

Einsteigern rate ich fürs Erste von Intensitätstechniken ab. Es besteht zwar keine direkte Verletzungsgefahr, doch das hochintensive Training bedeutet eine sehr große Belastung, nicht zuletzt für den passiven Bewegungsapparat – Gelenke und Sehnen. Der Hauptgrund ist jedoch: Das normale HIT wird ausreichen. Mehr ist zunächst gar nicht notwendig. Ein bis zwei Aufwärmsätze, dann drei Arbeitssätze bis zum positiven Muskelversagen. Das genügt!

Härter

Dropsätze (oder Reduktionssätze) sind eine bewährte Trainingsmethode, wenn Sie allein trainieren. Sie führen zuerst einen normalen HIT-Satz mit beispielsweise 8–12 Wiederholungen aus. Danach reduzieren Sie das Gewicht um 20% und wiederholen sofort, ohne weitere Pause dieselbe Übung, wieder bis zum positiven Muskelversagen. Reduzieren Sie ein weiteres Mal das Gewicht und machen Sie abermals so viele Wiederholungen wie möglich. Wenn Sie das Gefühl haben, es geht nicht mehr weiter – hängen Sie noch einen vierten, letzten Satz an. Nach Absolvieren der Dropsätze können Sie sicher sein, Ihre Muskeln maximal stimuliert zu haben. Die äußerst kurzen Satzpausen sind besonders hinsichtlich der Kraftausdauer äußerst effektiv.

Natürlich bereiten Sie alle benötigten Gewichte schon *vor* dem ersten Satz vor. Und wenn bei einer Übung (z.B. Bankdrücken) wirklich während der Übung Hantelscheiben gewechselt werden, dann bitte „High-Speed"! Ziel ist es, die Pausen auf ein absolutes Minimum zu reduzieren!

Bei *Stripsätzen* (Pausensätzen) wird nicht das Gewicht, sondern nur die Erholungszeit drastisch reduziert. Es ergeben sich so von Satz zu Satz etwas weniger Wiederholungen bei gleichem Gewicht.

Sie machen beispielsweise 8 Wiederholungen im Bankdrücken, legen das Gewicht danach für nur 5 bis 10 Sekunden ab – gerade genug Zeit, um kurz Atem zu schöpfen. Dann geht es sofort weiter, vielleicht noch mit fünf Wiederholungen, wieder ein kurzes Absetzen und Durchatmen, und schließlich noch zwei oder drei Wiederholungen mit allerletzter Kraft.

Intensivwiederholungen folgen wiederum dem Prinzip der Gewichtsreduktion, allerdings hilft hier ein Trainingspartner, der unterstützend eingreift – gerade soweit, als unbedingt notwendig, um nach dem Muskelversagen eine zusätzliche Wiederholung korrekt auszuführen. Auf diese Weise sind maximal zwei bis drei weitere Wiederholungen mit „demselben" Gewicht möglich.

Knallhart – Negatives Muskelversagen und Intervalltraining

Eine meiner liebsten und zugleich extremsten Techniken mit Trainingspartner ist die Wiederholung einer Übung bis zum *negativen Muskelversagen*. Das heißt, dass eine Übung, die bereits bis hin zum positiven Muskelversagen durchgeführt wurde, noch weitergeführt werden kann. Der oder die Trainingspartner bringen dabei das Gewicht in die Position der positiven Kontraktion, von der aus es kontrolliert abgesenkt wird. Dies wird so oft wiederholt, bis wirklich gar nichts mehr geht!

Intervalltraining frei nach Mike Mentzer

Eine wirklich tolle, aber extreme Technik mit maximaler Wirkung! Für das Intervalltraining wählen Sie ein Gewicht, mit dem Sie in einem Arbeitssatz drei Wiederholungen am Stück sauber zustande bringen.
Machen Sie zwei langsame, kontrollierte Wiederholungen. Nach zehn Sekunden Pause folgt *eine* Wiederholung, wieder langsam und technisch perfekt. Dann abermals zehn Sekunden Pause. Schließlich folgt noch *eine* dritte und nach weiteren zehn Sekunden Pause *eine* vierte Wiederholung.
Sie werden es selbst erleben! Nach der vierten, manchmal sogar schon nach der dritten Wiederholung ist normalerweise keine einzige weitere mehr möglich, es sei denn, Sie haben das Gewicht zu niedrig angesetzt! *Dennoch* machen Sie eine zusätzliche und letzte Wiederholung mit einem um 20 % reduzierten Gewicht!
Ein Arbeitssatz entspricht also vier bis fünf einzelnen Teilsätzen zu je *einer* oder *zwei* (beim ersten Teilsatz) Wiederholungen mit jeweils zehn Sekunden Pause.
Wenn nötig, können Sie dieses Spiel in einem zweiten Arbeitssatz nach etwa 3 bis 5 Minuten Pause natürlich noch einmal „genießen". Aber ich warne Sie! Der Reiz ist extrem und Ihr Körper wird dadurch bis an die Grenzen gefordert!
Intervalltraining macht nur bei sehr schweren Übungen Sinn und sollte keinesfalls in schlecht ausgeruhtem Zustand in Angriff genommen werden. Sie müssen vollkommen regeneriert und fit sein, da ansonsten sogar eine Verletzung drohen kann. Auch sollten Sie unter gar keinen Umständen schwächere Muskeln auf diese Weise attackieren!

In meinem Trainingsprogramm sind einarmige Klimmzüge eine typische Intervallübung, mit der ich so regelmäßig an die Grenzen gehe. Mit Mike Mentzers Intervalltraining kann ich auch sehr schwere Übungen effektiv und sicher trainieren (Abbildung auf Seite 123).

Das Intervalltraining ist besonders für weit fortgeschrittene Kraftsportler gedacht, für die ein weiteres Kraft- und Muskelwachstum aufgrund der Anpassung ihres Körpers bereits schwierig geworden ist. Bei gelegentlicher Anwendung schockt es die Muskulatur aber richtiggehend und löst einen ungewohnten und somit äußerst wirksamen Wachstumsstimulus aus. Ich selbst trainiere höchstens einmal pro Woche mit dieser Methode, und auch das nur in hochintensiven Trainingsphasen.

Unbedingt beachten!

1. Alle Intensitätstechniken sind mit Vorsicht zu genießen! Denn absolute Extrembelastungen wie negatives Muskelversagen oder Intervalltraining führen zwar zu optimalem Muskelwachstum, sollten jedoch nicht öfter als alle 9 bis 10 Tage eingesetzt werden. Die Belastung ist einfach zu groß, als dass sie bei jedem Training praktiziert werden kann. Übertraining oder gar Verletzungen wären die Folge!

2. Übungen mit Schnellkraft sind wegen des zu hohen Verletzungsrisikos nicht zu empfehlen! Die Bewegung enthält durch die aus Reißen oder Schwungholen entstehende Fliehkraft mehr Energie, als Muskeln und Bindegewebe zu kontrollieren im Stande sind. Sicher können Sie mit Schnellkraft scheinbar mehr Gewicht bewältigen, qualitativ hochwertiges Training ist jedoch nur mit langsamen Bewegungen möglich. Mehr Gewicht schnell zu *heben* ist einfacher, als weniger Gewicht zu *kontrollieren*. Bedenken Sie: Sie wollen die Gewichte kontrollieren, nicht werfen!

3. Maximalkraftwiederholungen – *eine* Wiederholung mit dem absoluten Höchstgewicht – sind nicht nur unnötig, sondern können ebenfalls zu Verletzungen führen. Das Prinzip „eine Wiederholung mit dem maximal zu bewältigenden Gewicht" ist nur für Gewichtheber und Angeber interessant. Für alle anderen bringt diese Art des persönlichen Rekords keinerlei Vorteil. Das oben beschriebene Intervalltraining ist der Maximalkraftwiederholung sehr ähnlich und wandelt deshalb auf einem schmalen Grat. Übertreiben Sie es bitte nicht!

Die beste Trainingszeit

Grundsätzlich gilt, dass die besten Trainingsleistungen mit der höchsten Körpertemperatur erzielt werden. Bei den meisten ist dies am späten Vormittag oder frühen Abend der Fall. Am unvorteilhaftesten wäre demnach ein Training am frühen Morgen, wenn die Muskeln, Gelenke und Sehnen relativ kalt und steif sind. Zudem verändert sich der Spannungsgrad der Muskulatur im Lauf des Tages. Er ist früh morgens, bei sehr geringer Stoffwechselrate, am schlechtesten und baut sich im Lauf des Tages immer mehr auf. Aus diesen Gründen ist auch das Verletzungsrisiko um diese Zeit am höchsten. Soviel zur Theorie. In der Praxis gibt es sowohl Morgenmenschen als auch Nachtschwärmer...

Marc Girardelli empfiehlt: „Raus aus dem Bett und sofort trainieren! Beginnt der Tag erst mit einem gemütlichen Frühstück, hat der innere Schweinehund seinen Siegeszug oft bereits angetreten." Marc absolvierte seine intensivsten Einheiten oft in aller Frühe.

Sein Hinweis, den er in einem unserer Gespräche fast nebenbei fallen ließ, war für mich Gold wert. Auch ich starte seit mittlerweile über drei Jahren kurze Maximalkrafteinheiten am liebsten am Morgen auf fast leeren Magen. Nur einige Supplemente (z.B. Aminos) schützen meinen Körper vor einem katabolen (abbauenden) Zustand während des Trainings. Ein weiterer Vorteil: Das verschobene Frühstück schmeckt danach garantiert doppelt so gut!

Ja, auch ich zähle, wie Sie bereits in der Einleitung dieses Buches erfahren haben, eindeutig zu den Morgenmenschen. Aber auch ich stürze mich nicht aus dem Bett direkt in eine HIT-Einheit! Wenn ich gegen 7 Uhr meine Morgentrainings starte, stehe ich spätestens um 6 Uhr auf und aktiviere mich zuerst ordentlich. Meist mit einem lockeren Morgenlauf oder einer Aufwärmeinheit auf dem Cross-Stepper mit anschließender Gymnastik. So erreiche ich die ideale Betriebstemperatur, sowohl mein Körper als auch mein Geist sind hellwach und bereit für HIT! Der Morgen und frühe Vormittag ist für mich seit Jahren *die* ideale Trainingszeit.

Eines der wohl „wildesten" Beispiele eines sehr eigenen Tages- und Trainingsplans fand ich kürzlich in einem Bericht über den amerikanischen Bodybuilder Jay Cutler (Sieger bei der Arnold Classic 2002, 2003 und 2004, Mr. Olympia-Zweiter 2001, 2003 und 2004). Sein Trainingsplan vor Wettkämpfen sieht folgenden Tagesablauf vor (Flex, Juni 2004):
8.00: Ausdauertraining auf dem Stepper – 9.00: erste Mahlzeit – 9.15: Geschäftliches – 11.30: zweite Mahlzeit – 11.45: Geschäftliches, Nickerchen – 13.00: Training – 15.00: dritte Mahlzeit – 15.30: Geschäftliches, Nickerchen – 17.30: vierte Mahlzeit – 20.00: fünfte Mahlzeit – 20.15: Schlafen – 23.30: sechste Mahlzeit – 23.45: Schlafen – 1.30: Ausdauertraining Crosstrainer – 3.00: siebte Mahlzeit – 3.15: Schlafen

Kaffee ist *das* Aktivierungselixier! Wenn auch Sie vorhaben, bereits am Morgen zu trainieren, wirkt eine Tasse Kaffee vor dem Training wahre Wunder. Mehr dazu im Kapitel „Supplemente" auf Seite 154.

Viele können es sich schlicht nicht aussuchen, wann sie trainieren. Sie haben feste Arbeitszeiten und müssen das Training dementsprechend in ihren Tagesablauf integrieren. Zur Beruhigung: Der individuelle biologische Rhythmus ist anpassungsfähig. Sofern Sie genügend Motivation mitbringen, können Sie sowohl morgens, nachmittags, abends oder sogar spät nachts trainieren und zu jeder Uhrzeit Topleistungen erbringen.
Es empfiehlt sich jedoch in keinem Fall, direkt nach dem Essen zu trainieren. Der Körper ist mit der Verdauung beschäftigt und neigt eher dazu, sich etwas auszuruhen und größere Anstrengungen zu vermeiden.

Vorsicht Frühsportler! Falls Sie den Tag direkt mit dem Training beginnen, muss Ihr Körper zuerst ausreichend aktiviert werden. Wärmen Sie sich vor dem Krafttraining zunächst allgemein auf und bringen Sie ihren Kreislauf ordentlich in Schuss. Sonst haben Sie nicht nur keine Chance auf eine Topleistung, sondern riskieren sogar eine Verletzung.

Achtung Nachtschwärmer! Zwischen intensivem Training und Nachtruhe sollte immer eine ausreichende Entspannungsphase liegen. Ansonsten wird höchst wahrscheinlich Ihr Schlaf darunter leiden, da Ihr Körper nicht genug Zeit zum Abbau der Stresshormone und zur allgemeinen Beruhigung hat.
Früher trainierte ich oft sehr hart bis sieben oder acht Uhr abends. Danach ging ich immer schon relativ früh zu Bett. In der kurzen Zeit war es mir meist nicht möglich abzuschalten, so dass ich nach Trainingstagen fast immer schlecht schlief.
Seither habe ich nicht nur meinen Trainingsrhythmus umgestellt. Ich mache jetzt zusätzlich immer noch einen regenerativen Abendspaziergang, der die Erholung beschleunigt und für einen guten Schlaf sorgt.

Schluss mit den Kraftsportmärchen!

Unverständlicherweise trainieren noch immer viele Kraftsportler nicht nach der HIT-Methode. Die Gründe mögen zum einen in der Unwissenheit liegen, zum anderen in der hartnäckigen Überlieferung gewisser Kraftsportmärchen, von denen sich die Athleten verunsichern lassen.

Je mehr ich trainiere, desto schneller werde ich Muskeln und Kraft aufbauen.
Falsch! Der Wachstumsstimulus ist in erster Linie von der Intensität der Übungen abhängig, nicht vom Volumen! Viele Sätze sind hauptsächlich für die Kraftausdauer nützlich. Hochintensives und zugleich umfangreiches Training ist ein Widerspruch in sich. Wurde der Wachstumsreiz ausgelöst, ist jeder weitere Satz für die entsprechende Muskelgruppe bestenfalls Zeitverschwendung. Schlimmer: Die Regenerationszeit erhöht sich dramatisch und es droht sogar ein Übertraining. Wer oft und umfangreich trainieren kann, trainiert entweder nicht intensiv genug oder benutzt Anabolika. So einfach ist das.

Jeder Muskel wird am besten durch Isolationsübungen an hochspezialisierten Trainingsgeräten entwickelt.
Falsch! Isolationsübungen haben einen lediglich unterstützenden Charakter. Sie sind dazu gedacht, Schwachstellen und bestimmte Muskelgruppen zusätzlich zu den komplexen Übungen gezielt aufzubauen oder therapeutisch zu unterstützen. Näheres dazu im Kapitel „Ihr Trainingsprogramm" auf Seite 66.

Nach vier trainingsfreien Tagen wird die Muskulatur bereits wieder abgebaut.
Falsch! Tatsächlich beginnt erst nach zwei bis drei Tagen überhaupt das Muskelwachstum. Auch eine gelegentliche Pause von einer Woche hilft mehr, als dass sie schadet.

Schwere Gewichte bedeuten ein höheres Verletzungsrisiko.
Falsch! Richtig ausgeführt, das heißt mit langsamen, exakten und kontrollierten Wiederholungen, ist HIT tatsächlich die sicherste Trainingsmethode! Ein Gewicht, das kontrolliert angehoben und abgesenkt werden kann, stellt absolut keine Gefahr dar. Aufwärmen vor den Arbeitssätzen ist natürlich Pflicht.
Auch beim so genannten Ein-Satz-Training gehen dem Arbeitssatz ein bis drei Aufwärmsätze voraus. Gefährlich sind dagegen schnelle und schlampige Bewegungen.

Der Milchsäure-Mythos
Viele Kraftsportler glauben, sie würden sich nur dann ausreichend belasten und Muskeln aufbauen, wenn diese ordentlich Milchsäure abbekommen. Erst wenn der Muskel richtig aufgepumpt, blau und vernichtet ist, sind sie zufrieden.
Das pralle Gefühl eines aufgepumpten Muskels sagt über die Effektivität des Trainings überhaupt nichts aus. Was zählt ist die Intensität der Übung!
Halten sie sich an die Wiederholungszahlen in diesem Kapitel. Mehr zur Effektivität der Übungen erfahren Sie im Kapitel „Ihr Trainingsprogramm" auf Seite 66.

Schlechte genetische Voraussetzungen behindern meine Entwicklung!
Vergessen Sie's! Diese Ausrede lasse ich nicht gelten. Natürlich gibt es genetische Wunderkinder und solche, denen es eher schwer fällt, richtig viel Muskelmasse aufzubauen. Doch es geht um Sie, um Ihre Individualität, und nicht darum, was die anderen leisten. Es geht nur darum, dass *Sie* aus *Ihrem* Potenzial das Bestmögliche herausholen und dass Sie Ihre Herausforderung annehmen. Das allein zählt!
Bevor die Gene im Weg stehen, kommen fast immer andere Faktoren ins Spiel. Zu wenig oder zu viel Motivation (Übertraining), berufliche oder private Angelegenheiten, oder einfach Stress, der eine optimale Konzentration nicht zulässt. Die genetisch bedingte Wachstumsgrenze ist ganz bestimmt das allerletzte Hindernis, an dem Ihre Entwicklung zum Erliegen kommen könnte.
Ich selbst bin wohl ein gutes Beispiel für eine nicht optimale Genetik. Im Grunde bin ich extrem schlank und habe einen eher zierlichen Knochenbau. Im Klettersport machte sich dies in meinen Anfängen vor allem durch meine sehr schlanken Finger bemerkbar. Ich kämpfte häufig mit leichten Überlastungsproblemen. Mit 16 Jahren wog ich nur knapp über 40 kg! Dennoch: Mit meinem Trainingssystem habe ich es unter die Top 10 im Klettersport gebracht. Schwachstellen sind für mich eine Herausforderung und keine Ausrede! Ich hoffe, Sie halten das genau so!

PEAK-TRAINING, KAPITEL 2

Das zyklische Trainingssystem

„Das Leben verläuft zyklisch, und beim Bodybuilding ist es nicht anders."
Mike Mentzer, HEAVY DUTY JOURNAL

Warum ein zyklisches Trainingssystem?

Die erste und einfachste Antwort ist: Abwechslung und somit natürlich auch langfristig mehr Spaß und Motivation beim Training! Wie Sie bereits im HIT-Kapitel über „High Intensity Training" erfahren haben, ist es für kontinuierliche Leistungssteigerungen unbedingt notwendig, das Training immer wieder zu variieren. Nur durch unterschiedliche und ungewohnte Trainingsreize ist es möglich, den Körper zum „stärker werden" und die Muskulatur immer weiter zum Wachstum zu animieren. Dies gilt nicht nur für einzelne Übungen, sondern auch ganz besonders für die Trainingsintensität.

Niemand kann ständig in Höchstform sein. Langfristige Leistungssteigerungen bedürfen immer einer kontrollierten Dosierung und Variation der Trainingsintensität. Kontinuierliche Fortschritte setzen einen Trainingsrhythmus voraus, der einem Wellengang gleicht: Die Welle baut sich auf, immer höher, bis hin zur Spitze, bis zum Peak. Doch dieser Zustand kann nicht dauerhaft aufrechterhalten werden.

Mein zyklisches System verhindert jedoch auch, dass die Welle vollkommen in sich zusammenbricht. Sie sind jederzeit fit, immer gut in Form und können bei Bedarf schnell und gezielt Ihre Topform erreichen. Eine Beruhigung nach einer extremen Peak-Phase ist trotz allem unausweichlich.

Dadurch steigt das Grundniveau ständig. Sie beginnen nach einer Peak-Phase nicht wieder ganz unten, sondern bauen immer auf dem bisher Erreichten auf. Die zweite Welle wird größer als die erste und die dritte größer als die zweite. Die Langfristigkeit beschränkt sich nicht auf wenige Monate – sie ist auf Jahre hin gewährleistet. In jeder einzelnen Trainingsphase werden Sie mit jedem Mal stärker, von Zyklus zu Zyklus und von Jahr zu Jahr, im Aufbau wie in der Höchstleistung. Das ist meine Vorstellung von langfristigem Erfolg!

Viele Athleten halten das anders. Sie lassen sich während der so genannten Off-Season gehen und haben ihre liebe Not, sich in wenigen Monaten in Wettkampfform zu bringen. Ich halte das für keinen sehr motivierenden Ansatz.

Was ist ein Trainingszyklus?

Der große Trainingszyklus ist die Gesamtheit der Trainingsvarianten, die Sie innerhalb einer bestimmten Zeit durchlaufen. Dieser große Zyklus gliedert sich in drei Teilzyklen – zwei Aufbauzyklen und den Peak-Zyklus –, in denen jeweils ein bestimmtes Trainingsziel verfolgt wird. Die kleinste zyklische Einheit ist schließlich die einzelne Trainingswoche mit wiederkehrenden Trainings- und Ruhetagen.
Jedes Jahr sind erfahrungsgemäß maximal zwei Peak-Phasen möglich und sinnvoll. Als Vorbereitung auf einen Wettkampf bzw. eine Wettkampfsaison sollte das vollkommen ausreichen. Wie gesagt: Sie sind auch während der restlichen Zeit immer in sehr guter Form. Doch der Peak ist die Krönung aller Anstrengungen – die bestmögliche Form, die Sie zu einem bestimmten Zeitpunkt erreichen können.

Um in den krönenden Peak-Zyklus eintreten zu können, müssen fortgeschrittene Athleten die beiden im Folgenden beschriebenen Aufbauzyklen nicht immer vollständig durchlaufen. Wenn Sie bereits ein gutes Basisniveau erreicht haben, können Sie bei Bedarf jederzeit in einen Peak ausscheren und sich innerhalb von fünf bis sechs Wochen in eine absolute Topform bringen.
Die einzige Einschränkung ist hierbei, wie gesagt, die Häufigkeit: Wirklich effektiv zu peaken funktioniert nicht öfter als zweimal jährlich.

Eine wichtige Anmerkung zum folgenden Trainingsschema: Dieses gibt ein Idealmodell vor, mit dem Sie erfolgreich sein werden. Niemand verlangt jedoch von Ihnen, dass Sie den Vorgaben auf Punkt und Komma folgen. Jeder Athlet hat individuelle Stärken und Schwächen sowie individuelle Regenerationszeiten. Seien Sie flexibel und hören Sie immer auf Ihren Körper.
Es gibt nichts Sinnloseres als ein hochintensives oder gar ein Peak-Training an einem schlecht ausgeruhten Tag. Setzen Sie sich also keinesfalls einem Terminzwang aus. Dass laut Plan ein schweres High Intensity Training ansteht, heißt nicht, dass es an einem ganz bestimmten Tag unbedingt stattfinden muss. Ihr Rekord wartet auch am nächsten oder übernächsten Tag noch auf Sie.
Versuchen Sie jedoch, ihn zum falschen Zeitpunkt zu erzwingen, könnte er wieder weiter in die Ferne rücken, da Sie eventuell ein Übertraining oder sogar eine Verletzung riskieren. Selbst Profis können nicht immer nach dem Kalender trainieren. Andererseits ist es ebenso wenig ratsam, ein Training nur aus Lust und Laune aufzuschieben. Halten Sie sich in der Regel an die Vorgaben, dann sind gelegentliche Abweichungen kein Problem.

Ein Wort zur Vergangenheit

Trainingsperiodisierung genießt, besonders im Kraftsport, einen zweifelhaften bis schlechten Ruf. Das ursprüngliche System stammt aus der DDR und wurde in den frühen 60er Jahren vom sowjetischen Sportwissenschaftler Dmitri Matveyev entwickelt.

Es schreibt die abwechselnde Konzentration auf eine bestimmte Trainingsdisziplin in zwei bis drei Aufbauzyklen vor (A–B oder A–B–C). Zunächst wird also sechs bis acht Wochen lang nur Disziplin A trainiert, darauf folgt über denselben Zeitraum das B-Training, und schließlich C. Damit wäre ein vollständiger Aufbauzyklus abgeschlossen und der Athlet sollte bereit sein für D – die Wettkampfleistung, die sich aus den zuvor trainierten Komponenten zusammensetzt. Die Wettkampfleistung D muss innerhalb weiterer sechs bis acht Wochen erlernt und auf höchstmögliches Niveau gebracht werden. Darauf folgt eine Übergangsperiode von zwei bis drei Wochen, ehe das Training wieder von vorne beginnt.

Im Leistungssport funktioniert dieses System nicht besonders gut. Der Sportler ist die meiste Zeit des Jahres nicht wettkampfbereit, da sich zwei Drittel der erforderlichen Komponenten in einer Ruhepause befinden. Der Körper steht nach 12 bis 18 Wochen plötzlich vor den Anforderungen einer Wettkampfsituation und soll mit einem Mal all seine stillgelegten Potenziale freisetzen und ideal aufeinander abstimmen. Kontrolliert herbeigeführte Wettkampfleistungen sehen anders aus!

Es war daher an der Zeit, die an sich gute Grundidee einer zyklischen Abfolge von Trainingsphasen zu revolutionieren und ein wirklich effektives Trainingssystem zu entwickeln. Hinter meinem Modell steht nicht zuletzt Julius Benkö, der Leistungsphysiologe des Vorarlberger Olympiamodells.

Zyklisches Peak-Training – Der neue Weg

Sie können sofort mit dem Training loslegen! Es spielt keine Rolle, wie Sie bisher trainiert haben. Auch wenn Sie überhaupt zum ersten Mal erwägen, mit einem ernsthaften Trainingssystem zu starten: Das Peak-Prinzip beruht auf allgemein gültigen Tatsachen und passt sich individuellen Voraussetzungen und Ansprüchen perfekt an.

Vergeuden Sie keine Zeit mehr und geben Sie dem Peak-Prinzip eine Chance! Sie werden begeistert sein!

Natürlich ist es von Vorteil, wenn Sie Ihren Körper bereits gut kennen und sowohl Ihre Leistungen als auch Ihren Regenerationsbedarf gut einschätzen können. Einsteiger haben aber den Vorteil, dass sie nach den konkreten, erprobten Vorgaben dieses Systems trainieren können und kaum in ein Übertraining geraten werden. Sollte dies doch einmal geschehen, machen Sie sich keine zu großen Sorgen. Mein System ist gerade in diesem Punkt äußerst flexibel! Ein drohendes Übertraining ist dadurch noch lange kein Beinbruch. Legen Sie einfach einen oder zwei zusätzliche lockere Tage ein, bevor Sie wieder richtig hart einsteigen.

Bedenken Sie immer: Besondere Umstände verlangen besondere Rücksichtnahme. Nach einer schlechten Nacht, wenn eine Krankheit im Anflug ist oder Sie einfach einmal nicht richtig frisch sind – bleiben Sie fair zu sich! Notieren Sie sich alles in Ihrem Trainingstagebuch, dann können Sie später die Leistung richtig einschätzen. Näheres hierzu finden Sie auch im Kapitel „Übertraining und Verletzungen".

Der Grundgedanke hinter dem zyklischen Trainingssystem beruht, wie gesagt, auf der im HIT-Kapitel schon angesprochenen Notwendigkeit der Abwechslung. Wenn Sie immer auf dieselbe Weise trainieren, wird sich Ihr Körper schnell an die immer gleichen Reize gewöhnt haben und darauf nicht mehr länger reagieren, sprich: das Wachstum einstellen.

Wie jedes ökonomische System achtet auch Ihr Körper darauf, seine Ressourcen möglichst sparsam zu verwalten und nur das ungedingt Erforderliche einzusetzen. Deshalb müssen Sie für kontinuierliches und langfristiges Kraft- und Muskelwachstum Ihren Körper wieder und wieder überraschen, ihn zu etwas herausfordern, womit er nicht rechnet und worauf er nicht vorbereitet ist.

Jeder Kraftsportler wird zudem früher oder später zur Einsicht gelangen, dass nicht jedes Mal mit allerhöchstem Einsatz trainiert werden kann. Für Einsteiger mag ein ständiger Grenzgang für einige Zeit funktionieren, fortgeschrittene Athleten erreichen damit jedoch bald ein Leistungsplateau und riskieren ein schleichendes Übertraining, das sie in ihrer Entwicklung nicht nur bremst, sondern sogar zurückwerfen kann.

Es ist daher unbedingt notwendig, diese langfristige Entwicklungsstrategie einzusetzen. Nur so können Schwerpunkte gezielt gesetzt und variiert werden, ohne die anderen Bereiche zu vernachlässigen.

Die beiden wesentlichen Aspekte meiner zyklischen Strategie sind neben der Abwechslung das nachfolgend beschriebene Konzept „Training zum Erfolg" und ein ausgewogenes Verhältnis zwischen Heavy HIT und Easy HIT.

...ining zum Erfolg

Von Training zu Training besser werden! Vom ersten Training an ständig Erfolge und Rekorde feiern! Das ist der Traum eines jeden Athleten. Wie das geht? Nur mit der richtigen Strategie!

Bei jeder Trainingseinheit mit dem Kopf durch die Wand zu wollen, wird Sie höchstens in eine frustrierende Sackgasse führen. Das mag eine Zeit lang gut gehen, dann stoßen Sie an Ihre Grenzen und die ganze anfängliche Euphorie verpufft und lässt Sie ratlos zurück.

Für das Training zum Erfolg ist es notwendig, sich mit dem Konzept der *relativen Höchstleistung* vertraut zu machen. Das heißt, der Erfolg eines Trainings misst sich nicht jedes Mal an der absoluten Bestleistung in einer Übung, sondern im Verhältnis zur Leistung an einem Tag mit vergleichbarer Ausgangssituation.

Echte 100%-Tage bzw. Peak-Tage sind nur in vollkommen ausgeruhtem Zustand möglich. Verstehen Sie mich nicht falsch: Sie sollten immer Ihr Bestes geben! Nur ist das Beste „in absoluten Zahlen" nicht immer gleich viel, sondern hängt von der Tagesverfassung und vom jeweiligen Trainingsziel ab. Ein erfolgreicher Tag ist ein Tag, an dem Sie ein bestimmtes Ziel erreichen. Die Herausforderungen, denen Sie sich stellen, sind jedoch von Tag zu Tag verschieden.

Die Effektivität von Training zum Erfolg hängt von zwei Faktoren ab: der Genauigkeit Ihrer Aufzeichnungen im Trainingstagebuch (siehe Seite 65) und Ihrer Fähigkeit, Ihre körperliche und mentale Verfassung richtig einzuschätzen. Je vertrauter Sie mit Ihrem eigenen Körper sind, desto besser wird „Training zum Erfolg" natürlich funktionieren. Da Einsteiger kaum der Gefahr eines Übertrainings ausgesetzt sind, müssen auch sie keine Angst haben, etwas falsch zu machen. Mit der Zeit werden sie sich immer besser einschätzen können und durch ihre wachsende Erfahrung weiterhin erfolgreich sein.

Training zum Erfolg bedeutet, dass Sie sich in jeder Trainingseinheit – egal ob im Peak oder im Aufbaubereich – realistische Ziele setzen, die Sie auch erreichen. Sie bestimmen wie hoch Sie die „Latte legen". Auch hierin liegt eine der großen Stärken des Systems. Sie werden von Woche zu Woche ein besserer Selbstbeobachter und können sich Ihre individuellen Ziele schon sehr bald anspruchsvoll, aber realistisch setzen!

Heavy HIT und Easy HIT

Heavy HIT bezeichnet ein High Intensity Training, das *wirklich* an die Leistungsgrenze geht, also hundertprozentigen Einsatz erfordert. Heavy HITs sind im Trainingsschema daher mit 100% gekennzeichnet. Die tatsächliche Leistung hängt dabei aber von der Tagesform und der Stellung des Trainingtages im Gesamtsystem ab. Wenn kein Zweifel daran besteht, dass Sie alles in Ihrer Macht stehende getan haben, dann haben Sie eine hundertprozentige Leistung erbracht – selbst wenn Sie unter anderen Umständen mit einer bestimmten Übung schon einmal besser abgeschnitten haben.

Darin besteht im Übrigen der wesentliche Unterschied zwischen Heavy HIT und einem Peak-Tag, an dem grundsätzlich eine *absolute* Höchstleistung in einer bestimmten Disziplin gefordert ist. Eine Peak-Phase kommt höchstens zweimal im Jahr vor und bedarf strengster Disziplin und Vorbereitung. Bei einem Wettkampfathleten ist die Peak-Phase natürlich für die Zeit mit den entscheidenden Hauptwettkämpfen des Jahres reserviert. Denn an den eigentlichen Peak-Tagen werden schließlich die *echten* Rekorde aufgestellt.

Ein sogenannter Easy HIT ist kaum weniger intensiv als ein Heavy HIT. Es wird im Trainingsschema mit 80 bis 90 Prozent angegeben, was in der Praxis einfach bedeutet: Ein bis zwei Wiederholungen weniger als bei einer Übung maximal möglich wären. Also nicht bis zum Punkt des Muskelversagens, sondern nur bis knapp davor! Wenn Sie erst einmal wissen, wie hart ein High Intensity Training wirklich ist, werden Sie sehen, dass auch 90 Prozent noch lange kein Zuckerschlecken sind. Und doch lassen Sie auf diese Weise ein wenig Spielraum nach oben und muten Ihrem Körper nicht zuviel zu.

Die Trainingstage festlegen

Legen Sie zu Beginn fest, wie Sie Ihren gesamten Trainingsumfang auf mehrere Tage aufteilen (nach dem Standardmodell drei).

Der A-Tag – Die Hauptdisziplin!

Beginnen wir mit dem A-Tag: A ist Ihre Hauptdisziplin. Bei Athleten, die für eine bestimmte Sportart trainieren, ist das die Wettkampfdisziplin. Es versteht sich von selbst, dass A die höchste Priorität genießt, schließlich ist es Ihre A-Leistung, die über den Erfolg bei Wettkämpfen entscheidet.

Falls Sie Bodybuilder oder einfach an einem „Rundum fit"-Programm interessiert sind, wird das A-Programm für Sie einen etwas geringeren Stellenwert einnehmen als bei einem Wettkampfathleten mit Spezialdisziplin. Trainieren Sie am A-Tag einfach jene Körperregionen mit besonderer Intensität, denen Sie das größte Entwicklungspotenzial beimessen. Wenn Sie etwa im Bereich der Brust, des Rückens oder des Bizeps besonders gesegnet sind, dann sind das Ihre A-Regionen.

Natürlich können Sie A auch einfach den gleichen Stellenwert wie den anderen beiden Trainingstagen einräumen. Dann ist er Teil eines ausgewogenen Programms, das den gesamten Körper gleichmäßig trainiert. Es liegt an Ihnen, ob Sie einen Schwerpunkt setzen wollen.

Der A-Tag ist bei mir eine Kombination meiner Wettkampfdisziplin, also dem Training in „echten" Weltcuptrainingstouren, sowie spezifischem Krafttraining. Dabei kommen *die* Grundübungen zum Einsatz, die speziell auf meine Klettermuskulatur abzielen.

B- und C-Tage

Der zweite Tag, B, wird als „unterstützende Hauptkomponente 1" bezeichnet. Das heißt, an diesem Tag trainieren Sie Eigenschaften, die Ihrer Wettkampfdisziplin besonders zugute kommen.

Der dritte Tag, C, ist die „unterstützende Hauptkomponente 2". An diesem Tag absolviere ich spezifisches Krafttraining mit dem Ziel Maximalkraftsteigerung.

Für Wettkampfathleten sind B und C nichts anderes als die zwei isolierten Hauptkomponenten, die gemeinsam die Wettkampfleistung A ergeben: spezifische Maximalkraft und spezifische Kraftausdauer für einen bestimmten Sport.

Bei Leistungssportlern nimmt beim ABC-Programm automatisch die Wettkampfdisziplin den höchsten Stellenwert ein. Dies wird in der Regel auch die Disziplin sein, in der sie peaken, also auf die maximale Höchstleistung abzielen.

Alle anderen können das Programm als ausgeglichenen Dreiersplit betrachten, bei dem kein Trainingstag zu kurz kommt.

Solange Sie nicht in die Peak-Phase übergehen, gibt es nicht notwendigerweise einen bevorzugten Trainingstag. Es hängt also allein von Ihnen ab, ob Sie bestimmten Übungen bzw. Körperpartien eine besondere Bedeutung beimessen. Mehr dazu im Kapitel „Ihr Trainingsprogramm" auf Seite 66.

D-Programm – Fill the gap!

Schließlich gibt es eine vierte zu trainierende Komponente, D, die aber keinen eigenen Tag erhält. D bezieht sich auf die Gegenspielermuskulatur der anderen

Trainingstage und genetische oder verletzungsbedingte Schwachstellen. Folglich kommen im D-Programm kleine, bei akuten Beschwerden eventuell auch nur therapeutische Übungen zum Einsatz. D soll einfach empfindliche oder schwer trainierbare Bereiche gezielt und ohne Verletzungsgefahr stärken und aufbauen, damit sie der allgemeinen Entwicklung nicht hinterherhinken. Muskuläre Dysbalancen gehören zu den hartnäckigsten Feinden jedes Kraftsportlers! Beugen Sie vor!

Die Amerikaner nennen es „Fill the Gap" – also die Lücke füllen. Arbeiten Sie an Ihrem D-Tag speziell an Ihren Schwachpunkten! Im Mittelpunkt stehen hier natürlich „kleine" Übungen, die nur noch isolierte Körperpartien fordern. Wie Sie später im Ernährungsteil dieses Buches sehen werden, profitieren diese durch die Peak-Ernährung zusätzlich von dieser Einheit.

Ich arbeite in diesen Einheiten vorwiegend mit Kurzhanteln und leichten Gewichten. Dafür erhöhe ich die Wiederholungszahl und bearbeite ganz gezielt einzelne Muskelgruppen, wie die Schultern oder den unteren Rückenbereich.

Zusätzlich zu den vier Kraft- und Wettkampf-Komponenten enthält mein Trainingssystem auch wohldosierte Einheiten für spezifisches und allgemeines Grundlagenausdauertraining (GLA). Die Intensität der spezifischen Einheiten richtet sich nach Ihrer Sportart und der Kraftausdauerkomponente, die diese erfordert. Allgemeine Einheiten hingegen werden im Wesentlichen in lockeren regenerativen Einheiten oder an „aktiven Ruhetagen" eingesetzt.
Die Geringfügigkeit der Belastung wird durch die Prozentzahlen deutlich: Spezifisches Grundlagenausdauertraining wird mit einer Intensität von 30% der Maximalkraft, allgemeines sogar lediglich mit 10% betrieben. Es ist somit ausgeschlossen, dass die Leistungsfähigkeit im Krafttraining unter den Ausdauereinheiten leidet!

Jeder Wettkampfsportler einer speziellen Disziplin hat hier seine „Hausaufgaben". Bei mir bilden z.B. lockeres Klettern und Techniktraining sowie Rudern auf einem „Concept 2"-Ergometer den Schwerpunkt dieser Einheiten.

Für reine Kraftsportler und Bodybuilder empfehle ich statt des spezifischen GLA ein Zirkeltraining mit Hanteln und leichten Gewichten. Machen Sie zwischen den Übungen nur sehr kurze Pausen, am besten nur so viel, wie unbedingt notwendig, um die nächste Übung vorzubereiten. Auch Trainingseinheiten mit Posing, Schwimmen oder eben auch Kardiotraining auf einem Ruderergometer, das den gesamten Körper beansprucht, sind hier optimal! Mehr dazu später in diesem Kapitel unter „Ausdauertraining".

Kombination

Es sei ausdrücklich darauf hingewiesen, dass A, B und C jeweils einen kompletten Trainingstag inklusive Auf- und Abwärmen umfassen. Strategische Grundlageneinheiten sind also auch in diesen Programmen enthalten, ohne jedes Mal aufgelistet zu sein.

A + B, A + C und B + C schließen sich hingegen aus, denn Sie können nicht zwei komplette Trainingstage an einem kombinieren.

D ist ein Spezialprogramm, kurz und weniger belastend. Sie werden sehen, dass D – mit einer Ausnahme – niemals allein vorkommt sondern immer kombiniert eingesetzt wird.

Die drei Zyklen

Ein großer Trainingszyklus, ein sogenannter Makrozyklus, besteht aus drei kleinen oder Mesozyklen, die jeweils – inklusive Regenerationsphasen – 6 bis 7 Wochen dauern. Die einzelnen Wochen – die kleinsten zyklischen Einheiten – werden dementsprechend als Mikrozyklen bezeichnet.

Der große Trainingszyklus dauert inklusive Peak-Phase und Regenerationszeiten etwa 20 Wochen. Doch keine Sorge: Sie müssen nicht 20 Wochen warten, um zu sehen, dass mein System funktioniert! Ich kann garantieren, dass Sie bei korrekter Ausführung schon vom ersten Tag an Erfolge verzeichnen und sich kontinuierlich verbessern werden!

Aufbauzyklus 1

Das Ziel des Aufbauzyklus 1 ist eine kontinuierliche, kontrollierte Steigerung mit „Training zum Erfolg", ohne die Grenzen der Leistungsfähigkeit auszuloten.

Der erste Aufbauzyklus dauert fünf Wochen. Hierzu gibt es zwei Varianten: Entweder einen 9-Tage-Zyklus, den Sie viermal wiederholen, oder einen 7-Tage-Zyklus, den Sie fünfmal wiederholen.

Ich persönlich favorisiere den 9-Tage-Zyklus, da er einen zusätzlichen Fokus auf die Wettkampfdisziplin und das Gegenspielertraining erlaubt. Allerdings setzt er natürlich weit mehr Flexibilität als der 7-Tage-Zyklus voraus, der jeweils genau in ein Wochenschema passt und sich so besser mit einem geregelten Berufs- und Privatleben vereinbaren lässt.

Über die gesamten fünf Wochen gesehen sind beide Varianten so gut wie gleichwertig. Machen Sie sich darüber also keine Gedanken. Wählen Sie einfach jenes Schema, das Ihnen am Besten entgegenkommt.

Das zyklische Trainingssystem 53

Aufbauzyklus 1 – 9 Tageszyklus

	Training	Intensität %
Tag 1	A	90
Tag 2	D + GLA	90
Tag 3	GLA spezifisch	30
Tag 4	Spaziergang	0
Tag 5	B	90
Tag 6	C	90
Tag 7	A + D	70
Tag 8	GLA	10
Tag 9	Spaziergang	0

Aufbauzyklus 1 – 7 Tageszyklus

	Training	Intensität %
Tag 1	A	90
Tag 2	B + D	90
Tag 3	GLA spezifisch	30
Tag 4	Spaziergang	0
Tag 5	C + D	90
Tag 6	GLA	10
Tag 7	Spaziergang	0

5 Wochen „Training zum Erfolg" – dann 1 lockere Woche mit „Training nach Lust und Laune"
Programm D wird hier in zwei Teile gesplittet, so bleibt die Gesamtbelastung gleich.

Begehen Sie nicht den Fehler zu glauben, 90% seien ein lockeres Training! Wenn das absolute Mögliche in einer Übung bei 10 Wiederholungen liegt, dann sind 90% immer noch 9 Wiederholungen.
Warum immer „nur" 90%? Sie werden sich zunächst in allen drei Hauptdisziplinen kontinuierlich und gleichmäßig steigern. Nichts kommt zu kurz, da Sie Ihre Energie ausgewogen und ohne übertriebene Leistungsspitzen auf alle Bereiche verteilen. Drei oder mehr Heavy HITs pro Woche wären schlichtweg unmöglich. Sie würden sich gleich zu Beginn vollkommen vernichten und all Ihre Ressourcen verspielen. Bereits am zweiten – vermeintlichen – 100%-Tag würden Sie weit unter Ihren Möglichkeiten abschneiden und weniger zustande bringen als an einem zweiten 90%-Tag. Wie viel Sinn würden diese 100% dann noch machen? Genau: gar keinen!
90%-Tage sind hochintensiv, nur wird dabei der Bogen nicht überspannt und Sie haben noch ein klein wenig Spielraum nach oben. Von Woche zu Woche werden die 90% etwas mehr – genau das ist Training zum Erfolg! Sie erreichen immer neue Rekorde und haben die Gewissheit, dafür noch nicht einmal das Letzte gegeben zu haben. Sie werden so ständig hoch motiviert sein, denn nichts beflügelt mehr als dauerhafter Erfolg!

Auf den ersten Blick hat ein Programm mit drei 90%-Tagen keinen Schwerpunkt. Es macht jedoch Sinn, in diesem Zyklus von Woche zu Woche einen Schwerpunkt zu setzen und zu variieren.
Nach diesen fünf Wochen haben Sie sich eine lockere Woche verdient. Sie trainieren nach Lust und Laune und konzentrieren sich im Wesentlichen auf Ihre Regeneration. Genießen Sie das bisher Erreichte, so dass Sie vollkommen frisch und erholt in den Aufbauzyklus 2 starten können – wo es sofort richtig zur Sache geht!

2. Aufbauzyklus 2

Das Ziel des Aufbauzyklus 2: Jede Woche ein Rekord in einer Trainingsdisziplin!

Die Wochen 1 bis 3 – Jede Woche ein Rekord!
Im Aufbauzyklus 2 geht es ans Eingemachte! Sie waren fünf Wochen lang erfolgreich und geduldig – jetzt können Sie zeigen, was wirklich in Ihnen steckt!
Jede Woche beginnt mit 100% in einer der drei Disziplinen. Sie gehen diese Tage vollständig ausgeruht an. Ihr Körper ist jetzt hungrig und bereit für einen echten Rekord. Heavy HIT ist angesagt! Da Sie sich in den Wochen zuvor immer etwas Spielraum nach oben gelassen haben, werden Sie Ihre bisherigen Leistungen meist problemlos übertreffen! Sie sehen nun in jeder Disziplin, wozu Sie an einem Heavy HIT-Tag wirklich in der Lage sind.
Keine Angst, Sie vernachlässigen keine Komponente. Jede wird einmal richtig ausgereizt, die anderen beiden kommen mit 80% zum Zug. Damit alle drei Disziplinen gleichmäßig entwickelt werden, ist in diesen drei Wochen jede einmal die erste, zweite und dritte.
An den Tagen 2 und 4 trainieren Sie zusätzlich Gegenspieler und Schwachpunkte. Die Tage 5 und 6 sind lockere GLA-Tage mit 30% bzw. 10%. Die Tage 3 und 7 schließlich sind reine Ruhetage, an denen außer einem regenerativen Spaziergang oder einer vergleichbaren sehr lockeren Aktivität nichts auf dem Programm steht. Wie Sie inzwischen wissen, erfordern Höchstleistungen einen optimal regenerierten Organismus.

Während Sie 100% in einer Disziplin geben, empfiehlt es sich, die Belastung an den beiden anderen Tagen auf etwa 80% zu reduzieren. Damit beugen Sie einem Übertraining vor und sind jede Woche topfit. Die ganze Woche dreht sich letztlich nur um diesen einen Rekord, der Sie extrem fordert und eine entsprechende Regeneration notwendig macht. 80% bzw. Easy HIT sind in dieser Phase absolut ausreichend. Noch einmal: Keine Angst! Sie werden wirklich in keiner Disziplin abbauen.

Aufbauzyklus 2 – Wochen 1, 2 und 3

	Woche 1	Woche 2	Woche 3	Intensität %
Tag 1	A	B	C	100
Tag 2	C + D	A + D	B + D	80
Tag 3	Spaziergang	Spaziergang	Spaziergang	0
Tag 4	B + D	C + D	A + D	80
Tag 5	GLA spezifisch	GLA spezifisch	GLA spezifisch	30
Tag 6	GLA unspezifisch	GLA unspezifisch	GLA unspezifisch	10
Tag 7	Spaziergang	Spaziergang	Spaziergang	0

Woche 4 – Kontrolliert erfolgreich!

Die vierte Woche gleicht im Wesentlichen den Wochen in Zyklus 1, mit dem kleinen Unterschied, dass die Woche mit drei, in ihrer Intensität abnehmenden, regenerativen Tagen ausklingt. Der Grund: die knallharte Woche 5!

Aufbauzyklus 2 – Woche 4

	Training	Intensität %
Tag 1	A	90
Tag 2	C + D	90
Tag 3	Spaziergang	0
Tag 4	B + D	90
Tag 5	GLA spezifisch	30
Tag 6	GLA unspezifisch	10
Tag 7	Spaziergang	0

Woche 5 – Der HIT-Overkill!

Die letzte Woche des Aufbauzyklus 2 ist absolut gnadenlos! Gönnen Sie der Vernunft eine kurze Auszeit und lassen es einmal so richtig krachen. An den Tagen 1, 2 und 4 loten Sie Ihre Belastbarkeitsgrenzen bis ins Letzte aus: Alle drei Tage werden mit 100% in Angriff genommen. Dabei werden Sie natürlich nur an Tag 1, dem A-Tag, wirklich auf einen Rekord abzielen können. Die 100% der anderen beiden Tage dürfen somit nicht mit den 100% der Wochen 2 und 3 verglichen werden, da Ihr Körper, besonders an Tag 2, bereits äußerst strapaziert ins Training geht. 100% heißt dann einfach: Alles geben und wirklich an die Substanz gehen!

Sogar ein leichtes Übertraining zu riskieren, ist in dieser Woche ausnahmsweise erlaubt. Solange Sie sich dabei nicht verletzen, sollten Sie Ihrem Körper wirklich das Äußerste zumuten.

Aufbauzyklus 2 – Woche 5 – Alles geben! Substanztraining

	Training	Intensität %
Tag 1	A	100
Tag 2	C + D	100
Tag 3	Spaziergang	0
Tag 4	B + D	100
Tag 5	GLA spezifisch	30
Tag 6	GLA unspezifisch	10
Tag 7	Spaziergang	0

Nun sind die beiden Aufbauzyklen abgeschlossen und Sie haben sich erst einmal Ruhe verdient! Der gemächliche Ausklang von Woche 5 und eine anschließende lockere Woche geben Ihrem Körper genügend Zeit, die vergangenen Strapazen zu verarbeiten und seine Energietanks wieder aufzufüllen.

Nachdem Sie sich wieder vollständig regeneriert haben, liegt es an Ihnen: Entweder beginnen Sie wieder mit dem ersten Aufbauzyklus oder – Sie stürzen sich in den Peak-Zyklus!

Der Peak-Zyklus – Das Highlight!

Während der Peak-Phase spezialisieren Sie sich für maximal 6 Wochen auf eine bestimmte Trainingsdisziplin. Entweder, weil Sie in Wettkampfform kommen wollen oder weil es Sie einfach nur interessiert, wie weit Sie in einer bestimmten Disziplin gegenwärtig gehen können.

Die Beschränkung auf 6 Wochen ergibt sich aus zwei Gründen: Zum einen sind Sie nach dieser Zeit garantiert an der derzeitigen Leistungsgrenze angekommen. Zum anderen dürfen die anderen Disziplinen keinesfalls länger vernachlässigt werden. Durch die extreme Fokussierung auf eine Komponente werden Sie mit der Zeit in den anderen beiden abbauen. Das gehört dazu und lässt sich nicht vollständig vermeiden. Bevor sich dieser unerwünschte Nebeneffekt negativ auf die Gesamtform auswirkt, sollten Sie den Peak-Zyklus daher abgeschlossen haben.

Tag 1 der Peak-Woche ist immer Ihr Peak-Tag. Das bedeutet: Heavy HIT bis an die Grenzen – und weiter! Auf diesen einen Tag – und *nur* auf diesen – kommt es im Peak-Zyklus an!

Auf den Peak-Tag folgt unmittelbar ein echter Ruhetag zur Verarbeitung und Regeneration. Die Tage 3 und 4 sind 90%-Tage bzw. Easy HIT in den beiden anderen Hauptkomponenten, hier B und C, und den Gegenspielern. In der zweiten Hälfte der Woche kommen Sie wie gewohnt langsam von den Leistungsspitzen herunter: 30, 10 und 0 Prozent, vom spezifischen Ausdauertraining bis zum Spaziergang, damit für den nächsten Peak-Tag wieder alle Reserven zur Verfügung stehen.

	Training	Intensität %
Tag 1	A	100
Tag 2	Spaziergang	0
Tag 3	B + D	90
Tag 4	C + D	90
Tag 5	GLA spezifisch	30
Tag 6	GLA unspezifisch	10
Tag 7	Spaziergang	0

Nach dem Peak 1 bis 2 lockere Wochen

Das Ziel besteht auch während der Peak-Phase in einer kontinuierlichen Leistungssteigerung in jeder Woche. Doch diesmal handelt es sich um *absolute* Rekorde: Die Maximalleistung bei 100-prozentigem Einsatz wird während des Peak-Zyklus immer weiter steigen, so dass Sie am Ende mit Fug und Recht behaupten können, in Ihrer Spezialdisziplin Ihr gegenwärtiges Potenzial voll ausgeschöpft zu haben!

Die Peak-Phase ist nur für erfahrene Athleten wirklich geeignet, allerfrühestens nach einem halben Jahr HIT. Sie müssen einfach in der Lage sein, knallhart und mit höchstmöglicher Intensität zu trainieren, denn am Peak-Tag werden Grenzen überschritten. Sind Sie dazu noch nicht in der Lage, dann nützt auch die Peak-Phase gar nichts. Im Gegenteil: Jemand, der nicht das Allerletzte einsetzt, würde in der Peak-Phase viel zu wenig trainieren. Auch die Ausdehnung des Programms am Peak-Tag kann dies nicht kompensieren – dann wäre es nämlich kein Peak-Tag mehr.

Um Missverständnisse gar nicht erst aufkommen zu lassen: In der Peak-Phase geht es nicht darum, mehr zu trainieren als in den anderen Wochen, sondern noch intensiver. Die höchste Intensität wird dabei immer für den einen Peak-Tag reserviert, um den sich alles dreht.
Manche Athleten verwechseln die Peak-Wochen mit der fünften Woche des zweiten Aufbauzyklus, in der jedes Training bis an die Grenze geht. Dies würde aber bereits nach ein bis zwei Wochen zu einem hoffnungslosen Übertraining führen! In der Folge würden die Leistungen in allen Disziplinen einbrechen und unter Umständen sogar hart erarbeitete Kraft und Muskelmasse verloren gehen.

Over the Top – Was ein Peak wirklich bedeutet

Ein Peak-Tag kann durchaus dazu führen, dass ich in der darauffolgenden Nacht kein Auge zu bekomme. Das Training ist hochintensiv und schlägt große Wellen. Das gehört dazu! Dann weiß ich: Das war ein echter Peak-Tag. Mein Körper hat einen extremen Stimulus erhalten und ist für 72 Stunden komplett „vernichtet".

Die individuellen Reaktionen auf einen Peak-Tag sind sehr unterschiedlich. Es muss nicht sein, dass Sie nicht mehr einschlafen können oder Schweißausbrüche bekommen. Aber die meisten Kraftsportler reagieren auf diese Weise darauf. Sie werden sich wundern! Sie haben vielleicht nur 30 Minuten hart trainiert, aber Ihr Körper ist mehr als bedient – zwei bis drei Tage lang!

Wichtig für alle Einsteiger: Erst wenn Sie dieses Gefühl einmal nach einem Heavy HIT erlebt haben, können Sie den Übergang in eine Peak-Phase in Erwägung ziehen. Dann, und wirklich erst dann, sind Sie soweit! Solange Sie nicht imstande sind, mit dieser Intensität zu trainieren, ist ein Peak sinnlos.

Das Einleitungskapitel war ein erster Einblick in einen meiner Peak-Tage. Natürlich werden Sie diese Tage anders gestalten. Gewisse „Spielregeln" bleiben dennoch elementar. Im Verlauf dieses Buches werden Sie immer wieder auf Anekdoten, aber auch auf mentale und ernährungstechnische Hinweise stoßen, die sich auf eben diese Tage beziehen. Peak-Tag bedeutet „Tag X"! Optimale Vorbereitung und der absolute Wille *alles* zu geben sind dafür Grundvoraussetzung!

Es macht keinen Sinn, an einem Peak-Tag verschiedene Trainingsziele zu mischen. Früher ging ich nach einer Peak-Leistung oft noch in ein umfangreiches Krafttraining. Das geht immer, ist allerdings sinnlos bis kontraproduktiv. Dabei vermischen sich Trainingsreize, die dem Körper gar nichts mehr bringen. Der Körper reagiert immer nur auf die höchste Intensität – und die wird ihm durch den Peak-Reiz vermittelt.

Sie sollten sich also genau dann zurückhalten, wenn die Peak-Motivation so richtig zuschlägt. Die Gefahr einer langen katabolen (also abbauenden) Phase ist einfach zu groß. Sie würden Ihre Reserven zu sehr angreifen, sowohl physisch, aber auch mental. Ihr Körper bräuchte sehr lange, um sich wieder zu regenerieren. Ein verlängertes Training zahlt sich also in keinem Fall aus!

Generell, und auch gerade in der Peak-Phase ist es entscheidend, mit kontrolliertem Training kontrollierte Leistungssteigerungen zu erzielen. In der Peak-Phase erreichen Sie die gewaltigsten Kraft- und Muskelzuwächse. Sie werden überrascht sein, was in sechs Wochen alles möglich ist!

2004 steigerte ich mich in der Weltcupvorbereitung auf die Herbstsaison von Ende August bis Mitte Oktober um bis zu 20% in allen Trainingsdisziplinen! Zwischen dem 4. und 18. Oktober nahm ich trotz leicht sinkendem Körperfettanteil 1,2 Kilo reine Muskelmasse zu. Die perfekte Abstimmung zwischen dem Peak-Training und meiner zyklischen Ernährungsform machten es möglich – und das absolut dopingfrei! Mehr dazu im Kapitel „Mein Weg zu 4,4% Körperfett" auf Seite 90!

Das Entscheidende ist, sich von Peak-Tag zu Peak-Tag, also von Woche zu Woche, zu steigern. Das ist letztlich der Grund, warum Peak-Phasen zeitlich limitiert sind. Niemand kann sich über das ganze Jahr von Woche zu Woche steigern.
In der Peak-Phase selbst wird Ihre Form allerdings regelrecht explodieren. Voraussetzung dafür ist, dass Sie sich im Aufbau mit Training zum Erfolg die notwendigen Reserven gelassen und sich physisch und mental nicht davor schon völlig verausgabt haben.
Eine gewisse „Substanz" ist für die meisten Athleten vor der Peak-Phase ebenfalls eine entscheidende Voraussetzung – auch hinsichtlich des Körpergewichts. Wenn

Sie mit Ihrem Körperfettanteil schon vor dem Peak an der untersten Grenze angekommen sind, wird Ihnen bald die Luft ausgehen. Der Körper ist in der Peak-Phase ohnehin äußerst bereitwillig, Muskelmasse auf- und Körperfett abzubauen. Das kann er nur, wenn er noch ein wenig Körperfett zur Verfügung hat. Ansonsten kann es schnell an die Muskulatur gehen! Details dazu aber in der Peak-Ernährung.

Egal wie groß Ihre Reserven waren, früher oder später muss jede Peak-Phase zu einem Ende kommen. Wenn Sie den Peak nicht irgendwann kontrolliert beenden, beendet er sich von selbst. Entweder durch ein Burnout, ein Übertraining oder im schlimmsten Fall sogar durch eine Verletzung. Hören Sie auf, solange es am schönsten ist, dann bleiben Ihnen unliebsame Überraschungen sicher erspart. Das Ende meiner bisher längsten, und auch erfolgreichsten Peak-Phase im Herbst 2004 kennen Sie bereits: Daniel hat ihren Abschluss im Einleitungskapitel beschrieben!

Nach dem Peak: Erholung oder Erhaltungsphase?

Nach den Peak-Wochen ist es am besten, zunächst ein bis zwei lockere Wochen einzuschieben – egal wie Ihre weiteren Pläne aussehen. Sie haben sechs Wochen lang Höchstleistungen erbracht und Ihr ganzes Leben auf den Peak-Tag ausgerichtet. Nun haben Körper und Geist ein wenig Erholung bitter nötig.
Entweder beginnen Sie daraufhin wieder im Aufbauzyklus 1 oder – falls eine Wettkampfsaison vor der Tür steht – Sie gehen in eine Erhaltungsphase über.

Seien Sie aber auch in der Erholungspause nicht ganz untätig, sondern trainieren Sie locker und ohne besondere Vorgaben weiter, ganz nach Gefühl. Unternehmen Sie aber nichts, was die Regeneration gefährden könnte. Ein wenig Zurückhaltung ist angesagt. Dies ist auch der richtige Zeitpunkt, um Urlaub zu machen und einmal so richtig auszuspannen.

Die Erhaltungsphase ist nur für Wettkampfathleten gedacht. Ziel ist es, die Peak-Form über mehrere Wochen konstant zu halten. Dies erfordert viel Feingefühl und Erfahrung. Auch ich war im Herbst 2004 gefordert, meine im September erreichte Hochform bis hin zum letzten Weltcup Mitte November beizubehalten. Es klappte perfekt!

Trotzdem: Einen absolut sicheren Plan kann ich für diese Periode nicht anbieten, da es hier entscheidend ist, auf den eigenen Körper zu hören. Nicht vergessen – ich schreibe hier vor allem für Wettkämpfer und Profis! Die meisten unter Ihnen werden ohnehin wissen, wie Sie die „innere Uhr" in den Tagen vor dem großen, entscheidenden „Tag X" zu stellen haben. Die individuellen Unterschiede sind dabei einfach zu groß, um sie hier zu beschreiben! Grundsätzlich gilt aber: In der letzten Woche vor dem Wettkampf ist noch einmal ein *echter* Peak-Tag angesagt – eine

Generalprobe sozusagen. Dieser sollte jedoch nie später als sieben bis neun Tage vor dem Wettkampf stattfinden, damit Sie im entscheidenden Augenblick völlig ausgeruht sind. An diesem Peak-Tag heißt es mehr denn je: weniger ist mehr und keine Experimente! Natürlich kommt Ihnen der vorher durchlaufene Peak-Zyklus hier entgegen! Sie kennen mittlerweile Ihren Körper genau und wissen, wie viele lockere Tage Sie brauchen, um wirklich *peaken* zu können.

Während der Erhaltungsphase im Herbst 2004 behielt auch ich das Grundschema des Peak-Zyklus bei. Jedoch erweiterte ich es um einen zusätzlichen „Spaziergangtag" direkt vor dem Bewerb – Tag 8 also. Stand noch ein Weltcup am folgenden Wochenende an, blieben mir aber nur die „normalen" 7 Tage des Peak-Zyklus zur Erholung. In diesem Fall trainierte ich stattdessen an den Tagen 3 und 4 entsprechend weniger intensiv, um mir Erholung zu gönnen.

Hierin bestätigte mich schon in meinen Wettkampfanfängen Marc Girardelli: „Die letzte Woche vor einem schweren Rennen trainierte ich meist gar nicht mehr. Nur noch aktiv bleiben mit Jogging, Gymnastik und etwas Techniktraining, das war's!" Damals kamen seine Worte für mich noch zu früh. Ich war davon überzeugt, nach drei Ruhetagen an Kraft zu verlieren. Inzwischen habe ich meine Lektion aber gelernt. Die lockere Woche vor einem Weltcup ist ein absolutes Muss. Handeln Sie von Anfang an wie ein Profi! Ihr Körper wird Sie beim Wettkampf dafür belohnen.

Alles Peak, oder was?

In den Tipps und Anekdoten in diesem Buch beziehe ich mich immer wieder auf Peak-Tage und somit den Peak-Zyklus. Sie fragen sich weshalb? Schließlich nimmt diese Periode auch in meinem Trainingsjahr nur wenige Wochen in Anspruch, Einsteigern rate ich ohnehin fürs Erste davon ab. Weshalb also dieser Fokus?
Sie haben es erraten? Ja! Ich bin absolut *peak-süchtig*! Wie wohl alle Athleten mit Leistungs- oder sogar Wettkampfambitionen sind auch für mich der Peak-Zyklus und die alles entscheidenden Tage darin *das* Ziel, auf das alles andere hinarbeitet. Hier werden auch Sie Ihre absolute Topform erreichen. Sie werden persönliche Rekorde aufstellen, vielleicht sogar Wettkämpfe gewinnen und sportlich auf „Wolke sieben" schweben!
Doch das heißt nicht, dass für mich *nur* diese Periode wichtig ist. Im Gegenteil! Der Aufbau und auch die lockeren Phasen sind die Basis. Natürlich auch für mich. Und doch motiviert mich auch dort bereits die Vorfreude auf das nächste Peak-Hoch! Das Aufbautraining in meinem Sport ist einfach harte Arbeit nach System. Regenerationsphasen sind für mich ohnehin nicht das Wahre – ich will *peaken*. Aber ich weiß: Nur wenn ich mich erhole, meinem Körper die Zeit zum Auftanken gebe und ihn anschließend kontrolliert aufbaue, ist dies auch möglich. So behalte ich sehr

wohl das ganze Jahr über eine entsprechende Grunddisziplin und Härte beim Training bei. Aber das letzte Quäntchen reserviere auch ich für die ganz großen Tage! Machen Sie es genau so! Träumen Sie ruhig leidenschaftlich vom nächsten Peak – so haben Sie auch in allen anderen Trainingszyklen ein echtes Ziel vor Augen. Sie bleiben motiviert, überspannen jedoch den Bogen nicht!

Stärken stärken

Für Wettkampfathleten stellt sich die Frage nach ihrer A-Disziplin nicht. Warum aber sollten reine Bodybuilder und Fitness-Sportler einen Schwerpunkt setzen? Nun, es ist weitaus befriedigender, eine wirklich sehr gute Eigenschaft bzw. ein bestimmtes Talent besonders zu fördern und unter Umständen sogar auf Weltklasseniveau zu bringen, als den ganzen Körper auf dieselbe neutrale Art und Weise zu trainieren. Niemand kann zur selben Zeit in allen Disziplinen absolut „top" sein. Es macht einfach mehr Spaß, eine bestimmte Fähigkeit voll auszureizen, als überall durchschnittlich zu sein. Dafür müssen – zumindest zeitweise – bestimmte Schwächen in Kauf genommen werden.
Verstehen Sie mich nicht falsch: Die Schwächen fallen in meinem System nicht unter den Tisch, sondern werden ebenfalls mit größter Aufmerksamkeit bedacht. An den Schwächen muss konsequent gearbeitet werden; wenn sie die eigene Sportart beeinflussen, gehören diese Schwächen sogar ins A- oder zumindest B-Programm.

Die Schultern gehörten schon immer zu meinen schwachen Punkten. Im Klettertraining wird die Muskulatur in diesem Bereich, vor allem was die Druckbelastung angeht, kaum gefordert. Ich brauche aber stabile Schultern für schwierige, körperkräftige Passagen in der Kletterwand. Seit einer Verletzung (Subluxation) im Jahr 2000, an der ich beinahe 4 Monate laborierte, begann ich konsequent an dieser Schwäche zu arbeiten! So baute ich kurzerhand Bankdrücken und Nackendrücken mit Kurzhanteln, die beiden effektivsten Übungen für die Schultern, in das A-Programm ein! Und wie Sie bereits wissen, stärkt auch mein D-Programm noch einmal gezielt diese Körperpartie.

Ein legendäres Beispiel für den Umgang mit Schwächen sind Arnold Schwarzeneggers Waden. Schon in seinen ersten Profijahren hatte Schwarzenegger beinahe seinen gesamten Körper prächtig entwickelt – nur seine Waden hinkten hinterher und sorgten im Studio regelmäßig für Heiterkeit unter den anderen Bodybuildern. Statt sie zu verstecken, ging Schwarzenegger in die Offensive: Er schnitt sich kurzerhand seine langen Trainingshosen ab, damit die Waden immer schön sichtbar waren und er zu keinem Zeitpunkt vergaß, woran zu arbeiten war!

Ausdauertraining im zyklischen System

Das oberste Gebot lautet: Ausdauertraining ja, aber mit Maß und Ziel! Ein „Zuviel" ist für die Kraft- und Muskelentwicklung eindeutig kontraproduktiv.
Andererseits will ich Ausdauersport keineswegs gleich verteufeln! Ausdauersport fördert die Produktion von Endorphinen und macht auch mich besonders am Morgen so richtig wach und bereit für das Training.
Alles gut und wichtig, wenn Sie es im richtigen Verhältnis zum Krafttraining betreiben. In Maßen zehrt aerobes Training nicht an den Energiereserven des Körpers, im Gegenteil: Es ist ein echter Energielieferant für das Krafttraining, vor allem für den Bereich Kraftausdauer, der in vielen Sportarten einen großen Stellenwert einnimmt. Ein gut ausdauertrainierter Athlet erzielt auch beim reinen Krafttraining bessere Leistungen und erholt sich schneller, da sein Herz und Kreislauf bestens in Schuss sind.

Im ausgleichenden und psychischen Bereich wirkt Ausdauertraining oft Wunder. Es fördert das Wohlbefinden, besonders wenn es sich dabei um Bewegung an der frischen Luft handelt.
Auch für einen reinen Kraftsportler hat aerobes Training im Umfang eines gewöhnlichen Gesundheitssportlers bestimmt keinen negativen Einfluss auf sein Krafttraining. Drei- bis viermal wöchentlich 30 bis 60 Minuten Kreislaufbelastung im „Wohlfühlbereich" haben noch niemandem geschadet. Was die passende Intensität anbelangt, hören sie auf Ihren Körper!

Ausdauertraining kommt in meiner Woche an drei Stellen zum Einsatz: Gerade in den Aufbauzyklen sind meine „GLA-spezifischen Einheiten" durchwegs intensiv, was die Herz- Kreislaufbelastung angeht. Dabei trainiere ich auf dem Ruderergometer oder an der Kletterwand entsprechend umfangreich, aber, wie beschrieben, weit unter meinem Maximalkraftniveau. Ziel ist hier die Kraftausdauerfähigkeit meines Sports entsprechend vorzubereiten. Jedoch wird einen reinen Bodybuilder oder Kraftsportler diese Komponente kaum in seiner primären Absicht des Kraft- und Muskelaufbaus einschränken. Trainieren Sie an dieser Stelle eher locker und schonen Sie Ihre Reserven für Ihre *echten* Trainingstage am Eisen!
Vor und nach jedem hartem Training ist Bewegung und „Sauerstoff tanken" ein Fixpunkt. Umfang und Intensität bestimmen aber Tagesform und Körpergefühl.

Konzentrieren auch Sie sich auf die eigentliche HIT-Einheit – dort, und *nur* dort sind 100% gefragt! In meinem Tagesplan im Anhang auf Seite 205 finden Sie z.B. mein „Aufwärmritual" – aber diese Angaben sind absolut individuell. Wenn Sie sich nach 5 Minuten Bewegung bereits voll einsatzbereit fühlen – auch gut! Aufwärmen, aber nicht Vorermüden! Auch das Cool-Down ist vor allem Gefühlssache. Es geht um Regenerationsförderung und nicht um eine völlige Vernichtung auf einem Cross-Stepper nach der Einheit! Gerade hier spielt auch die mentale Komponente eine entscheidende Rolle. Näheres dazu auf Seite 176.

An Ruhetagen bedeutet für mich GLA in allen Trainingsphasen: Jeder Tag beginnt mit Bewegung – ich liebe es! Erholung und Regenerationsförderung durch einen Ausgleichssport, der Spaß macht. Wenn ich mich richtig fit fühle, kann hier ein flotter Morgenlauf oder eine Biketour anstehen. Bin ich müde, reicht auch ein ausgedehnter Powerwalk. Mehr dazu auch im Kapitel „Peak-Lifestyle".

Die fünf positiven Effekte des Ausdauertrainings

1. Der Fettverbrennungs-Effekt

Dieser ist nicht so groß, wie die meisten denken. Ein Marathonläufer auf Weltklasseniveau verbrennt über die komplette Distanz von 42,195 Kilometer zwischen 2000 und 2600 Kalorien. Mit ein wenig gutem Willen und beispielsweise einer entsprechenden Menge Schlagsahne können wohl die meisten Athleten diese Kalorienmenge im Rahmen einer einzigen Mahlzeit zu sich nehmen! Die Idee, man könne 30 Minuten locker joggen und danach essen, was man will, ist angesichts dessen eher absurd!

Für schnelle, kurzfristige Körperfettreduktion ist das aerobe Training in einem für Kraftsportler sinnvollen Umfang denkbar ungeeignet. Der Effekt der Fettverbrennung würde sowohl zum zeitlichen Aufwand als auch zur Behinderung des Krafttrainings in keinem Verhältnis stehen. Allerdings gibt es einen langfristigen Effekt. Bei eineinhalb bis zwei Stunden Spazierengehen, jeden Tag, das ganze Jahr über, kommt am Ende eines Jahres eine beeindruckende Summe zusätzlich verbrannter Kalorien zu Stande. Eine Berechnung dazu finden Sie auf Seite 150.

2. Der Gesundheits-Effekt

Eine gute Grundlagenausdauer hält gesund! Dafür bin ich selbst das beste Beispiel, denn ich kann ohne Übertreibung sagen: Ich war seit 13 Jahren nicht mehr krank – genau seit jener Zeit, als ich mit dem Training begann. Husten, Schnupfen, Grippe oder Kopfschmerzen kenne ich seither nur noch vom Hörensagen.

3. Der Aktivierungs-Effekt

Aerobes Training zum allgemeinen Aufwärmen und Aktivieren des Körpers ist besonders am Morgen ein absolutes Muss! Der Kreislauf kommt in Schuss und die Muskulatur erreicht Betriebstemperatur. Maximal eine halbe Stunde lockeres Laufen ermüdet nicht, sondern macht im Gegenteil erst richtig frisch!

4. Der Regenerations-Effekt

Das Herunterkommen von der Leistungsspitze eines harten Krafttrainings beginnt mit wohltuendem Abwärmen auf einem Cross-Stepper oder Spinning-Bike. Der gesamte Bewegungsapparat wird gelockert, Milchsäureabbau und Regeneration werden eingeleitet. Am Abend noch ein kleiner Spaziergang – etwas Besseres können Sie für Ihre Regeneration nicht tun!

5. Der Wohlfühl-Effekt

Leichtes aerobes Training und Spaziergänge sind sowohl im physischen als auch im psychischen Stressabbau Gold wert! Ich bewege mich gern, besonders an der frischen Luft. Mit Training hat das nicht unbedingt etwas zu tun, aber ich fühle mich fit und gesund! Mehr dazu im Kapitel „Peak-Lifestyle".

Tipps zum aeroben Training

Das Krafttraining sollte immer *vor* dem aeroben Training stattfinden. Da die Priorität in Kraft- und Muskelzuwächsen liegt, müssen Sie für Ihr Krafttraining vollkommen ausgeruht sein. *Danach* verschwendet aerobes Training keine Energie.

Spezifisches Ausdauertraining, das besonders bestimmte Körperpartien belastet, sollte immer an dem Tag durchgeführt werden, an dem die Körperpartien auch im Kraftraum trainiert wurden. Beispiel: Rad fahren an einem Beintrainingstag. Dadurch sind die Beine beim nächsten Krafttraining optimal ausgeruht.

Hartes Krafttraining verträgt sich schlecht mit umfangreichen, harten Ausdauereinheiten! Es genügt, an fünf oder sechs Tagen je 30 Minuten mit leichter bis durchschnittlicher Intensität zu trainieren. Das reicht vollkommen aus und kommt dem Krafttraining nicht in die Quere. Allerdings ist das nur eine Richtlinie – jeder muss selbst herausfinden, welches Ausmaß an aerobem Training für ihn am besten ist.

Umfangreiches Ausdauertraining ist unbedingt zu vermeiden:
- Vor einem Heavy HIT oder Peak-Tag
- Am ersten Ruhetag nach einem Heavy HIT oder Peak-Tag
- Unmittelbar vor dem Krafttraining, es sei denn, Sie setzen es zur Vorbeugung vor Übertraining ein! Mehr dazu im Kapitel „Verletzungen und Übertraining".

Trainingstagebuch – unentbehrlicher Begleiter

Ein ernsthaft trainierender Athlet, der langfristige Ziele verfolgt, kommt um ein genau geführtes Trainingstagebuch nicht herum. Auf den ersten Blick mag es wie ein lästiger Mehraufwand erscheinen. Doch nur mit dem Trainingstagebuch lassen sich alle Leistungen und Fortschritte korrekt verfolgen und objektiv beurteilen. Es sagt Ihnen jederzeit, wo Sie stehen und was Sie als nächstes zu tun haben. Durch genaue Aufzeichnungen überlassen Sie nichts dem Zufall, behalten stets die Übersicht und schützen sich vor subjektiven Einschätzungen.

Nur allzu leicht kann es sonst passieren, dass Sie Ihre Leistungen in ein falsches Licht rücken. Eine ständige Kontrolle lässt keine Ausreden zu. Zugleich steht jeder Trainingserfolg außer Zweifel.

Was gehört alles in ein Trainingstagebuch?

Zunächst natürlich die eigentlichen Trainingsdetails:
- Die Funktion des Trainingstages im Rahmen des zyklischen Schemas A-, B-, C- oder D-Programm; 80, 90 oder 100 Prozent
- Jede einzelne Übung
- Das bei jedem Satz verwendete Gewicht
- Die bei jedem Satz absolvierte Wiederholungszahl
- Uhrzeit und Dauer des Trainings

Weitere Details zur möglichst genauen Einschätzung der Trainingsleistungen:
- Art und Ausmaß des aeroben Trainings
- Körpergewicht und Bauchumfang (Wichtig: immer zur selben Zeit messen!)
- Ruhepuls oder CK-Wert am Morgen (zur Einschätzung des Regenrationsverlaufs)
- Schlafqualität der vergangenen Nacht
- regenerative Maßnahmen nach dem Training wie Abwärmen, Spaziergänge, mentale Entspannungstechniken, usw.

Es empfiehlt sich, das Trainingstagebuch tabellarisch zu halten, so dass Sie während des Trainings nur noch die Zahlen einfüllen müssen. Führen Sie Ihr Tagebuch bitte unbedingt mit der notwendigen Ernsthaftigkeit und Genauigkeit. Alle Informationen sind wichtig für die Beurteilung und weitere Planung Ihres Trainings!

Meine Trainingsprotokolle speichere ich täglich in einer Excel-Tabelle, Und das seit nunmehr fast acht Jahren! Die Auswertungen daraus sind für mich immer wieder wahre „Goldgruben". Grafische Statistiken, Vergleiche und komplexe Berechnungen lassen sich am PC schnell und einfach erstellen. Neue Vorbereitungen, die zu Höchstleistungen führten, aber auch Fehler lassen sich so genau analysieren.

PEAK-TRAINING, KAPITEL 3

IHR TRAININGSPROGRAMM

Ich habe ganz bewusst darauf verzichtet, in diesem Kapitel Trainingsprogramme zu erstellen. Dies hat zwei Gründe. Zum einen finden Sie Trainingsprogramme nicht nur in anderen Büchern, sondern auch in Unmengen von Zeitschriften und in jeder Ecke des Internet. Ich könnte viele Seiten damit füllen, aber der Nutzen wäre äußerst gering.

Zum anderen kann man ein Trainingsprogramm nicht einfach übernehmen. Jeder einzelne muss für sich herausfinden, was ihm am besten liegt, wo seine Vorlieben liegen und wie er für sich den maximalen Effekt erzielen kann. Sofern Sie also nicht irgendjemandes Klon sind, ist es vollkommen sinnlos, ein Trainingsprogramm von einer anderen Person zu übernehmen.

Wozu dann überhaupt dieses Kapitel? Nun, konkrete Trainingsprogramme sind natürlich nicht wertlos. Die Analyse von solchen Programmen lässt immer wieder bestimmte Prinzipien erkennen, nach denen sie gestaltet wurden. Was ich Ihnen hier in aller gebotenen Kürze anbieten will, sind ebendiese Prinzipien.

Sie werden erfahren, welches die effektivsten Übungen für jede Körperregion sind und wie sie sich optimal zu Trainingstagen zusammenfassen lassen. Diese Kombination aus einem Tagesschema und den besten Übungen ermöglicht es Ihnen, Ihr eigenes Trainingsprogramm schneller zusammenzustellen.

Wenn Sie die Prinzipien verstanden haben, funktioniert mein Schema wie ein Baukastensystem. Machen Sie mit einer bestimmten Übung keine Fortschritte mehr, dann tauschen Sie diese einfach durch eine entsprechende andere Übung aus.

Grundübungen und Isolationsübungen

Wie bereits im Kapitel über „High Intensity Training" erwähnt, setzt mein Trainingssystem hauptsächlich auf Grundübungen und komplexe Übungen mit schweren Gewichten.

Unter Grundübungen verstehe ich die drei Übungen, die den gesamten Körper belasten: Kniebeugen, Kreuzheben und Bankdrücken. Als komplex bezeichne ich hingegen Übungen, die mehrere Muskelgruppen gleichzeitig belasten.

Solche Übungen werden zumeist mit freien Gewichten ausgeführt, da durch den uneingeschränkten Bewegungsspielraum ein Muskel in seinem gesamten Umfang trainiert und auch die angrenzende Muskulatur stützend oder unterstützend miteinbezogen wird. Eine Ausnahme bildet die Kabelzugmaschine, die ebenfalls ein sehr großes Bewegungsfeld zulässt.

Die Trainingstage A und B sollten auf jeden Fall eine der Grundübungen enthalten. Im C-Programm ist eine Grundübung nicht zwingend Pflicht, da hier normalerweise Spezialübungen in Angriff genommen werden und die Gesamtbelastung am Ende der Trainingswoche nicht mehr ganz so hoch angesetzt wird.

Isolationsübungen, wie etwa Frontheben mit Kurzhanteln, sind für ein effektives und zeitökonomisches Training nicht geeignet. Ein Workout für den ganzen Körper, bei dem jeder Muskel einzeln trainiert wird, dauert sehr lange, ohne dass es irgendwelche Vorteile brächte. Durch die weitgehende Ausgrenzung unterstützender Muskeln können nur wesentlich leichtere Gewichte bewegt werden, was den Trainingseffekt vermindert.

Sie dürfen nicht vergessen, dass der Organismus, im speziellen das Nervensystem und die Energiereserven, bei jeder Übung belastet wird. Auch die Konzentrationsfähigkeit, die für hochintensives Training notwendig ist, kann nicht ewig aufrechterhalten werden.

Dennoch sind Isolationsübungen unter bestimmten Umständen durchaus sinnvoll. Im Bodybuilding dienen sie dazu, bestimmten Körperpartien den letzten Schliff zu geben oder die Entwicklung nachhinkender Muskeln gezielt in Angriff zu nehmen. Letzteres wird einem Athleten, der nach meinen Grundsätzen trainiert, aber gar nicht erst passieren. Wenn Sie mit Grundübungen und komplexen Übungen arbeiten, ist es äußerst unwahrscheinlich, dass Ihre Muskelentwicklung unausgewogen sein wird.

Natürlich sind Isolationsübungen auch für die Rehabilitation nach Verletzungen sowie ein gezieltes bzw. sportartspezifisches Spezialprogramm wichtig.

Schließlich eignen sich Isolationsübungen gut für Übergangsphasen und Ruhetage. Wenn Sie unbedingt trainieren wollen, ohne Ihren Körper großartig zu belasten, legen Sie ein Maschinentraining ein. Auch nach Isolationsübungen werden Sie erschöpft und zufrieden aus dem Training gehen. Ihr Körper lacht sich dabei aber ins Fäustchen, da Ihre Substanz dadurch kaum angegriffen wurde.

In allen anderen Trainingssituationen haben Isolationsübungen aber nichts verloren! Mit jedem Tag, an dem Sie nur die eine oder andere Isolationsübung machen, verlangsamen Sie den Regenerationsprozess und entfernen sich wieder von Ihrer nächsten HIT-Leistung. Das ist die Sache bestimmt nicht wert.

Die besten Übungen für jede Muskelgruppe

Ich habe hier jeweils nur die absoluten Topübungen für die jeweilige Körperregion angeführt. Wie Sie sehen, trainieren die meisten Übungen gleich mehrere Muskelpartien optimal. Ich will Sie nicht mit Wiederholungen langweilen, sondern Ihnen verdeutlichen, dass Sie durch die richtige Auswahl bereits mit einer Übung zwei oder mehr Muskelgruppen ideal belasten. Dies spart nicht nur Zeit, sondern ermöglicht Ihnen auch höchstmögliche Konzentration und Intensität bei den wenigen Übungen, die Sie für ein komplettes Workout tatsächlich nur benötigen.

Für Informationen zur richtigen Technik, zu Beispielplänen und Spezialübungen empfehle ich Ihnen die Lektüre von Klaus Arndts hervorragendem Buch SYNERGISTISCHES MUSKELTRAINING. Dort finden Sie alles, was Sie über hocheffektive und zeitökonomische Trainingsprogramme wissen müssen.
Auch das Internet bietet Portale, die teilweise sogar Anleitungen samt Videos zu den einzelnen Übungen zeigen. Die Links finden Sie unter WWW.PEAK-PRINZIP.COM.

Rücken	Kreuzheben, Klimmzug mit Parallelgriff (Handflächen parallel mit Rudergriff), Klimmzug mit schulterweitem Untergriff (Handflächen zum Gesicht)
Brust	Bankdrücken, Schrägbankdrücken, Schrägbankdrücken mit Kurzhanteln, Fliegende Bewegung
Schultern	Bankdrücken, Schrägbankdrücken, Schrägbankdrücken mit Kurzhanteln. Isolationsübungen speziell für die Schulter: Military Press, Nackendrücken, Nackendrücken mit Kurzhanteln
Bizeps	Klimmzüge mit engem Untergriff, Klimmzüge mit schulterweitem Untergriff, Schwere Ruderübungen, Langhantelcurls
Trizeps	Bankdrücken, Schrägbankdrücken, Schrägbankdrücken mit Kurzhanteln, Military Press, Nackendrücken
Bauch	Beinheben, Bauchpressen (Crunch), Bauchpressen an der Bank
Beine	Kniebeuge, Kreuzheben, Beinstrecken

Es ist sehr einfach, eine effektivere Übung von einer weniger effektiven zu unterscheiden. Fragen Sie sich, mit welcher Übung Sie mehr Gewicht bewegen können. Je mehr Gewicht Sie bei einer Übung bewältigen, desto effektiver ist sie. Wenn Sie beispielsweise Klimmzüge zum Nacken machen, können Sie etwas mehr als Ihr eigenes Körpergewicht heben. Machen Sie hingegen normale Klimmzüge mit Untergriff, so werden Sie sich 20 Kilogramm zusätzlich an die Beine hängen können. Damit steht außer Zweifel, dass die normalen Klimmzüge denen zum Nacken überlegen sind.

Kurzer Leitfaden für ein Trainingsprogramm

Insgesamt sollte jedes Programm nicht mehr als 5 bis 6 Übungen umfassen.

Jede Übung umfasst den Aufwärmsatz und ein bis drei Arbeitssätze, je nach Trainingsziel, Erfahrung und Tagesform.

Die Programme A und B sollten jeweils zumindest eine Grundübung enthalten, also Kniebeugen, Kreuzheben oder Bankdrücken.

Teilen Sie sich die sieben Körperregionen auf die ersten beiden Tage auf und reservieren Sie kleinere und spezialisierte Übungen für den letzten Tag mit den Programmen C und D:
A: Rücken, Brust, Schultern, Bauch; Grundübung, komplexe Übungen
B: Beine, Bizeps, Trizeps – Grundübung und komplexe Übungen
C: Je nach Bedarf – kleinere Muskelgruppen bzw. kleinere Übungen
D: Schwachpunkte und therapeutische Übungen (im Anschluss an C)

Grundsätzlich können Sie auch nur an zwei Tagen trainieren – einmal pro Woche Programm A und einmal Programm B. Für das D-Programm spielt es keine Rolle, an welchen Tag es angehängt wird, da die D-Belastung sehr gering ist. Wenn Sie hochintensiv trainieren genügt das, je nach Trainingsphase, für ein solides Ganzkörperworkout.

Sobald Sie bei einer bestimmten Übung stagnieren, sollten Sie sie gegen eine andere, etwa gleichwertige austauschen.

Ein Beispiel aus meinem Trainingsalltag

Das folgende Beispielprogramm praktiziere ich selbst im Aufbau – natürlich zusätzlich zu meinem kletterspezifischen Training. Einzige Ausnahme sind die schweren Kniebeugen am A-Tag, die ich durch einarmige Klimmzüge ersetze. Jedoch würde ich gerade die Kniebeugen jedem „Nichtkletterer" empfehlen. Keine andere Grundübung ist besser für rasantes Muskelwachstum am ganzen Körper geeignet!
Ich habe keine Satzzahlen und Pausenzeiten angegeben. Diese ergeben sich aus dem Ziel des Workouts. Wichtig ist, dass jede Übung mit einem Aufwärmsatz beginnt. Danach folgen ein bis drei Arbeitssätze, je nach Intensität und Trainingsziel. Es hätte einfach keinen Sinn, nur einen 100%-Satz zu absolvieren, wenn es um die Kraftausdauer geht. Und genauso sinnlos wäre es, sich beim ersten Satz zurückzuhalten, wenn es nur auf einen maximalen Wachstumsreiz ankommt.

Wie Sie sehen, stehen die Grundübungen immer am Beginn des Programms. Sie bringen den ganzen Körper auf Betriebstemperatur, werden mit dem schwersten Gewicht absolviert und üben einen anabolen (also aufbauenden) Stimulus auf die gesamte Muskulatur aus.
Kleine Übungen bzw. Spezialübungen, mit denen ganz bestimmte Muskelpartien bearbeitet werden, stehen jeweils am Ende des Programms.
Selbst mit vollständigen Pausen zwischen den Sätzen werden Sie mit keinem dieser Programme mehr als eine Stunde im Kraftraum verbringen. Genau so soll es sein.

Tag A

Schwere Kniebeugen	Beine, ganzer Körper wird aufgewärmt und trainiert
Latziehen mit Parallelgriff	Rücken/Latissimus
Latziehen zum Nacken	Rücken/Latissimus
Kurzhantelcurls oder Hammercurls	Bizeps
Beinheben o. Crunches (Bauchdrücken)	Bauch

Tag B

Kreuzheben	Ganzer Körper wird aufgewärmt und trainiert, vor allem der untere Rücken
Bankdrücken	Ganzer Körper, besonders Brust und Trizeps
Rudern aufrecht oder vorgebeugt, beides mit der Langhantel	Schultern, Rücken
Schrägbankdrücken mit Kurzhanteln	Schultern, Brust
Seitheben	Schultern (kleine Übung)
Hyperextensions	Rücken (kleine Übung)

Tag C

Einarmige Klimmzüge (Entlastung: Deuserband o. Maschine)	Bizeps, Rücken
Langhantelcurls	Bizeps
Shrugs (Schulterheben) mit schweren Kurzhanteln	Schultern, Nacken (kleine Übung)
Langhantel-Unterarmcurls hinter dem Rücken	Spezialübung für die Unterarme, über dem Eigengewicht
Beinheben o. Crunches (Bauchdrücken)	Bauch

D-Programm

Das D-Programm variiert ständig. Es ist letztlich einfach ein Spezialprogramm, mit dem Sie Ihre schwächeren Partien attackieren oder nach Verletzungen mit therapeutischen Übungen arbeiten. Das D-Programm richtet sich somit stets nach den übrigen Trainingsprogrammen und dem aktuellen Trainingsstand. Es schließt eventuelle Lücken und vervollständigt Ihre Trainingswoche.

Idealerweise wird das D-Programm an den letzten Tag angehängt und schließt die Trainingswoche ab. Dadurch profitieren die trainierten Schwachpunkte maximal vom Insulinkick der Lademahlzeiten. Näheres dazu im Kapitel „Peak-Ernährung" auf Seite 120.

Wichtige Prinzipien meines Trainingsprogramms

Das Unmögliche möglich machen

In meinem C-Programm sind einarmige Klimmzüge enthalten. Im Aufbau trainiere ich sie mit Entlastung und höherem Volumen, in der Peak-Phase sind sie mein HIT-Highlight in Form eines Mentzer-Intervalltrainings (siehe Seite 38).

Einarmige Klimmzüge sind auch für gut trainierte Freizeitsportler durchaus praktizierbar. Solange Sie Ihr eigenes Gewicht nicht zur Gänze mit einer Hand heben können, arbeiten Sie einfach mit Deuserbändern oder entlastenden Maschinen im Studio. Wenn Ihnen auch dann die einarmigen Klimmzüge noch zu schwer sind, ersetzen Sie sie einfach durch beidarmige Klimmzüge mit Untergriff.

Letztlich stehen die einarmigen Klimmzüge in meinem Programm vor allem für eine bestimmte Trainingseinstellung: Jeder Athlet soll von Zeit zu Zeit das Unmögliche versuchen.

In meinem derzeitigen Winteraufbau habe ich eine Übung im Programm, die ich immer wieder probiere, die mir bisher aber noch viel zu schwer ist. Sie nennt sich „Jesus" und kommt aus dem Turnsport. Dabei hängt man sich zwischen zwei Turnerringe und hält die Hände eng beisammen. Dann breitet man die Arme langsam immer weiter aus bis sie parallel zum Boden sind und hält statisch die Spannung.

Wie gesagt, noch ist mir diese Übung zu schwierig. Doch ich gebe nicht auf, probiere sie immer wieder und frage Turner nach der besten Technik. Dasselbe gilt für die Windfahnen an der Sprossenwand, bei denen ich bislang noch mit Entlastungstechniken arbeite. Doch ich habe mir fest vorgenommen, diese Übungen bis zum Frühjahr zu beherrschen.

Worauf ich hinaus will, ist klar: Ich will Sie dazu ermutigen, bei Ihrem Training von Zeit zu Zeit das Unmögliche zu versuchen. Meiner Erfahrung nach existieren Grenzen vor allem im Kopf. Wenn Sie die Grenzen sprengen wollen, sollten Sie als erstes an die Möglichkeit des Erfolgs glauben und die Herausforderung annehmen. Es gibt kein großartigeres Gefühl, als eine Grenze zu durchbrechen und etwas „Unmögliches" möglich zu machen.

Trainingsmaschinen
Ich verwende in meinem Trainingsprogramm kaum Maschinen. (Eine Ausnahme bilden die zwei Zugübungen am A-Tag.) Das Training mit freien Gewichten fördert die intermuskuläre Koordination und ermöglicht dadurch eine weit bessere Ganzkörperentwicklung. Genau diese Ausgewogenheit fehlt den meisten Bodybuildern, die hauptsächlich mit Isolationsübungen arbeiten. Wenn Sie sich aber, so wie ich, im Wesentlichen an freie Gewichte halten, sind Unausgewogenheiten in der Entwicklung sehr unwahrscheinlich. Das haben schon die Pioniere des Kraftsports und Bodybuildings bewiesen, die bis in die Sechziger Jahre, bevor Trainingsmaschinen überhaupt aufkamen, mit freien Gewichten eine sehr ausgewogene Körperentwicklung erreichten.

Eine Maschine ist fast nur für Bodybuilder interessant, die jede Muskelfaser bis ins letzte Detail ausdefinieren wollen. Kraftsportlern bringt sie in der Regel gar nichts. Besonders dann nicht, wenn sie nicht mehr Zeit als notwendig im Kraftraum verbringen wollen.

Wer sein allgemeines Wachstumspotenzial noch nicht ausgeschöpft hat – und das gilt für 99% aller Athleten – hat an den Maschinen nichts verloren.

Spezialübungen
Die Langhantel-Unterarmcurls hinter dem Rücken sind speziell für meine Unterarmentwicklung gedacht. Ich trainiere mit sehr hohem Gewicht (bis zu 20% über meinem eigenen Körpergewicht). Dabei halte ich die Langhantel mit hängenden Armen hinter dem Rücken. Dann öffne ich vorsichtig die Hände und lasse die Hantel langsam über die Handflächen rollen – bis zu dem Punkt, an dem sie mir gerade nicht entgleitet und ziehe sie dann mit den Fingern wieder hoch.

Spezialübungen wie die beschriebene sind in jedem Trainingsprogramm, mit dem sportartspezifische Ziele verfolgt werden, wichtig. Finden auch Sie Ihre individuellen Spezialübungen und integrieren Sie diese neben den Grundübungen!

Technik und Gewicht

Bei manchen Übungen gehe ich über mein eigenes Körpergewicht. Speziell beim Kreuzheben erfordert dies eine sehr gute Technik. Bei dieser Übung sollten Sie sich anfangs mit einem Gewichthebergürtel stützen, um Verletzungen im Rücken oder Bauch zu vermeiden. Sobald Sie stark genug sind, trainieren Sie bitte ohne Gürtel. Dadurch sind wesentlich mehr Muskeln an der Bewegung beteiligt, was die Effektivität enorm steigert.

Anmerkung zu den Körpertypen

Das Peak-Prinzip ist für jeden Athleten gültig, egal mit welchem Körpertyp. Natürlich werden keine zwei Sportler exakt den selben Trainingsplan haben, aber das gilt für unterschiedliche Körpertypen nicht mehr als für Individuen desselben Typs. Trotzdem ganz kurz die wichtigsten Merkmale:

Der ektomorphe Körpertyp ist insgesamt schmal gebaut, baut Fett ebenso widerwillig auf wie Muskeln und verfügt über wenig Substanz. Er sollte...
- besonders intensiv mit Grundübungen trainieren, um seinem Körper den höchstmöglichen Trainingsreiz zukommen zu lassen.
- immer möglichst kurz trainieren, um seine Substanz zu schonen.
- auch wenn er gerne in Bewegung ist, nicht zuviel Energie verschwenden.

Der endomorphe Körpertyp ist insgesamt breit und muskulös gebaut, baut Muskeln ebenso leicht auf wie Körperfett und verfügt über viel Substanz. Daher...
- hat er im Training Spielraum und kann mit mehreren kleinen Übungen trainieren.
- kann er ein klein wenig mehr aerobes Training nicht nur gut verkraften, sondern zur Kalorienverbrennung auch ganz gut gebrauchen.
- regeneriert er schneller und büßt weniger für übertriebenen Trainingsumfang.

Der mesomorphe Körpertyp vereint das Beste aus beiden Welten, sollte sich für optimale Entwicklung aber trotzdem an meine Trainingsempfehlungen halten.

Die Essenz

Den ektomorphen Athleten bleibt für den Erfolg kaum etwas anderes übrig, als sich streng an die Vorgaben des Peak-Prinzips zu halten. Dies kann ich aus eigener Erfahrung bestätigen! Endomorphe werden auch mit anderen Trainingsmethoden ein gutes Stück weit kommen – eine optimale Nutzung und Entwicklung ihrer Ressourcen ermöglicht dennoch allein ein hochintensives und strategisch geplantes Training.

PEAK-TRAINING, KAPITEL 4

ÜBERTRAINING UND VERLETZUNGEN

Übertraining – Pures Gift!

Die Motivation ist da, Sie wollen alles geben und packen gnadenlos zu – dies kann schnell zuviel des Guten sein! Natürlich ist es notwendig, sich für ein hartes Training so richtig ins Zeug zu legen, aber Sie müssen wissen, wann damit wieder Schluss ist. Ein schmaler Grat verläuft zwischen High Intensity Training und Übertraining, und es ist nicht immer leicht, diese Grenze auszuloten. Versuchen Sie, alles zu geben – aber nicht mehr!

Übertraining ist die größte Gefahr für ernsthaft trainierende Kraftsportler und führt genau zum Gegenteil dessen, was Sie erreichen wollen. Es zwingt Sie nicht nur zu sehr langen Regenerationsphasen, sondern ist sogar ein kataboler Prozess: hart erarbeitete Muskelmasse geht im Zustand des Übertrainings wieder verloren! Von einem übertrainierten Organismus ist keinerlei Fortschritt mehr zu erwarten. Zudem ist der Körper in diesem Zustand meist wesentlich anfälliger für Infektionskrankheiten.

Im Grunde ist Übertraining nichts anderes als eine Erkrankung, sowohl der Muskulatur als auch des Zentralnervensystems, die durch eine Überdosis Training entsteht. Während maßvolles Training auf Ihren Körper wie eine Impfung wirkt, die ihn widerstandsfähiger und stärker macht, bedeutet Übertraining eine zu hohe Dosierung dieses Reizes. Der Körper kann nicht mehr standhalten, wird überfordert und erkrankt.

Ursachen für ein Übertraining
- Generell zu lange Trainingseinheiten nach dem Motto „mehr ist besser"
- HITs mit zu schweren Gewichten
- Übermotiviertes Training, nachdem bereits Höchstleistungen erzielt wurden
- Zu lange HITs bei fortgeschrittenen Athleten
- Stress und Überlastung außerhalb des Kraftraums: Auch private und berufliche Probleme schränken die Regenerations- und Leistungsfähigkeit ein. Eine normalerweise erreichbare Leistung kann durch diese Faktoren bereits zum Übertraining führen.

Hören Sie immer auf die Warnsignale Ihres Körpers! Große Willensstärke kann leicht dazu führen, dass Sie diese Warnsignale nicht ernst nehmen oder überhaupt nicht als solche wahrnehmen und Ihre inneren Widerstände überwinden. Diese vermeintlich „erfolgreiche" Willensanstrengung gleicht jedoch mehr einer Selbstverleugnung und rächt sich bald nach dem Training.

Beachten Sie bitte: Mehr Einsatz als notwendig bedeutet weniger Erfolg als möglich! Besonders fortgeschrittene Athleten dürfen die Gefahr eines Übertrainings nicht unterschätzen. Je mehr Muskelmasse ein Kraftsportler aufgebaut hat, desto mehr Muskelfasern stehen für das Heben immer schwererer Gewichte zur Verfügung. Die zusätzlichen Muskelfasern benötigen jedoch zusätzliche Energie. Die Einheiten müssen also mit zunehmendem Fortschritt kürzer und die Erholungszeiten länger werden. Kurz: Je größer die Trainingserfahrung, desto kürzer muss das Training ausfallen!

Nicht zuletzt kann Übertraining auch zu einer schleichenden Verletzung führen. Diese zeigt sich nicht unbedingt nach einer einzigen Trainingseinheit, sondern taucht oft als Summe kleinster Verletzungen auf, die der Körper aufgrund eines Übertrainings nicht mehr reparieren kann.

Anzeichen für ein Übertraining

Muskulatur
- Lang anhaltender Muskelkater (über 48 Stunden)
- Übergroße Müdigkeit
- Langwierige Verletzungen, verlangsamter oder ausbleibender Heilungsprozess
- Verminderte Leistungsfähigkeit

Zentralnervensystem
- Nervosität und Gereiztheit
- Schlafstörungen: unruhiger Schlaf oder Schlaflosigkeit
- Starkes, anhaltendes Erschöpfungsgefühl
- Appetitlosigkeit

All diese Anzeichen sind zunächst rein subjektiv. Sie beschreiben, wie Sie sich im übertrainierten Zustand eventuell fühlen. Es gibt allerdings auch zwei objektive, das heißt messbare Indikatoren für Übertraining.

Der Ruhepuls

Das ist jene Pulsfrequenz, die Sie am Morgen direkt nach dem Aufwachen haben. Messen Sie den Ruhepuls sofort nach dem Aufwachen, noch im Bett liegend.

Um einen Ausgangswert zu erhalten, sollten Sie Ihren Puls natürlich nicht zum ersten Mal mitten in einer harten Trainingsphase, sondern in vollkommen regeneriertem Zustand messen. Die Messung gestaltet sich sehr einfach: Legen Sie zwei Finger der einen Hand an die Schlagader am Handgelenk der anderen und zählen die die Schläge über eine Minute.

In der Folge empfiehlt sich eine allmorgendliche Vergleichsmessung, anhand derer Sie Ihren Regenerationszustand beurteilen können. Liegt der Ruhepuls für mehrere Tage vier bis sieben Schläge über dem Normalwert, ist dies ein sicheres Indiz für ein beginnendes Übertraining.

Allerdings ist beim Ruhepuls Vorsicht geboten, da er auch von anderen Faktoren beeinflusst wird. So spielen die Schlafqualität und nächtliches Aufstehen eine nicht unerhebliche Rolle für die morgendliche Pulsfrequenz. Zudem können schon ein falscher Gedanke oder leicht unregelmäßige Messzeiten zum signifikanten Unterschied von vier Schlägen führen und einen falschen Alarm auslösen.

Der CK-Wert

… ist ein Blutwert, der die Konzentration an Creatinkinase (auch Creatinphosphokinase, CPK) im Blut anzeigt. Er setzt sich zusammen aus der Summe von drei Enzymen, die in den Skelettmuskeln, im Herzmuskel und im Gehirn gebildet werden. Ein niedriger Wert spiegelt sowohl einen hohen Erholungszustand als auch hohe Energiereserven wider. Der Normalbereich des Gesamt-CK liegt bei Männern zwischen 20 und 80, bei Frauen zwischen 20 und 70 Einheiten pro Liter, und erhöht sich bei Übertraining.

Muskelschädigungen sind eine der Ursachen für erhöhte CK-Werte, weshalb sie nach harten Trainingstagen an der Tagesordnung sind. Um Übertraining zu vermeiden, sollten Sie mit stark erhöhten CK-Werten nicht mehr intensiv trainieren, sondern ihre Regenerationsphase verlängern. Für einen Peak-Tag bzw. ein Heavy-HIT sind CK-Werte zwischen 30 und 50 ideal.

Eine Messung können Sie leicht von jedem Hausarzt durchführen lassen, oder mittels Teststreifen und Messgerät selbst vornehmen. Ich messe meinen CK-Wert regelmäßig und weiß somit zweifelsfrei, wie erholt mein Organismus wirklich ist.

Die oben angeführten Einschränkungen für die Gültigkeit der Ruhepulsmessung spielen für den CK-Wert keine Rolle.

Ruhepuls und CK-Wert haben bei mir seit Jahren einen fixen Platz in meinem Trainingstagebuch. Mittlerweile bin ich aufgrund meiner genauen Aufzeichnungen in der Lage ein „einschleichendes" Übertraining früh genug zu erkennen. Machen Sie es genau so! Schon der täglich notierte Ruhepuls kann nach wenigen Wochen zu einem effektiven „Frühwarnsystem" werden!

Nachtschweiß und Co. sind Anzeichen für ein Übertraining, aber auch für Zinkmangel. Zinkmangel kommt bei Sportlern sehr häufig vor, kann aber durch ein entsprechendes Supplement ohne Probleme ausgeglichen werden. Mehr über dieses Spurenelement erfahren Sie im Kapitel „Supplemente".

Ein Geheimtipp bei drohendem Übertraining

Gehören auch Sie zu den Trainingsjunkies, die manchmal wider besseren Wissens einfach trainieren *müssen*? Eine Möglichkeit, wie sie Ihrer Sucht nachgehen können, ohne weiter ins Übertraining zu rutschen, ist das Rotationsphasentraining. Bevor Sie in ein Übertraining schlittern, stellen Sie lieber Ihr Trainingsprogramm komplett auf den Kopf. Der Körper braucht mindestens fünf Trainingseinheiten, bevor er sich technisch an eine ungewohnte Übung angepasst hat und wirklich belastet wird. Währenddessen können sich die übrigen Muskeln erholen. Konzentrieren Sie sich am besten auf Ihre schwächsten Körperpartien. Dort werden Sie schneller an Ihre Leistungsgrenze stoßen, während die Gesamtbelastung für Ihren Körper relativ gering bleibt.

Verlagern Sie Übungen aus dem D-Programm in Ihr A-Programm oder trainieren Sie D vor A, damit Sie so richtig vorermüdet sind. Danach wird es Ihnen im A-Training schwer fallen, zu weit zu gehen.

Dies ist eine Art selbst gemachte Sicherung: Sie trainieren hart und können sich ordentlich verausgaben, doch Ihr Körper lacht darüber und steckt das Training locker weg.

Trotzdem ist auch bei diesen beiden „Ersatzdrogen" Vorsicht angesagt! Am besten Sie trainieren nicht bis zum Punkt des Muskelversagens. Bleiben Sie im „Wohlfühlbereich" – also bei 80 bis 90% der maximal möglichen Leistung. Dass Intensitätstechniken hier absolut nichts verloren haben, versteht sich ohnehin von selbst! Es geht hier vor allem darum, dass Sie in Form bleiben und sich „trainierend wohl fühlen"!

Hilfe, ich bin im Übertraining! Was jetzt?

Auf keinen Fall das Training einstellen, sonst gerät alles durcheinander! Trainieren Sie unbedingt weiter, allerdings vorerst für mindestens ein bis zwei Wochen nur mit 50% der gewohnten Intensitäten und Umfänge – also locker! Halten Sie möglichst den gewohnten Trainingsplan bei. Dieses Einbremsen wirkt sich positiv auf ihre Psyche aus und Ihr Körper kann sich ausreichend „aktiv erholen".

Nachdem Sie sich so regeneriert haben, sollten Sie unbedingt zunächst die Intensität wieder auf das alte Niveau steigern und erst dann zu den gewohnten Umfängen zurückkehren.

Warum? Die Muskeln erschlaffen, weil Sie die hohe Intensität vermissen. Erhöhte Umfänge fordern zwar den Organismus, als Stimulus für das Muskelwachstum sind sie jedoch weniger geeignet. Darum geht es schließlich beim HIT!

Bis Sie zu hundertprozentiger Intensität zurückgefunden haben, sollten Sie daher den Umfang um die Hälfte reduzieren und nur die wichtigen Übungen mit jeweils einem intensiven Satz ausführen. Dasselbe gilt übrigens auch für die Rehabilitation nach Verletzungen... doch dazu später mehr!

Liebe Vieltrainierer!

Ich weiß, es gibt viele unverbesserliche Anhänger des Volumentrainings. Meist handelt es sich dabei um Athleten, die chronisch übertrainiert sind und diesen Zustand schon gar nicht mehr wahrnehmen. Sie haben in der Regel nichts anderes gemacht, als ohne groß zu überlegen den Trainingsplan irgendeines Kraftsportlers oder Bodybuilders aus einem Magazin zu kopieren. Arnold Schwarzenegger,

Jay Cutler, Ronnie Coleman – sind das nicht alles wunderbare Beispiele für den Erfolg der Volumentheorie? *Profis – Steroide – genetische Ausnahmeerscheinungen.* Damit ist alles gesagt.

Ich bin selbst auch Profi. Ich achte sorgfältigst auf meine Regeneration und unterstütze sie nach Kräften durch ausgedehnte Ruhephasen und autogenes Training. Zusätzlich nehme ich reichlich Antioxidantien und Supplemente zu mir und habe meine Ernährung perfekt auf mein Training abgestimmt.

Wenn ich als jemand, dessen gesamtes Leben momentan auf den Sport ausgerichtet ist, nicht öfter intensiv trainieren kann, wie soll dann ein normal berufstätiger Mensch, der den ganzen Tag arbeitet und unter Umständen ständig gestresst ist, fünfmal in der Woche am Abend ins Fitness-Studio gehen und hochintensiv trainieren können? Auf diese Weise sind keine annehmbaren Trainingsleistungen und optimales Kraft- und Muskelwachstum zu erreichen!

Ich habe in den vergangenen Jahren zahlreiche Sportler im Internet gecoacht und versucht, ihnen meine Sicht der Dinge zu vermitteln. Wenn einer von ihnen stagnierte, gab er manchmal dem Training, meistens aber der Ernährung die Schuld. Ich schickte ihn dann mit dem Auftrag, seinen CK-Wert überprüfen zu lassen, zu einem Arzt. Und tatsächlich war das Ergebnis meist ein heillos überhöhter Wert in Regionen um die 180 Einheiten. Die CK-Werte blieben auch nach Tagen der Regeneration oft noch relativ hoch, was die tatsächliche Dimension dieser Entgleisung deutlich machte: Mein Schützling befand sich in einem massiven und unter Umständen bereits chronischen Übertraining.

Chronisches Übertraining kann ein mehr als unangenehmes Nachspiel haben. Ich kenne einen Fall, in dem ein Athlet sogar ein halbes Jahr nach der ersten Diagnose noch nach jeder kleinsten Trainingsbelastung viel zu hohe CK-Werte aufwies. Es kann ein langer und frustrierender Weg sein, von chronisch erhöhten CK-Werten wieder zu einer optimalen Regenerations- bzw. Leistungsfähigkeit zu finden.

Ich messe meinen CK-Wert fast jeden Tag! Nach einem HIT-Tag brauche ich drei Tage, bis er wieder „unten" ist und ich vollkommen erholt bin.
Das Gegenargument: „Mit einem Training immer warten, bis Sie wieder vollständig erholt sind, macht keinen Sinn!" Grundsätzlich stimmt das. Aber in einer Peak-Phase darf und muss der CK-Wert an jedem Peak-Tag auf seinem Tiefststand sein. Es geht einfach nicht mehr um den Umfang, sondern ausschließlich um die Intensität und somit Qualität des Trainings! Auch für mich ist der Peak-Tag letztlich der einzig vollständig erholte Tag.
Mein Trainer Julius Benkö geht noch weiter: Selbst im Aufbauzyklus sollte nach ihm der CK-Wert einmal pro Trainingswoche (ob 7 oder 9 Tage) ganz unten sein.

Wenn Sie nicht die Möglichkeit haben, Ihren CK-Wert regelmäßig bestimmen zu lassen, messen Sie einfach, wie oben beschrieben, Ihren Ruhepuls. Notieren Sie diesen im Trainingstagebuch. Neben den protokollierten Leistungssteigerungen oder eben den „Nichtsteigerungen" sowie der Schlafqualität werden Sie so schnell eigene Schlüsse über Ihre individuelle Belastbarkeit ziehen können!

Wenn Sie dann zu dem Ergebnis kommen, dass Sie vier oder fünfmal pro Woche trainieren können und trotzdem immer CK-Werte zwischen 30 und 40 haben – Gratulation! Dann sind auch Sie ein genetisches Wunderkind! Sie sollten sich aber unbedingt vergewissern, ob Sie nicht doch zu den 99,9% der Sportler gehören, die leider keine Wunderkinder sind und deshalb nach dem Training Erholung brauchen. Der Körper eines Normalsterblichen muss einfach immer wieder herunterkommen, abkühlen und entspannen, um sich so auf neuerliche Höchstleistungen vorzubereiten. Einmal in der Woche, egal in welchem Zyklus Sie sich befinden, muss Ihr Organismus ganz zur Ruhe kommen. Dann erst kann es wieder so richtig losgehen.

Verletzungen vermeiden

Um Verletzungen vermeiden zu können, ist es wichtig, die häufigsten Ursachen für Verletzungen zu kennen: Einerseits passieren sehr viele Verletzungen durch hartes Training trotz Erschöpfung und Müdigkeit, eventuell sogar bei Übertraining. Andererseits sind auch Athleten in absoluter Hochform überdurchschnittlich verletzungsanfällig.

Die erste Ursache, zu intensives Training an einem schlecht ausgeruhten Tag, ist die mit Abstand häufigste Verletzungsursache. Etwa 80% aller Verletzungen im Training sind darauf zurückzuführen. Häufig spielt hierbei das Ego eine verhängnisvolle Rolle: Sie haben sich einen Heavy HIT- oder Peak-Tag fest vorgenommen, sich unter Umständen sogar mit Trainingspartnern verabredet und wollen einfach nicht wahrhaben, dass Sie im entscheidenden Augenblick nicht in Top-Form sind. Kurz: Sie sind müde und wollen trotzdem peaken.

Es ist nicht jedermanns Sache, einen Peak-Tag nach dem Kalender zu planen. Das mag bei Wettkampfathleten und wirklich sehr erfahrenen Sportlern funktionieren. Der enthusiastische Einsteiger sollte dagegen lieber auf seinen Körper hören und im Zweifelsfall ein wenig kürzer treten oder einen Ruhetag mehr einlegen.

Wer die Zeichen ignoriert und etwas Unmögliches zu erzwingen versucht, begeht beim Training oft fatale Fehler:

- Sie wärmen sich nicht richtig auf, da Sie befürchten, ansonsten Reserven zu vergeuden. Das ist vollkommen sinnlos! Ein schlecht aufgewärmter Körper ist ein gefundenes Fressen für schwere Verletzungen! Das Aufwärmen an sich kostet so gut wie keine Kraft und dient lediglich der Aktivierung und Vorbereitung des Organismus.
- Sie machen die Übungen lieber schlampig als gar nicht und versuchen, die fehlende Kraft durch Schwung zu kompensieren. Das ist extrem gefährlich, da auf den ohnehin schon geschwächten Körper auf diese Art noch mehr Energie einwirkt als gewöhnlich!
- Sie versuchen sich durch Drogen, Schmerzmittel oder Koffein zu pushen. Der totale Irrsinn! Damit überdecken Sie lediglich die Symptome Ihrer Erschöpfung und verbieten Ihrem Körper das Wort. Dabei wäre es dringend nötig, auf ihn zu hören und entsprechend zu reagieren. Koffein macht Sie vielleicht munter, die Leistungsfähigkeit der Muskulatur wird dadurch aber nicht gesteigert.

Die zweite Ursache, die für etwa 20 % aller Sportverletzungen verantwortlich ist, ist ein Training oder Wettkampf in absoluter Hochform. Wie kommt es dazu?
Ein HIT-Tag in einer Peak-Phase, an dem Sie 100 % und mehr geben, führt Ihren Körper immer an die Grenzen seiner Belastbarkeit – selbst wenn Sie topfit und auch vollkommen ausgeruht sind. Dass Sie einen persönlichen Rekord aufstellen, bedeutet immer, dass Sie die Strukturen Ihres Organismus auf eine nie da gewesene Weise beanspruchen. Egal, wie lange Sie bereits trainieren: Ihr Körper macht diese Erfahrung zum ersten Mal. Daher auch die Übergangsphase von bis zu zwei Wochen nach dem Peak-Zyklus: Sie haben eine gigantische Leistung erbracht und nun brauchen Sie *Ruhe*, ob Sie wollen oder nicht! Sie werden bald wieder in diese Form kommen, keine Frage, doch alles zu seiner Zeit.
Rekorde sind schön und gehören zu den Sternstunden des Sports – doch sind sie nicht das einzig Erstrebenswerte! Wenn Sie andauernd versuchen, den Bogen zu überspannen, wird es gefährlich. Machen Sie sich klar, dass Sie an den wenigen absolut extremen Tagen, besonders bei Wettkämpfen, immer eine Verletzung riskieren. Die Chance auf einen wirklich großen Erfolg, eventuell sogar auf einen Sieg, ist das Risiko sogar wert. Aber diese Situation kommt in meinem zyklischen System sehr vereinzelt vor. Sie kommen auch voran, ohne jedes Mal Ihre Gesundheit aufs Spiel zu setzen!

Es ist nicht schwierig, aus diesen Erkenntnissen die richtigen Schlüsse zu ziehen:
- Umfangreiches Aufwärmen ist ein absolutes Muss!
- Hören Sie auf Ihren Körper und muten Sie ihm nichts Unmögliches zu!
- Trainieren Sie immer langsam und kontrolliert!
- Vermeiden Sie unter allen Umständen Präparate, die die Symptome von Erschöpfung oder Übertraining überlagern!
- Gehen Sie nur dann ans Belastungslimit, wenn der in Aussicht stehende Erfolg es wirklich wert ist!

An dieser Stelle noch ein Hinweis auf ein Supplement: Basenpulverkapseln: Ein tolles Präparat, das dem Organismus hilft, einen Säureüberschuss, wie er besonders bei Übertraining und Verletzungen auftritt, zu kompensieren. Ich verwende es sowohl vor als auch nach jedem hartem Training! Nähere Informationen dazu im Kapitel „Supplemente" auf Seite 154.

Vorbeugen ist besser ...

Im Sport – und ganz besonders bei hochintensivem Training – sind auch die kleinsten Beschwerden sehr ernst zu nehmen! Ich kenne viele Sportler, die vermeintlich harmlose Probleme monate- oder gar jahrelang ignoriert und trotz Handicap wie gewohnt immer weitertrainiert haben. Wie Sie sich vorstellen können, waren sie damit nicht besonders erfolgreich. Tatsächlich vergeudeten sie diese Monate und Jahre vollkommen sinnlos. Sie stagnierten die ganze Zeit über, weil sie offenbar nicht auf ihren Körper hören wollten. Dabei wäre die Lösung des Problems so einfach gewesen!

Ein guter Physiotherapeut gehört in jedes Betreuerteam. Ich persönlich vertraue Hanno Halbeisen, der als einer von wenigen österreichischen Physiotherapeuten in den USA eine Spezialausbildung für Sportphysiotherapie gemacht hat.
Im Herbst 2004 war ich beispielsweise über mehrere Wochen lang fast täglich bei ihm und habe mit Ultraschall meinen linken Mittelfinger behandeln lassen, mit dem ich immer wieder leichte Probleme hatte und der sich während anstrengender Weltcupwochenenden bemerkbar machte. Eine Ultraschallbehandlung fördert die Durchblutung der betroffenen Körperregion und somit den Heilungsprozess. Die Behandlungsmethode macht besonders für den passiven Bewegungsapparat – Bänder, Sehnen und Gelenke – Sinn.

Noch einmal: Der schlimmste Fehler, den Sie begehen können, ist Beschwerden oder ein ungutes Gefühl einfach zu ignorieren und zu hoffen, dass sich eine Besserung von ganz selbst einstellt. Mit dieser Einstellung kann es leicht passieren, dass Sie aufgrund einer Lappalie monate- oder gar jahrelang stagnieren!

Ein absolutes Negativbeispiel lieferte diesbezüglich Jan Ullrich. Er beschreibt in seinem 2004 erschienenen Buch GANZ ODER GAR NICHT lang anhaltende Kniebeschwerden nach einer Winterpause, die auch er als Profi vorerst nicht ernst nahm. Er dachte, er sei nur ein wenig eingerostet und trainierte weiter. Das Ganze gipfelte in der schwersten Krise seiner sportlichen Laufbahn: Die Verletzung führte zu einer Zwangspause und generellen Motivationsproblemen – Partydrogen in einer Münchner Diskothek mit Dopingskandal inklusive! Die Verletzung kostete ihn über ein ganzes Trainingsjahr, von der Rufschädigung gar nicht zu reden!

Jetzt erst recht! – Zurück zur Top-Form

Der 5. Oktober 2003 war sicherlich der schwärzeste Tag meiner sportlichen Laufbahn. Ich stürzte unglücklich aus der Kletterwand und brach mir das rechte Kahnbein, einen der wichtigsten Handwurzelknochen im Handgelenk.
Am 7. Oktober wurde ich operiert, und bereits zwei Tage nach der Operation nahm ich das Training wieder auf – ich wollte möglichst wenig Zeit verlieren! So verbrachte ich an diesem Tag 30 Minuten auf dem Radergometer und 15 Minuten auf dem Laufband.
Am 10. Oktober absolvierte ich dann unter Aufsicht meines Physiotherapeuten mein erstes lockeres Intervalltraining im Kraftraum. Er stellte mir sofort ein Zirkeltraining zusammen, das zu Beginn nur aus Rumpfübungen bestand. In der darauf folgenden Woche kamen Kurzhanteln und Maschinen dazu. Und so ging es weiter, Woche für Woche.
Jedes Programm dauerte eineinhalb Stunden, und danach fühlte ich mich richtig müde. Ich hatte meine Leistung erbracht und den Umständen entsprechend alles gegeben. Das allein zählte. Das Gefühl, trotz allem hart zu trainieren, war herrlich motivierend.

Motivation ist der stärkste Verbündete nach einer Verletzung, denn Verletzungen und Übertraining bergen immer die Gefahr von depressionsartigen Zuständen. Bei manchen Sportlern führen sie sogar zu einer echten Depression, die noch schlimmer ist, als die Verletzung selbst. Bevor Sie sich nun aber verletzt als Erstes in den Kraftraum stürzen, bitte lesen Sie dieses Kapitel zu Ende!

Ein großes Vorbild im Umgang mit der Verletzung war für mich Lance Armstrong. In seinem Buch TOUR DES LEBENS beschreibt er, wie er auf die Diagnose „Krebs" reagierte. Armstrong versuchte ständig in Bewegung zu bleiben. Sein Leit- und Glaubenssatz lautete: „Solange ich mich bewegen kann, bin ich nicht krank!"
Eine Zeitlang war er so schwach, dass er beim Radfahren auf der Straße sogar von einer alten Frau überholt wurde. Aber Armstrong ließ sich nicht von seinem Kurs

abbringen und trainierte weiter, ständig auf die Unterstützung von Freunden und Trainingspartnern angewiesen. Er war sich in jedem Augenblick darüber klar, dass er alles in seiner Macht stehende unternahm, um wieder zurückzukommen. Natürlich ist eine Handgelenksverletzung verglichen mit einer Krebserkrankung harmlos. Doch Armstrongs Einstellung leitete auch mich durch meine Rehabilitationsphase. Es dauerte bis Weihnachten, ehe ich wieder hochintensiv trainieren konnte. Zu keinem Zeitpunkt wäre es mir aber in den Sinn gekommen, mit dem Training aufzuhören oder auch nur eine Pause einzulegen.

Worauf will ich hinaus? Ganz einfach: Nichts zu unternehmen ist nach einer Verletzung bestimmt nicht das Richtige. Solange Sie sich bewegen können, sollten Sie das auch. In der ersten Phase nach der Verletzung trainierte ich sehr umfangreich, wie ein Verrückter, fast mehr als zuvor. Mein Hauptproblem war aber, dass ich mit einer gebrochenen Hand nicht wirklich intensiv trainieren konnte. Dadurch sank die Maximalleistung drastisch, was nicht zuletzt auch meine Psyche belastete.

Rehabilitation und die mentale Komponente

Was unternahm ich in mentaler Hinsicht nach der Verletzung? Als Erstes ließ ich mich von Mentaltrainer Fredy Anwander beraten. Ich dehnte mein Mentaltraining auf zwei Einheiten täglich aus.

Dabei machte ich jeweils ein autogenes Training, bei dem ich mir in entspanntem Zustand bildlich vorstellte, wie mein Handgelenk verheilt. Ich beeinflusste mental den Abtransport der Entzündungs- und Abfallstoffe. Mein Körper konnte sich ganz auf die Heilung konzentrieren. Nach jedem Mentaltraining spürte ich, wie die Schwellung unter dem Gips ein wenig abnahm.

Eine sehr gute mentale Heilungstechnik, die ich ebenfalls einsetzte, ist die Atemheilmethode: Ich stellte mir beim Einatmen vor, wie der Sauerstoff direkt in die verletzte Region fließt und sie mit frischem Sauerstoff, frischem Blut, Nährstoffen und entzündungshemmenden Stoffen versorgt. Beim Ausatmen wurden dann die ganzen Abfallstoffe „geistig" abtransportiert. Sie waren draußen und gingen mich nichts mehr an. Mit jedem Atemzug kam wieder frische, heilende Energie in den Organismus.

Bereits sieben Tage nach der Operation war der Bruch auf dem Röntgenbild kaum noch sichtbar. Und auch in den folgenden Wochen verlief der Heilungsprozess so gut, dass die Ärzte es kaum glauben konnten. Ich führe diesen Erfolg zu einem großen Teil auf meine mentale Einstellung zurück.

Wichtig ist während der Rehabilitationsphase auch das Konzept „Training zum Erfolg". Noch einmal: Sie setzen sich anspruchsvolle Trainingsziele, die sie aber mit hoher Wahrscheinlichkeit erreichen! Da sich zu diesem Zeitpunkt ohnehin nichts erzwingen lässt, sollten Sie sich immer Reserven lassen, damit Sie sich bei jedem Training mit einer neuen Bestleistung belohnen können. Es besteht absolut kein Grund, sich nach der Verletzung auch noch vom Training frustrieren zu lassen.

Konzentrieren Sie sich in einer Verletzungsphase auch auf Dinge, die nichts mit Sport zu tun haben und die Sie schon lange einmal vorhatten! Ich nutze die Zeit, um eine Ausbildung zum NLP-Practitioner zu absolvieren und Konzepte für neue Seminare und dieses Buch auszuarbeiten.
Wenn Sie andere Beschäftigungen finden, rückt die Verletzung etwas in den Hintergrund und wirkt weniger belastend. Auch ein Urlaub ist nach einer Verletzung eine tolle Sache. Trainieren Sie so, dass Sie sich wohl fühlen und lassen Sie es sich ansonsten so richtig gut gehen. Auch ich gönnte mir nach den ersten Wochen Therapie und Aufbautraining eine traumhafte Woche in der Türkei.
Was Sie auch tun – denken Sie positiv! Machen Sie das Beste aus der Krise!

Durch meinen Umgang mit der Verletzung war ich in knapp der Hälfte der Zeit, die mir der optimistischste Arzt im Oktober 2003 prophezeit hatte, wieder fit. Abwarten und Nichtstun ist hingegen mit Sicherheit der schlechteste Weg, um zur alten Form zurückzufinden.

Training unter Schmerzen?

Vergessen Sie's! Schmerzen haben beim Training nach einer Verletzung nichts verloren. Wenn Sie wollen, können Sie bis an die Schmerzgrenze gehen, aber keinesfalls darüber hinaus.

Kommen Sie bitte nicht auf die „gute" Idee, mit Schmerzmitteln zu trainieren! Das Schmerzempfinden zeigt Ihnen, wie weit Sie gehen können. Es ist gefährlich, dies künstlich unterdrücken zu wollen. Sie riskieren Neuverletzungen oder zumindest eine Verlangsamung des Heilungsprozesses.
Zudem verhindern Iboprophen, Aspirin und auch andere Schmerzmittel die Eiweißsynthese. Das bedeutet, dass Ihr Körper unter ihrem Einfluss das für den Muskelaufbau notwendige Eiweiß nicht mehr richtig verarbeiten kann. Das Ergebnis ist Muskelabbau! Egal, wie hart Sie mit sich umgehen wollen: Schmerzmittel sind einfach sinnlos und kontraproduktiv!

Generell wirkt Bewegung an sich aber schmerzlindernd. Die Schmerzen sind am Morgen am stärksten, da der Bewegungsapparat über Nacht ruht und sich die verletzten Körperteile verhärten. Bewegung pumpt frisches Blut durch die Glieder und transportiert Abfallstoffe und Verletzungsrückstände ab. Das wirkt entzündungshemmend und beschleunigt die Heilung enorm.

Ziel jeder Verletzungsrehabilitation ist es, wieder hundertprozentig belastbar zu werden! Finden Sie sich nicht mit 80% Ihrer Leistungsfähigkeit ab und trainieren unter Schmerzen drauflos. Es muss einen Weg geben, nach jeder Verletzung völlig zurückzukommen. Erst dann ist ein HIT wieder möglich, erst dann funktioniert mein Peak-Training wieder und geht es wieder weiter.

Training mit Gips, Tape und Bandage

Mit Gips, Tape oder Bandage zu trainieren ist in Ordnung. Auch ich trainierte noch lange mit einer Bandage, die die Region des gebrochenen Handgelenks stützte. Ich konnte dadurch wesentlich härter trainieren und verhinderte den Muskelabbau. Sobald Schmerzen auftreten wird es aber auch hier problematisch und gefährlich.

Ich persönlich gehe normalerweise recht weit, aber wenn sämtliche verfügbaren Ärzte mich vor einem Training warnen, dann trainiere sogar ich nicht mehr. Ich verlasse mich jedoch nicht auf die erstbeste Meinung, sondern konsultiere immer mehrere Spezialisten. Dann bilde ich mir meine eigene Meinung. Schließlich trägt jeder selbst für sich die Verantwortung. Mein Grundsatz: Schmerzmittel sind tabu, aber solange ich keine Schmerzen wahrnehme, trainiere ich!

Durch intensives Training mit Gips oder Bandage baut die Muskulatur nicht oder nur sehr wenig ab. Die passiven Strukturen (Gelenke, Bänder, Sehnen und Bindegewebe), die durch diese Hilfsmittel gestützt werden, hingegen sehr wohl!
Gefährlich wird es, wenn Gips oder Bandage wieder entfernt wurden. Die Knochen oder Bänder sind verheilt, Sie spüren keine Schmerzen mehr und glauben, beim Training nun wieder alles geben zu können. Doch nach dem Entfernen der stützenden Struktur können die passiven Strukturen mit der Muskulatur zunächst noch nicht mithalten. In dieser Situation ist es unbedingt notwendig, einen Gang zurückzuschalten und sehr vorsichtig zu sein. Geben Sie Ihren Gelenken, Sehnen und Bändern ein wenig Aufholzeit. Sie werden es bestimmt nicht bereuen.

Auch die Ernährung spielt mit!

Alles über richtige Ernährung, sowie über effektive Supplemente, die Ihnen helfen, rascher wieder fit zu werden, erfahren Sie im Kapitel „Peak-Ernährung" auf Seite 100.

PEAK-TRAINING, INTERVIEW

DANIEL ZAUSER IM GESPRÄCH MIT DIPL. PT HANNO HALBEISEN

Mehr zu Hanno Halbeisen erfahren Sie auf Seite 13!

Was ist nach einer Verletzung zu beachten? Wie sollte die Rehabilitation verlaufen?

Entscheidend ist eine Aufgliederung der Rehabilitation in drei Phasen: Erstens die Entzündungs-Phase, in welcher das Ziel darin besteht, die Verletzung zu schützen und ruhig zu stellen. Was die wenigsten wissen: Diese Phase dauert bis maximal 48 Stunden.

Zweitens eine anschließende Proliferations-Phase, mit der spätestens am dritten Tag begonnen werden sollte und bis zu 21 Tagen dauern kann. Hierbei handelt es sich um Mobilisierungen innerhalb der Schmerzgrenze sowie Training im aeroben Bereich. Ziel ist es, die Zellen zu stimulieren und ein physiologisches Einwachsen des Bindegewebes entlang der Belastungslinien zu garantieren.

Drittens die Remodellierungs-Phase, in der dann eine kontinuierliche Steigerung des Bewegungsspielraums bis hin zum vollen Bewegungsumfang erarbeitet wird. Sobald die normale Beweglichkeit wiedererlangt ist, beginnt auch das Training der motorischen Grundeigenschaften gemäß einer vorangegangenen Sportartanalyse. In dieser letzten Phase ist es wichtig, eventuellen Rückfällen vorzubeugen.

Ziel einer jeden Rehabilitation ist es, möglichst schnell wieder hundertprozentige sportartspezifische Belastbarkeit zu erreichen. Dies ist nur möglich, wenn ab der Proliferation eine von allgemeiner, über vielseitig zielgerichteter bis hin zu spezifischen Belastbarkeit durchgeführte Rehabilitation (und das in allen motorischen Grundeigenschaften!) absolviert wurde. Nur so ist ein effektiver Kraftaufbau wieder möglich.

Was versteht man unter einer „chronischen Verletzung"? Wo liegen die Gefahren?

Dieser Begriff wird sehr häufig verwendet, um eine anhaltende Entzündung oder Beschwerde zu umschreiben. Oft entstehen solche Reizungen, wenn leichtere oder schleichende Verletzungen nicht ernst genommen oder auch falsche Diagnosen gestellt werden, die in Folge zu einer falschen Behandlung führen. Aber auch Narbennähte, irritierende Fremdmaterialien (nach Operationen), Infekte und Autoimmunerkrankungen können Ursachen chronischer Beschwerden sein.

Prinzipiell darf ein Sportler es nie so weit kommen lassen, da chronische Verletzungen oft sehr langwierig und hartnäckig sind. Oftmals muss sogar der Zustand einer akuten Entzündung reproduziert werden um überhaupt noch Wundheilungsaktivität zu erreichen. Auch in diesem Fall ist es später notwendig, die gesamte Rehabilitations-Schiene zu durchlaufen. So oder so: sehr zeitintensiv. Jede Verletzung, egal wie harmlos sie erscheinen mag, ist immer *vollständig* auszukurieren!

Oft wirken sich Verletzungen auf andere Körperregionen aus. Was ist zu beachten?

Neben der rein lokalen Anwendung von physikalischen Maßnahmen sollten auch stets die jeweiligen funktionellen Verbindungen in das Behandlungskonzept einbezogen werden. Das heißt die Behandlung sollte auch jene anatomisch-physiologischen Elemente miterfassen, die zu lokal vorhandenen Verletzungen in Bezug stehen. Beispielsweise wirkte sich Jürgens Kahnbeinverletzung auch auf Segmente der Halswirbelsäule aus, die wiederum über das autonome Nervensystem mit Segmenten der Brustwirbelsäule verbunden sind. Somit war auch ein ganzheitliches Verständnis über vorhandene Funktionsstörungen in diesen Bereichen notwendig, um eine rasche und vollständige Heilung zu gewährleisten.

Welche Rolle spielen Ernährung und Supplemente während einer Verletzungsperiode?

Ernährungsbedingte Einflüsse können auf den Wundheilungsprozess sehr weitreichend sein. Sind bestimmte Nährstoffe im Körper unzureichend vorhanden, können verschiedene Systeme (z.B. Immunsystem und Reparaturmechanismen) nicht richtig funktionieren und der Heilungsprozess wird beeinträchtigt. Folgende drei Punkte möchte ich kurz hervorheben:
Vitamin C wirkt sich auf die Stärke des Kollagens aus, was die Stabilität im Bindegewebe beeinflusst.
Zink wird für die Eiweißsynthese und für die Bildung von Kollagen benötigt. Es ist eines der wichtigsten Elemente für das Immunsystem und die Wundheilung. Posttraumatisch kann die Menge an Zink im Blut und Gewebe auf ein für eine Wundheilung zu niedriges Niveau fallen. Durch Nahrungsergänzung kann dieses Defizit ausgeglichen werden. Allerdings gibt es auch Untersuchungen, welche eine Zinkeinnahme bei nicht vorhandenem Mangel als sinnlos bezeichnen. Zink kann bei zu hohem Spiegel auch hemmend für die Wundheilung sein.
Proteine: Für die Synthese verschiedener Kollagenarten müssen genügend Aminosäuren – insbesondere essenzielle Aminosäuren – aufgenommen werden. Bei einem Mangel an diesen Grundbausteinen ist eine optimale Wundheilung kaum zu erwarten. Eine ausgewogene Ernährung schließt bei „Normalsterblichen" eine solche Problematik jedoch beinahe aus.

PEAK-ERNÄHRUNG, KAPITEL 1

MEIN WEG ZU 4,4% KÖRPERFETT

Von „kohlenhydratreich" zur Peak-Ernährung

Ich wurde noch nie durch eine Ernährung so schwach wie durch die kohlenhydrat-reiche! Wie so viele andere hatte auch ich mich lange daran gehalten und auf die Richtigkeit althergebrachter Lehrmeinungen vertraut. Von Juli 2001 bis Juni 2003 war ich ehrlich von dieser Ernährungsform überzeugt. Ich hielt so lange wie nur möglich am Kohlenhydrat-Credo fest, obwohl meine Form nach kaum einem Jahr bereits stark darunter zu leiden begann. Ich verlor immer mehr Muskelmasse und meine Leistungsfähigkeit im Training ließ dramatisch nach.

Herbst und Winter 2002/03 waren von einem ständigen Auf und Ab gekennzeich-net. Zu allem Überfluss geriet ich in eine Stoffwechselfalle: Meine Kalorienzufuhr war eindeutig zu niedrig, doch jede Erhöhung schlug sich fast ausschließlich in Körperfett nieder. Zudem fühlte ich mich durch die (noch) größeren kohlenhydrat-reichen Mahlzeiten und die entsprechende Insulinantwort konstant müde. Die Trainingsqualität und auch mein Energielevel für den Rest des Tages war einfach nicht befriedigend.

Insgesamt verlor ich in diesen 24 Monaten ganze 5 Kilogramm Körpergewicht. Ich stürzte von 58kg im Juli 2001 auf 53kg im Juni 2003 ab. Der Großteil davon war Muskelmasse, denn meine „Definition", d.h. mein Körperfettanteil, war schon 2001 zufrieden stellend.

Schließlich stand es auch um die hormonelle Situation sehr schlecht. Testosteron wurde für meinen Körper immer mehr zum Fremdwort. Dadurch mangelte es mir an Aggressivität für intensive Trainingseinheiten, Leistungssteigerungen blieben weitgehend aus und an Muskelwachstum war längst nicht mehr zu denken.

Die Probleme waren beim besten Willen nicht mehr zu verleugnen. Doch obwohl ich wusste, dass ich mich mit der kohlenhydratreichen Ernährung immer weiter von meinen gesetzten Zielen entfernte, fiel es mir sehr schwer, einer alternativen Ernährungsform mein Vertrauen zu schenken.

Die Kriterien und Ziele für eine erfolgreiche Ernährungsumstellung waren klar:
- Mehr Kraft, Aggressivität und Energie für das High Intensity Training
- Möglichst fettfreie Muskelzuwächse
- Ein optimierter Hormonhaushalt: Steigerung anaboler (aufbauender) und Reduzierung kataboler (abbauender) Hormone
- Eine optimierte Regeneration zur Beschleunigung der Wachstumsprozesse

Die sich abzeichnende Lösung für meine Probleme war eine fettreiche Ernährung. Doch ich bin von Natur aus ein vorsichtiger Mensch und war lange Zeit äußerst skeptisch. Weder ich, noch meine Ernährungsberaterin Doris Giselbrecht, hatten bislang praktische Erfahrungen mit einer fettreichen Ernährung im Kraftsport gesammelt, und so näherte ich mich dieser Ernährungsform nur sehr langsam. Der Sommer 2003 war eine Phase zaghafter Gehversuche und Rückzieher. Eine endgültige Entscheidung wollte und konnte ich noch nicht treffen. Im Herbst, noch vor meiner Verletzung, schwenkte ich sogar noch einmal ganz in Richtung Kohlenhydrate um.

Ich hatte vor zwei Dingen große Angst. Einerseits dachte ich an die gesundheitlichen Probleme, die eine sehr hohe Fettzufuhr mit sich bringen könnte. Obwohl ich wohl alle maßgeblichen Bücher zu dieser Thematik gelesen hatte, konnte ich nicht glauben, dass so viel Fett gesund sein sollte.

Zum anderen hatte ich Angst vor einem weiteren Leistungseinbruch. Die von mir konsultierten Bücher stammten alle aus dem Bodybuildingbereich, und ihre Konzepte mochten für reine Bodybuilder gut und recht sein. Die wenigen Sekunden höchster Anstrengung, die ein Bodybuilder für ein HIT benötigt, wären bestimmt auch ohne Kohlenhydrate möglich. Doch das Sportklettern beinhaltet auch eine entscheidende Ausdauerkomponente, die ich keinesfalls außer Acht lassen durfte. Die Wettkämpfe im Weltcup im Herbst 2003 waren einfach nicht der richtige Zeitpunkt für Experimente.

Meine vorsichtige Umstellung auf meine jetzige Form der Peak-Ernährung beinhaltete deshalb zunächst noch relativ viele Kohlenhydrate, die ich um die Trainingseinheiten verteilte. Meist nahm ich zum Frühstück ein Müsli zu mir und nach dem Training Creavitargo, eventuell noch gefolgt von einer kohlenhydratreichen Mahlzeit.

Bei den Morgentrainings stellte ich jedoch bereits im Sommer 2003 erstmals fest, dass ich anscheinend ohne vorherige Kohlenhydrataufnahme hart und effektiv durchtrainieren konnte. Und zwar aggressiver und intensiver als in den gesamten 12 Monaten davor! Fast jede Woche folgte, trotz deutlich herabgesetzter Kohlenhydrate, ein persönlicher Trainingsrekord im Maximalkraftbereich! So motiviert, reduzierte ich mein „Frühstück" vor dem Training von Creavitargo über Squeezy (Kohlenhydrat-Gel) auf schwarzen Kaffee mit etwas Milch. Die Kohlenhydrate nach dem Training behielt ich bei. Auffallend war auch meine gestiegene Belastbarkeit außerhalb des Trainings. Ich brauchte weniger Schlaf, fühlte mich aber trotzdem ausgeglichen und voller Energie! Die starken Insulinschwankungen, die jede kohlenhydratreiche Ernährung mit sich bringt, hatten ein Ende.

Auch Doris war zu Beginn der Meinung gewesen, dass ich für die längeren Klettertouren (immerhin bis zu acht Minuten Dauerbelastung!) wahrscheinlich Kohlenhydrate brauchen würde. Besonders zwei Leute haben mich dann vom Gegenteil überzeugt: Zum einen Klaus Arndt, Autor der „Anabolen Diät", und zum anderen Jan Prinzhausen, Autor von „Strategien der Leistungsernährung für Sportler". Mit beiden trat ich in E-Mail-Kontakt und beide antworteten mir auf meine teilweise übervorsichtigen Fragen mit seitenlangen E-Mails. Mit größter Geduld und Überzeugung behandelten sie immer wieder dieselben Themen und wurden nie müde, sich mit all meinen Zweifeln auseinanderzusetzen. Sie waren und sind beide von ihrem Weg absolut überzeugt und ernähren sich selbst bereits seit Jahren nach ihrer fettreichen Ernährungsform.

Kurz nach meiner Verletzung im Herbst sah ich dann endlich, dass eine fettreiche Ernährung auch meiner Kraftausdauerleistung nicht schadet – ganz im Gegenteil! Ich hatte zu diesem Zeitpunkt leistungsmäßig ohnedies nichts zu verlieren und konnte mich ohne Risiko vollkommen auf die neue Ernährungsform einlassen. Die Weltcupsaison war ja „zwangsbeendet". Ich wollte mich zunächst nur ein bis zwei Wochen fettreich ernähren und abwarten, was passieren würde.

Klaus Arndt coachte mich weiterhin mittels zahlreicher E-Mails, in denen er alle meine Fragen beantwortete. In Zusammenarbeit mit Doris ergaben sich daraus die Grundlagen meines Systems. Perfektioniert wurde das ganze schließlich durch Jan Prinzhausen. Er kam kurz vor der Weltcup-Saison 2004 in meine Heimatstadt Dornbirn und wir verbrachten einen für mich äußerst wertvollen Nachmittag und Abend. Dieser halbe Tag war für meine weitere Entwicklung zweifellos entscheidend. Authentisch und exakt schilderte er mir seine eigenen Erfahrungen und die fast unglaublichen Erfolge seiner Schützlinge am Olympiastützpunkt Thüringen. Jan Prinzhausen nahm mir endgültig die letzten Zweifel und stand mir auch nach unserem Gespräch weiterhin mit Rat und Tat zur Seite.

Falls Sie Zweifel an der langfristigen Energiebereitstellung ohne Kohlenhydrate im Kraftausdauer- oder Ausdauersport haben: Jan Prinzhausen betreut mit seiner Ernährungsform sogar Triathleten, die er erfolgreich auf die fettreiche Ernährungsform umstellte. Und Triathlon ist nun wohl nichts anderes als ein extremer Ausdauersport!

Der Weg zur Sensation

Das Diagramm auf der Innenseite des Rückumschlags zeigt die Entwicklung meiner Körperzusammensetzung vom 13. Juni 2003, dem Beginn meiner Ernährungsumstellung, bis zum 18. Oktober 2004, als ich mich mitten in meiner bislang letzten Peak-Phase vor der Fertigstellung dieses Buches befand.

13. Juni bis 21. November 2003 – Erste Erfolge

Wie bereits gesagt: Der Anfang verlief etwas zögerlich. Weder ich noch meine Ernährungsberaterin hatten bisher Erfahrungen mit einer fettreichen Ernährung gesammelt, so dass ich zunächst vollkommen auf Fremdwissen und meine Instinkte angewiesen war. Trotzdem gelang es mir in den folgenden fünfeinhalb Monaten meinen Körperfettanteil von 9 % auf 7,4 % zu senken und gleichzeitig meine Magermasse um beinahe 2 Kilogramm zu steigern (Definition und grafische Darstellung der Entwicklung auf der Innenseite des Rückumschlags)!
Der äußerst gleichmäßige Verlauf ist dabei auf ein kontrolliertes Aufbautraining zurückzuführen. Ich hatte mir das klare Ziel gesetzt, nach und nach Muskelmasse aufzubauen und stärker zu werden, ohne mit dem Training zu experimentieren. Die beachtlichen Anfangserfolge führe ich jedoch vor allem auf die Phase davor zurück. Mein Körper war, wie in der Einleitung beschrieben, durch die klassische fettarme und kohlenhydratreiche Ernährung auf einem Plateau und tankte erstmal so richtig auf! Der Effekt der „Muskelerinnerung", d.h. Muskulatur, die bereits zu einem früheren Zeitpunkt vorhanden war, wird rasch wieder aufgebaut, spielte dabei sicher eine Rolle.

21. November 2003 bis 23. Januar 2004 – Verletzungspause

Wie im Kapitel „Übertraining und Verletzungen" schon beschrieben, brach ich mir am 5. Oktober das Kahnbein der rechten Hand. Dass sich die danach drastisch reduzierte Trainingsintensität früher oder später auf die Körperzusammensetzung auswirken würde, war klar. Der Fettanteil ging im Grunde nur leicht nach oben (von 7,4 % auf 8 %, in absoluten Zahlen war das nicht mehr als ein viertel Kilo), doch kostete mich der Trainingsausfall zugleich ein ganzes Kilo Magermasse.
Bis Anfang Januar war ich einfach nicht in der Lage, voll zu trainieren. Mein 9-Tage-Aufbauzyklus startete mit dem neuen Jahr. Damit begann das Comeback. Ich hatte keine Zeit zu verlieren, denn Ende Februar stand die erste nationale Meisterschaft auf dem Kalender!

23. Januar bis 23. Februar 2004 – Perfekter Aufbau

Diese kurze Phase war äußerst interessant: Ich befand mich weiterhin in meinem ganz normalen Aufbauzyklus, in dem der Körperfettanteil eine Talfahrt erlebte, während die Magermasse unverhältnismäßig zunahm: Ganze zwei Kilo in nur einem Monat! Das Gesamtgewicht stieg dabei kaum, doch die Körperzusammensetzung veränderte sich wesentlich.

Hier wird besonders deutlich, was aus einem disziplinierten Aufbau alles herauszuholen ist! Ich veränderte das Training im Verhältnis zum vergangenen Monat so gut wie gar nicht, war aber nach der Verletzung erstmals wieder in der Lage, wirklich hochintensiv zu trainieren. Für eine Peak-Phase war es aber noch zu früh. Die Frühjahrs-Saison sollte mich schließlich bis Juli auf Trab halten!

23. Februar bis 09. April 2004 – Zu wenig Kalorien

In dieser Zeit arbeitete ich offenbar daran, meine hart verdienten Muskeln wieder herzugeben. Ich ging in eine Peak-Phase zur Wettkampfvorbereitung über, machte jedoch den Fehler, mich etwas zu niederkalorisch zu ernähren. Ich aß vermeintlich zwar mehr als genug, hatte meinen Kalorienbedarf jedoch deutlich unterschätzt. Zusammen mit Fett, das sich weiterhin brav aus meinem Körper verflüchtigte, verlor ich an die 300 Gramm Muskelmasse. Das war nicht wirklich viel, angesichts des angestrebten Peaks schmerzte der Verlust aber dennoch ein wenig.

09. April bis 26. April 2004 – Stress

In den folgenden zweieinhalb Wochen setzte sich dieser Trend nicht nur fort – es kam sogar noch schlimmer. Die Magermasse brach deutlich ein – um mehr als 1,5 Kilogramm – und gleichzeitig stieg erstmals seit Monaten der Körperfettanteil wieder leicht an.

Zweifellos war dafür eine extreme Stressphase mit Weltcup und zahlreichen Wettkämpfen verantwortlich. Der Stresslevel war einfach zu hoch, die Kalorienzufuhr immer noch zu niedrig und ich konnte aufgrund der Wettkämpfe nicht mehr wie gewohnt trainieren. Ich geriet dadurch ins sogenannte „Starving-Phänomen", das bei vielen Wettkampfathleten auftritt. Der Körper klammert sich aus „Angst" an jedes Gramm Fett und befindet sich insgesamt in einem katabolen Zustand.

26. April bis 01. Juni 2004 – Die 4,4%-Sensation

Nachdem die Wettkämpfe hinter mir lagen, war auch meine Trainingswoche wieder im Gleichgewicht. Nach und nach ging es bergauf bzw. mit dem Körperfett bergab. Ich begab mich direkt vor dem Weltcup in Imst (am 29. Mai) in eine kleine Peak-Phase. Mit etwas mehr als einem Monat hatte ich dafür genügend Zeit.

Am 1. Juni, genau 3 Tage nach dem Weltcup, ergab die Körperfettmessung ein sensationelles Rekordergebnis: 4,4%! Damit hatte ich innerhalb eines Jahres meinen ohnedies nicht sehr hohen Ausgangswert von 9% mehr als halbiert!

01. Juni bis 19. Juli 2004 – Aus Fehlern ...

Die Frühjahrssaison war damit abgeschlossen und es folgte eine Übergangsphase mit etwas Regeneration. Aber mein Ziel für den Herbst war klar gesteckt: Stärker werden und das vor allem mit mehr Muskelmasse! Zunächst pausierte ich ein wenig. Doch das Badewetter blieb aus und so stürzte ich mich schon kurze Zeit später Hals über Kopf in ein heilloses Übertraining. Das Rezept dazu war einfach: Ich versuchte einen Ruhetag aus meinem 9-Tage-Aufbauzyklus zu streichen, was ordentlich daneben ging. Dazu aber gleich noch Ausführlicheres!

Sie dürfen mir also ruhig glauben, wenn ich Sie immer wieder davor warne, dass Übertraining und Übermotivation Sie von Ihren tatsächlichen Zielen gnadenlos fernhalten. Mehr zu trainieren als notwendig, stellt sich meist als äußerst kontraproduktive Maßnahme heraus.

19. Juli bis 25. August 2004 – Wieder auf Erfolgskurs

Die Entwicklung ab dem 19. Juli wird vermutlich jeder Trainer und jeder Arzt als dopingverdächtig einstufen. Ich kann nur immer wieder betonen, dass ich in meinem Sport kontrolliert werde und dass Dopingfälle strikt geahndet werden. Ich trainiere das ganze Jahr in Österreich, wo ich jederzeit unangekündigt kontrolliert werden kann. Sobald ich für mehr als vier Tage das Land verlasse, muss ich meine Wohnadresse im Ausland melden! Doping kommt für mich einfach nicht in Frage. Es spielt in meinen Überlegungen schlicht keine Rolle, natürlich auch aus rein gesundheitlicher Sicht!

Was geschah in dieser Phase? Ich trainierte bis Mitte August im Aufbau, jedoch wieder diszipliniert nach meinem „Standard-9-Tage-Schema". Dann ging ich in die bisher längste Peak-Phase dieses Jahres über. Das war alles! Ich trainierte strikt nach dem schon vorgestellten System, und ernährte mich ebenso konsequent nach den Grundlagen, die ich Ihnen in den folgenden Kapiteln vorstellen werde.

Das unglaubliche Ergebnis: Ich reduzierte meinen Körperfettanteil um mehr als ein Prozent (von 7,2 % auf 6,1 %) und legte 1,7 Kilogramm Muskelmasse zu!

25. August bis 18. Oktober 2004 – Muskelmasse-Rekord

Die nächsten eineinhalb Monate waren ein wenig zäh. Bei der Magermasse stagnierte ich und der Fettanteil stieg leicht an – auf 6,9 %.

Doch dann begann die heiße Phase der Weltcupvorbereitung, in der ich in jeder Woche extrem harte Peak-Einheiten absolvierte, und in denen Disziplinlosigkeiten nicht die geringste Chance hatten.

Abermals stellte sich ein sensationeller Erfolg mit einem absoluten Rekordwert an Muskelmasse ein: Während der Körperfettanteil rückläufig war, baute ich in genau zwei Wochen weitere unglaubliche 1,25 Kilogramm reinste Magermasse auf!

Damit hatte ich endlich erreicht, was ich mir genau genommen schon für das Frühjahr vorgenommen hatte. Sie werden es vielleicht nicht glauben, aber die 4,4% Körperfett im Juni waren für mich kaum mehr als eine Begleiterscheinung. Ja, ich war begeistert von diesem Wert, doch mein eigentliches Ziel war der Muskelaufbau gewesen. Im Klettern gilt: Je weniger Körperfett, desto besser – aber nicht um jeden Preis. Ich fühle mich auch zwischen 6% und 7% sehr wohl, komme bei diesen Werten aber auf 2 Kilogramm mehr Muskelmasse und vor allem bedeutend mehr Kraft. Ein leichtes Kalorienplus für insgesamt mehr Masse hätte mir über den Winter also nicht geschadet.

Ein Rückblick

Alles in allem belegt die Entwicklung klar die Möglichkeiten von Peak-Training und Peak-Ernährung:

- Sie können einen extrem niedrigen Körperfettanteil erreichen, während Ihre Muskelmasse verschont bleibt.
- Sie können schnell Muskelmasse aufbauen, während Ihr Körperfettanteil sogar leicht fällt.
- Ihre Leistungsfähigkeit im Training aber auch Ihr gesamtes Energiepotenzial werden sich spürbar steigern!
- Sie können das ganze Jahr über in sehr guter Form sein. Für die meisten Athleten sind auch Durchschnittswerte deutlich unter der 10% Körperfett-Marke absolut realistisch!
- Die Peak-Ernährung ist in Kombination mit dem Peak-Training somit eine echte und vollkommen natürliche Steroidalternative.

Die Peak-Ernährung hat zudem auch positive Auswirkungen auf die Lebensqualität. Mein Hautbild verbesserte sich innerhalb kürzester Zeit. Ich sehe seit der Umstellung frischer und gesunder aus und wurde sogar von Außenstehenden darauf angesprochen. Die von mir gecoachten Athleten haben dieselbe Erfahrung gemacht. Sie berichteten mir außerdem von einer deutlichen Stärkung ihres Immunsystems: Viele meiner Schützlinge wurden nicht mehr krank, seit sie sich konsequent nach dem Peak-Prinzip ernähren. Letzteres kann ich leider nicht selbst bestätigen – ich bin ohnedies nie krank...

Disziplin, ein starker Wille und die richtige Strategie ermöglichen auch Ihnen eine ähnliche Entwicklung!

Trotz allem: Ich habe auch Fehler gemacht!

Wie bereits angedeutet, verlief trotz der insgesamt hervorragenden Entwicklung nicht in jeder Phase alles nach Plan. Es waren Fehler, die jedem Athleten, der hoch motiviert ist oder mit der Peak-Ernährung noch zu wenig vertraut ist, passieren können. Trotzdem sollen Sie aus meinen Fehlern lernen und profitieren können! Deshalb analysiere ich hier meine zwei größten „Schnitzer" im Verlauf des Jahres noch einmal in allen Einzelheiten.

Zu wenig Kalorien im Winter

Ich hielt die Kalorienzufuhr während des gesamten Winters eher hoch. Dennoch verlor ich sehr viel Körperfett, die Magermasse blieb dank des äußerst intensiven Trainings verschont.

Dies führte zwar zum Rekordwert von 4,4% Körperfett, das Kernziel Muskelaufbau hatte ich damit jedoch verfehlt. Ich hatte einfach das „Fettverbrennungspotenzial" von Peak-Ernährung und Peak-Training unterschätzt. Ein Fehler, den ich im Herbst 2004 glücklicherweise korrigieren konnte.

Dies zeigt aber auch, dass eine Körperfettreduktion bei gleichzeitigem Muskelzuwachs mit den Peak-Methoden normalerweise eine Kalorieneinschränkung nicht notwendig macht. Mit der Peak-Ernährung und High Intensity Training können Sie langfristig Ihre Körperzusammensetzung optimieren!

Zu viel Training im Sommer

Ich habe zwischen dem 1. Juni – meinem Körperfett-Tiefststand – und dem 19. Juli nicht pausiert! Im Gegenteil: In diesen 6 Wochen habe ich sehr, sehr hart trainiert und mich diszipliniert ernährt. Ich aß sogar mehr, als mein Appetit zuließ, denn ich wollte um jeden Preis möglichst rasch Muskelmasse aufbauen. Letztlich erreichte ich damit aber nur eines: mit großem Aufwand Magermasse zu vernichten und zugleich mein Körperfett ordentlich in die Höhe zu treiben.

Dabei wollte ich nur alles noch ein bisschen besser machen. Ich wollte noch ein wenig mehr und noch ein wenig härter trainieren. Um dem umfangreicheren Training gerecht zu werden, erhöhte ich meine Kalorienzufuhr im Verhältnis zu meinem Basisniveau um über 30% und die tägliche Eiweißmenge auf bis zu 3 Gramm pro Kilogramm Körpergewicht. Ich glaubte, einem noch effektiveren und schnelleren Weg zum ultimativen Muskelaufbau auf der Spur zu sein.

Stattdessen erreichte ich genau das Gegenteil. Mit der Magermasse ging es steil bergab, dafür stieg der Körperfettanteil unerbittlich. Vermutlich wäre ich nicht viel schlechter bedient gewesen, wenn ich während dieser eineinhalb Monate einfach am Strand gelegen und Junk Food gegessen hätte. Wo genau lag der Fehler?

Ich wagte im Juni ein Experiment: Ich ging in meinen Aufbauzyklus 1 mit 9-Tages-Schema – und eliminierte kurzerhand Tag 9 mit dem regenerativen Spaziergang. Ich war der Ansicht, mit erhöhter Eiweiß- und Kalorienzufuhr das umfangreichere Training kompensieren und die Regeneration und den Muskelaufbau beschleunigen zu können. Wie Sie unschwer erkennen, erreichte ich genau das Gegenteil meines ehrgeizigen Ziels. Anstelle des von mir erträumten „Expressaufbaus" legte ich eine vollkommen unnötige Bauchlandung hin.

Der Körperfettanteil stieg auf über 7%, während ich gleichmäßig Muskelmasse verlor, bis ich auf dem tiefsten Stand seit Beginn der Peak-Ernährung ankam! Ich ließ den Ruhetag also einfach aus. Ich dachte, so noch effektiver trainieren zu können und Zeit zu sparen.

Zugleich erhöhte ich den gesamten Trainingsumfang und auch die Satzanzahl pro Übung, während ich versuchte, die Intensität zu halten.

Daraus ergab sich ein schwerwiegendes Problem: Ich konnte teilweise die Leistungen nicht mehr nachvollziehen. Ich trainierte sehr wohl hart und führte weiterhin mein Trainingstagebuch. Doch das sagte auf einmal nicht mehr viel aus! Ich verlor durch die Trainingsumstellung nach und nach die Referenzpunkte.

Plötzlich konnte ich schwindeln und mir Trainingsleistungen schönreden. Ich sagte mir: Okay, ich habe nicht mehr Wiederholungen zustande gebracht – dafür aber drei Sätze anstatt nur einen ausgeführt! Ist doch auch toll!

Blödsinn! Ich war nicht fit, ich war nicht erholt! Ich war übertrainiert, und zwar die ganze Zeit! Mein Ruhepuls und die CK-Werte zeigten dies eindeutig! In manchen Nächten schwitzte ich und schlief extrem schlecht. So sah ich dann auch aus: Mein Vater sprach mich ganz offen darauf an: „Was ist nur los mit dir? Ich dachte, du wolltest aufbauen? Stattdessen siehst du vollkommen erschöpft aus!"

Schon ein Blick in den Spiegel sagte mir: „Meine Definition wird immer schlechter! Ich fühle mich weder stärker, noch sehe ich muskulöser aus." Mir wurde langsam aber sicher unwohl bei der Sache und ich begann, mir Sorgen zu machen.

Meine Ernährung folgte einem strengen, ausgeklügelten Plan, mit vielen Kalorien und viel Eiweiß. Ich musste einfach einsehen, dass mehr Kalorien und zusätzliches Eiweiß ein Übertraining nicht kompensieren können. Übertraining ist ein kataboler Zustand, in dem der Körper abbaut. Was sollte er in diesem Zustand mit dem ganzen Eiweiß anfangen?

Mike Mentzer schreibt über Muskelaufbau und Ernährung: „Bei richtig hartem Training sind lediglich 10% mehr Kalorien als auf Basisniveau notwendig." Das kann ich ganz klar bestätigen. Genau so kam ich wieder auf den richtigen Weg und erreichte die schönen Erfolge während der Peak-Phase im Herbst.

Ich coache inzwischen einige Athleten im Internet, die teilweise ähnliche Erfahrungen machten wie ich damals: Sie waren höchst motiviert, erhöhten Volumen und Kalorienmengen und meinten, dadurch noch schneller voranzukommen. Doch sie kamen leider auf ähnliche Werte wie ich, was bei all der Anstrengung mehr als schade war. Hier in der Ernährung den „Sündenbock" zu suchen, ist schlichtweg falsch und endet, wie beschrieben, in der „Sackgasse Übertraining"! Trotzdem ist es wohl einer der am meisten verbreiteten Fehler im Kraftsport überhaupt.

Ist so wenig Körperfett nicht gefährlich?

Neben der Energiespeicherung hat Fett wichtige Aufgaben im Körper. Es schützt vor Kälte und Verletzungen und bettet die inneren Organe in eine schützende Umgebung ein. Diese Funktionen sind auch der Grund, warum selbst mit extremen Maßnahmen selten ein Körperfettanteil von unter 3% erreicht und auf keinen Fall lange gehalten werden kann. Der Körper wehrt sich mit allen Mitteln, seine „eiserne Reserve" anzugreifen. Wettkampfbodybuilder, die sich mit 3 bis 5% Körperfett präsentieren, haben diese niedrigen Werte punktgenau getimt und beabsichtigen in der Regel auch nicht, sie das ganze Jahr über beizubehalten. Trotzdem ist selbst unter 3% Körperfett eine Reserve gegeben, wie das folgende Extrembeispiel beweist:

Der Marathonläufer Frank Shorter wog vor seinem Siegeslauf bei der Olympiade 1972 knapp 61 kg und hatte seinen Körperfettanteil auf 2% reduziert. Doch rechnet man dies auf eine „Energiereserve" um, waren es auch bei ihm immerhin noch über 10.000 kcal. Selbst wenn er die komplette Distanz von 42,195 Kilometer aus seinen Körperfettreserven bestritten hätte: Mehr als 2600 Kalorien und somit ein gutes Drittel hätte er nicht benötigt! Andererseits liegt die „Reserve" des männlichen Durchschnittsbürgers mit 70 kg und 18,5% Körperfett bei satten 120.000 kcal. Das reicht für mehr als einen vollen Monat!

Dieses zu viel an Speicherfett wird ganz einfach nicht benötigt. Verstehen Sie mich richtig: dauerhafte 2% sind nicht erstrebenswert. Aber der Organismus kommt, individuell verschieden aber doch, das ganze Jahr über mit sehr wenig Körperfett gut klar. Sie fühlen sich fit, benötigen weniger Schlaf und sind gesund. Mehr dazu aber im Kapitel „Peak-Lifestyle".

PEAK-ERNÄHRUNG, KAPITEL 2

PEAK-ERNÄHRUNG – EIN NEUER WEG

„Essen um zu Leben – nicht Leben um zu Essen."

Ein ernstes Wort vorweg

Meine Grundhaltung über dieses gerade im Sport heikle Thema spiegelt sich in diesem einen Satz wieder: Es gibt einfach viel Schöneres und auch Wichtigeres im Leben, als die Beschäftigung mit Essen.
Natürlich ist im Leistungssport Einfachheit und Gleichgewicht das oberste Gebot. Das bedeutet aber trotzdem nicht, dass sich alle Gedanken ums „richtige" Essen drehen müssen! Denn für mich ist dieser Bereich eng verbunden mit meinem Peak-Lifestyle, den ich im dritten Teil des Buches genauer beschreiben werde.
Eins aber dazu vorweg: Ich fühle mich nur wohl, wenn ich mich viel bewege und trainiere. Dies ist die Quelle meiner Lebensqualität! In den ersten Jahren im Leistungssport steigerte ich mich konstant ohne einen einzigen Gedanken über meine Ernährung. Statt dessen konzentrierte ich alle mir neben Arbeit und Freizeit zur Verfügung stehende Energie auf mein Training. Weltcup-Erfolge und 4,4 % Körperfett mit kontinuierlichem Muskelwachstum ergab sich daraus nicht. Aber „immerhin" Klettertouren bis zum unteren 10. Grad, Siege auf regionalen Bewerben und einarmige Klimmzüge!

Meine sportlichen, privaten und geschäftlichen Ziele sind klar einem Ernährungsplan übergeordnet. Natürlich ernähre ich mich nach der im folgenden Kapitel beschriebenen Peak-Ernährung. Das ganze Jahr über, und je nach Trainings- oder Wettkampfphase etwas mehr oder weniger diszipliniert. Jedoch habe ich diese perfekt in meine Woche integriert. Es ist eben meine Art zu leben und ich komme prima klar damit. Mein Peak-Lifestyle und auch die Ernährung darin sind für mich in einem Wort fassbar: Freiheit!
Worauf ich hinaus will? Fachbuchautoren nennen es „somatische Intelligenz". Ein Sportlerkörper sagt seinem „Besitzer" ganz von selbst, was er wann braucht und wie viel davon.

Sie haben Spaß am Training und steigern Ihre Leistungen? Sie haben Spaß am Leben und ernähren sich in Ihren Augen sportgerecht und zweckmäßig? Trotzdem finden Sie Großmutters selbstgebackenen Kuchen am Wochenende fein und sind danach doppelt motiviert auf die harte HIT-Einheit am Montag? Dann tun Sie mir und vor allem sich selbst den Gefallen und belassen Sie es fürs Erste dabei!
Sie haben mit den anderen beiden Elementen des Peak-Prinzips, auch ohne Ihre Ernährung zu ändern, reichlich Potenzial. Halten Sie sich zuerst an die in den Trainingskapiteln beschriebenen Techniken. Sie werden damit effektiv Muskelmasse aufbauen und zugleich durch einen aktiveren Peak-Lifestyle Körperfett verlieren – die Peak-Ernährung ist „nur" der Feinschliff!

Lassen Sie sich bloß nicht von „Experten" einreden, die „richtige" Ernährung, hätte 80% Anteil an Ihrem Erfolg als Kraftsportler. Dies trifft einzig für einen Wettkampfbodybuilder für 48 Stunden in seinem Trainingszyklus zu: an den letzten beiden Tagen vor einem Bewerb. Dort hat die Ernährung den Haupteinfluss – schließlich wird ja nicht mehr trainiert!
Ein Beispiel dafür finden Sie im Anhang des Buches, in dem ich die Vorbereitung zu meinem Fotoshooting beschreibe (Seite 198). In solchen Situationen, sowie direkt vor einem Weltcup, mag die Ernährung diesen großen Einfluss haben, überall sonst bestimmt das Training Ihre Entwicklung!

Die Peak-Ernährung greift, wie jede andere strategische Form der Sporternährung, einen Schritt weiter als das Peak-Training in Ihr privates und gesellschaftliches Leben ein! Sie ist somit vor allem für Fortgeschrittene und Profis konzipiert, für die mit Training und auch mit Optimierung der mentalen Ressourcen nicht mehr viel „geht". Für alle anderen gilt aber: Optimieren Sie zuerst Ihr Training und die anderen Komponenten des Peak-Prinzips, und steigen Sie erst nach und nach in dieses Kapitel ein.

Neue Wege beschreiten

Die Peak-Ernährung gehört, neben dem Peak-Training und der mentalen Komponente, zu den Grundsäulen des Peak-Prinzips. Mit ihr verlassen Sie den Pfad der herkömmlichen kohlenhydratbetonten „Sporternährung" und erschließen neue Wege, die strategisch perfekt auf das Peak-Training abgestimmt sind!

Das „Making of" meiner Peak-Ernährung

Die Peak-Ernährung ist eine ausgeklügelte Ernährungsstrategie, mit der es gelingt, ausschließlich die positiven Effekte aller Nährstoffe zu nutzen und die negativen

zu umgehen. So haben sowohl Fett als auch Eiweiß und Kohlenhydrate ihren Platz und ihre Berechtigung in der Peak-Ernährung. Sie alle erfüllen, strategisch eingesetzt, ihren Zweck für Muskelwachstum und Fettverbrennung.
Wie im einleitenden Bericht „Mein Weg zu 4,4% Körperfett" ersichtlich ist, begann mein Weg zur jetzigen Form der Peak-Ernährung mit Versuchen und zahlreichen Fehlern. Aber wo ein Wille ist, da ist auch ein Weg: Und wie beschrieben, entstanden aus Büchern, Berichten, einer großen Zahl von E-Mails und Beratungen vor Ort mit Doris Giselbrecht, Klaus Arndt, Jan Prinzhausen und Dr. Mauro DiPasquale im Winter 2003 die Grundlagen dieses Kapitels. Aber auch zahlreiche „virtuelle Sparringpartner", die ich in verschiedenen Internetforen bei Ihrer erfolgreichen Umsetzung der Peak-Ernährung in den letzten Monaten coachen durfte, lieferten mir noch wertvolle Erfahrungswerte aus der Praxis. Ihnen allen gilt mein Dank!

Der Amerikaner Dr. Mauro DiPasquale ist der eigentliche „Erfinder" der fett-eiweißbetonten Kraftsporternährung. Di Pasquale selbst gewann mit einer „Urform" seiner „Anabolen Diät" 1976 den Weltmeistertitel im Powerlifting (Kraftdreikampf). Er studierte anschließend Medizin und veröffentlichte 1995 sein erstes Buch „The Anabolic Diet". Das deutschsprachige Buch von Arndt und Korte entspricht einer überarbeiteten Übersetzung. Ziel der „Anabolen Diät", welche DiPasquale 2002 unter dem Namen „Metabolic Diet" weiterentwickelte, ist eine natürliche Steroidalternative für Kraftsportler und Bodybuilder.
Wie „Profileser" unschwer erkennen werden, orientiert sich die Peak-Ernährung am Grundmuster dieser „Metabolen Diät". Die Peak-Ernährung ist sozusagen ein „Best of" von teilweise wenig verbreiteten, aber sehr erfolgreichen Ansätzen strategischer Ernährungsformen für den Kraftsport.

Kriterien für erfolgreiche Kraftsportler-Ernährung

- Muskel- und Kraftzuwachs: Der durch Training stimulierte Muskel- und Kraftaufbau soll durch die Nährstoffe optimal gefördert werden.
- Fettabbau: Zugleich soll die Ernährung den Abbau von Körperfett unterstützen oder zumindest eine weitere Einlagerung verhindern.
- Leistung und Regeneration: Die Zusammensetzung der Nährstoffe soll so gewählt sein, dass sie an Trainingstagen die Leistungsbereitschaft erhöht und in Ruhephasen den Regenerationsprozess fördert.
- Konstante Energiebereitstellung: Es dürfen keine Versorgungslücken auftreten, die den Körper schwächen bzw. das Muskelwachstum und die Regeneration negativ beeinflussen.
- Gesundheit: Um langfristig praktiziert werden zu können, muss die Ernährung ausgewogen und gesund sein. Der Körper darf auf lange Sicht nicht einem Mangel an bestimmten Makro- oder Mikronährstoffen ausgesetzt sein.

Die meisten herkömmlichen Ernährungsformen scheitern, da sie nicht *all* diesen Ansprüchen gerecht werden können.

So ist die weit verbreitete fettarme bzw. kohlenhydratbetonte Ernährung zwar zur raschen Gewichtsreduktion gut geeignet. Aber bei Kalorienreduktion und gleichzeitigem Verzicht auf Nahrungsfett oder schlimmer, ausreichend Eiweiß, führt zu einem massiven Verlust an Muskelmasse. Der Körper versucht, sich zu schützen, indem er an seinem Speicherfett festhält – schließlich wird ihm im Wesentlichen Fett vorenthalten –, und verwendet zur Energiebereitstellung so hauptsächlich Muskelprotein.

Was für „gewöhnliche" Menschen noch einigermaßen zu akzeptieren ist, gleicht für einen ambitionierten Athleten einer Katastrophe. Zusätzlich zum Verlust an Muskelmasse bleiben Leistungsfähigkeit und Wohlbefinden auf der Strecke. Bereits nach kurzer Zeit muss die Ernährung wieder umgestellt werden und der berüchtigte Jojo-Effekt kommt zum Tragen.

Massephasen und Definitionsphasen wechseln sich ab, wobei meist der Großteil der zunächst mühsam aufgebauten Muskulatur gemeinsam mit dem Körperfett wieder verloren geht. Am Ende eines Jahres kommen viele Athleten genau dort an, wo sie bereits waren, egal, wie hart sie für ihre Entwicklung gearbeitet haben.

Auch Ernährungsansätze wie die Atkins-Diät, die auf Kohlenhydrate beinahe komplett verzichten, sind langfristig keine Lösung für Kraftsportler und Bodybuilder. Eine individuell angepasste Menge an Kohlenhydraten ist vor allem hinsichtlich des allgemeinen Energielevels absolut sinnvoll. Aber dazu später mehr!

Die meisten „Sporternährungen" erfordern zudem eine fast schon unmenschliche Disziplin und Askese. Die Liste der Verbote ist endlos, die des Erlaubten dafür aber umso kürzer. Hunger und Unzufriedenheit sind ständige Begleiter, das vermeintliche Zauberwort lautet „Verzicht".

Wie Sie im folgenden sehen werden, muss das alles nicht sein!

Um die Peak-Ernährung zu verstehen, ist es wichtig, das Wesentlichste über die Nährstoffe zu wissen. Deshalb werden Sie in diesem Kapitel auch alles Notwendige über Kohlenhydrate, Eiweiß und Fett erfahren.

Die 10 Vorteile der Peak-Ernährung

Die Peak-Ernährung wird jedem Anspruch, den ein Kraftsportler oder Bodybuilder an eine langfristig praktizierbare Ernährungsform haben kann, gerecht. Sie ist die einzige, die eine echte Steroidalternative darstellt und sich mühelos in den gesellschaftlichen Alltag integrieren lässt. Doch urteilen Sie selbst!

- Optimales Muskelwachstum durch gezielte Steuerung des Hormonhaushalts
- Vermeidung kataboler Phasen durch strategischen Einsatz von Kohlenhydraten
- Beschleunigte Regeneration
- Erhöhte Leistungsbereitschaft durch Timing der Nahrungsaufnahme
- Effektive Fettverbrennung durch eine Stoffwechseladaption
- Reduktion des Körperfettanteils sogar während des Muskelaufbaus
- Vermeidung von Heißhunger, Ernährungsstress und Unzufriedenheit
- Gesunder Lebensstil durch Berücksichtigung aller wichtigen Makro- und Mikronährstoffe und Wahl der Lebensmittel
- Keine Diät, sondern eine langfristige Ernährungsform und Lebensstil zugleich!
- Für sportliche Höchstleistungen konzipiert und perfekt auf das zyklische Peak-Training abgestimmt

Wie bei jeder strategisch optimierten Ernährungsform ist auch hier ein gewisses Maß an Disziplin notwendig. Sie werden allerdings bemerken, dass es im Vergleich zu anderen Ernährungsformen sehr leicht fällt, diese Disziplin auch langfristig zu wahren, da Sie unter Berücksichtigung des richtigen Zeitpunkts so gut wie alles essen dürfen und niemals mit Heißhungerattacken zu kämpfen haben.

Gesundes Fett – Basis der Peak-Ernährung

Die folgenden Angaben zu den Fettsäuren stammen im Wesentlichen aus dem Buch THE ANABOLIC SOLUTION von Dr. Mauro DiPasquale, der sich eingehend und auf Grundlage neuester Studien mit dieser Thematik befasst hat. Gemeinsam mit Dr. DiPasquale vertrete ich die Ansicht, dass gesättigte Fettsäuren im Rahmen einer fett-eiweißbetonten Ernährungsweise nicht schädlich sind. Auch Klaus Arndt, der in seinem Buch DIE ANABOLE DIÄT ebenfalls eine fettreiche Ernährungsform präsentiert, sieht in einem für manche vielleicht überraschend hohen Anteil an gesättigten Fettsäuren keinerlei Gefahr. Selbst die damit in Verbindung gebrachte Frage des erhöhten Cholesterinspiegels verliert in der heutigen Ernährungswissenschaft immer mehr an Bedeutung. Die gesundheitsgefährdenden Gefäßablagerungen sind letztlich eine Frage der Oxidation und können durch eine ausreichende Zuführung von Antioxidantien vollständig vermieden werden.

Letztendlich bleibt die Aufgliederung des Nahrungsfetts auf bestimmten Lebensmitteln Ihnen überlassen, das heißt, die hier vorgeschlagenen Mengen an gesättigten Fettsäuren sind kein *Muss* der Peak-Ernährung. Nach aktuellen Erkenntnissen sind gesättigte Fettsäuren aber als „neutral" einzuschätzen, also hinsichtlich der Gesundheit weder schädlich noch förderlich.

In der Peak-Ernährung ist Fett der Hauptenergieträger. Mit 9,3 Kilokalorien pro Gramm (kcal/g) Energiewert ist Fett mit Abstand der energiereichste bzw. kompakteste Nährstoff. Was für die normale Ernährung ein Problem darstellen könnte, erweist sich in der Peak-Ernährung als großer Vorteil; denn durch die hohe Energiedichte können Sie die Kalorienaufnahme problemlos durch das Hinzufügen oder Weglassen relativ geringer Fettmengen steuern.

Lebenswichtige Funktionen von Fett und Fettsäuren

Es gibt eine Reihe von essenziellen Fettsäuren, die der menschliche Körper nicht selbst herstellen kann und die deshalb in ausreichender Menge über die Nahrung zugeführt werden müssen. Sie sind Bausteine für die Bildung der Zellmembrane, sowie Teil der Struktur der Netzhaut und der Synapsen. Fette sind zudem wichtig für die Verwertung der fettlöslichen Vitamine A, D, E und K und werden vom Körper für die Bildung von Hormonen verwendet.

Natürliche Fette (Triglyceride) bestehen aus einem Molekül Glycerin, an dem drei Fettsäuren von gleicher oder unterschiedlicher Art hängen. Alle langkettigen Triglyceride werden im Darm durch das in der Bauchspeicheldrüse erzeugte Enzym Lipase gespalten. Die Bestandteile werden von der Darmwand resorbiert und dann wieder zusammengesetzt. Die Fette gelangen über die Lymphbahnen schließlich ins Blut und können vom Körper verwertet oder eingelagert werden.

Gesättigte Fettsäuren

Diese Fettsäuren sind ein wichtiger Bestandteil der Peak-Ernährung, und machen ein Drittel (bei Fisch) bis die Hälfte (bei Rindfleisch) des Fettanteils von tierischen Lebensmittel aus.
Sie reagieren aufgrund ihrer Molekularstruktur widerwillig mit anderen Stoffen. Das Märchen „Fett macht fett" hält sich gerade bei dieser Form des Fetts am hartnäckigsten. Doch keine Angst! In der Peak-Ernährung dient Nahrungsfett, egal welcher Art, fast ausschließlich als Energieträger und wird verbrannt, bevor es eingelagert werden kann.
Gesättigte Fettsäuren genießen nach wie vor einen eher zweifelhaften Ruf. Doch es gibt normalerweise keinen wirklichen Grund, sie zu meiden. Unabhängig davon, welche Ernährungsform Sie praktizieren: Für einen gesunden Organismus geht

von gesättigten Fettsäuren laut neuesten Studien keinerlei Gefahr aus, sofern das Verhältnis zu ungesättigten Fettsäuren ausgeglichen ist.

Sollten Sie dennoch Bedenken haben: Im Ernährungsmärchen „Ohne rotes Fleisch geht gar nichts!" (in diesem Kapitel) finden Sie Varianten der Peak-Ernährung, bei denen Sie auf diese Art der Fette weitgehend verzichten können.

Einfach ungesättigte Fettsäuren

Ungesättigte Fettsäuren sind reaktionsfreudiger als gesättigte, und werden vom Körper für organische Bauprozesse eingesetzt. Sie gelten gemeinhin als gesünder, führen im Übermaß jedoch zu einer erhöhten Bildung von freien Radikalen, die – gerade aufgrund ihrer Reaktionsfreudigkeit – Zellschädigungen verursachen können. Die wichtigste einfach ungesättigte Fettsäure ist Ölsäure.

Spitzenreiter ist mit einem Anteil von 76% an einfach ungesättigten Fettsäuren das Olivenöl. Aber auch Avocados enthalten viel gesunde Ölsäure. Das ist alles andere als nebensächlich, da hinsichtlich der Gesundheit nicht die Menge an Fett, sondern das Verhältnis der verschiedenen Fettsäuren entscheidend ist. Olivenöl und Avocados gehören deshalb zu den absoluten Basislebensmitteln meiner Peak-Ernährung! Außerdem bleibt Olivenöl, im Gegensatz zu den im nächsten Abschnitt genannten Ölen auch beim vorsichtigen Erhitzen stabil.

Wichtige Lebensmittel mit einfach ungesättigten Fettsäuren sind außerdem Rindfleisch, Schweinefleisch, Lammfleisch, Geflügel, Milch, Milchprodukte, Eier, einige Fische (Aal und Forelle), Rapsöl, Haselnussöl, Erdnussöl, Mandeln und Pistazien.

Mehrfach ungesättigte Fettsäuren

Mehrfach ungesättigte Fettsäuren sind an sich sehr gesund, doch leider auch sehr instabil. Dies bedeutet, dass es im Körper beim Konsum größerer Mengen mehrfach ungesättigter Fettsäuren zu einer verstärkten Freisetzung von sogenannten freien Radikalen, die erhebliche Zellschädigungen verursachen können, kommt. Es ist daher notwendig, den Organismus mit ausreichend Antioxidantien zu versorgen, die die freien Radikale unschädlich machen. Dazu gehören besonders die Vitamine E und C, sowie Beta-Karotin und das Spurenelement Selen.

Vitamin E gehört bei mir schon seit Jahren zu den „Basis-Supplementen". Zwischen 400 und 600 I.E. täglich helfen dem Körper vor allem auch den Stress des Trainings besser zu verkraften. Schon früh wies mich Trainer Julius Benkö, in Verbindung mit den positiven Auswirkungen auf meine CK-Werte, auf dieses Vitamin hin.

Bei mehrfach ungesättigten Fettsäuren bedarf es der Unterscheidung zwischen Omega-3- und Omega-6-Fettsäuren. Hier ist das richtige Verhältnis in den Lebensmitteln entscheidend! Das ideale Verhältnis von Omega-6 zu Omega-3 beträgt 5:1. Trotzdem nehmen wir meist zuviele Omega-6- und zu wenig Omega-3-Fettsäuren zu uns. Letztere weisen entzündungshemmende Eigenschaften auf.
Reich an Omega-3-Fettsäuren sind Lein-, Walnuss- und Rapsöl. Im Gegensatz dazu sollten Sie andere pflanzliche Öle (Sonnenblumen-, Mais- und Distelöl) aufgrund ihres hohen Omega-6-Gehalts möglichst meiden! Die einfachste und gesündeste Form einer optimalen Omega-3-Aufnahme lautet aber: Fisch, egal ob Lachs, Hering, Makrele, oder Sardine (auch in Dosen). Eine gute Alternative für Unterwegs sind Fischölkapseln.

Bei ungesättigten Fetten in tierischen Lebensmitteln also z.B. in Fleisch und Eiern entscheidet die Fütterung des Tieres. Grünfütterung führt zu einem besseren und somit gesünderen Verhältnis von Omega-6- zu Omega-3-Fettsäuren. Freilandeier direkt vom Bauern und vor allem Wildfleisch können also sehr wohl einen Unterschied ausmachen!

Zwar bevorzuge ich klar heimische Produkte, aber natürlich kaufe ich auch nicht alle Lebensmittel direkt beim Bauern! An Tagen, an denen kein Fisch auf meinem „Speiseplan" steht, gleiche ich den drohenden Omega-6-Fettsäure-Überschuss jedoch mit 2 bis 3 Esslöffeln Leinöl und einigen Fischölkapseln aus. In Vollfett-Topfen (Quark) eingerührt, wird Leinöl übrigens durch dessen gesättigtes Fett stabilisiert. Ideal somit für den Snack zum Mitnehmen!

Das Problem mit Leinöl, dem wichtigsten Lebensmittel mit Omega-3-Fettsäuren ist seine hohe Oxidationsrate. Die Beigabe von Vitamin E direkt nach dem Öffnen wirkt stabilisierend. Rapsöl ist stabiler, beinhaltet dafür weniger der gewünschten Omega-3-Fettsäuren. Generell sollten Sie keinerlei altes Fett oder Öle, die bereits längere Zeit offen stehen, konsumieren. Schon bevor Öl ranzig riecht, beginnt sich seine chemische Struktur zu verändern, da es mit dem Sauerstoff der Luft oxidiert. Besonders Leinöl sollte nach dem Öffnen im Kühlschrank aufbewahrt und rasch verbraucht werden!

Trans-Fettsäuren (gehärtetes Fett)

Trans-Fettsäuren sind grundsätzlich zu meiden! Die ab einer gewissen Tagesdosis äußerst ungesunden Fettsäuren kommen in der Natur lediglich im Fett von Wiederkäuern und daher auch in Butter und Käse vor. Allerdings wurde für Milchprodukte von Seiten der Wissenschaft in dieser Hinsicht bereits Entwarnung gegeben.

Bedenklicher ist, dass trans-Fettsäuren ein Nebenprodukt der Fetthärtung sind und so bei der industriellen Verarbeitung von ungesättigten Fettsäuren entstehen. Vor allem Margarine, Back- und Bratfette, sowie damit hergestellte Lebensmittel weisen einen hohen Anteil an trans-Fettsäuren auf und sollten nach Möglichkeit gemieden werden. Fast Food, Pommes Frites, Chips, Blätterteig, Kekse, Haselnusscreme und Fertiggerichte sind somit nicht unbedingt zu empfehlen!
Trans-Fettsäuren stehen unter Verdacht, die Wirkung von Insulin und Testosteron zu hemmen und die Fettsynthese anzuregen. Neben den gesundheitlichen Gefahren wird also auch die Regeneration nach dem Training empfindlich gestört.

Ob ein Produkt trans-Fettsäuren enthält, lässt sich einfach feststellen: Überall, wo gehärtete Fette oder Öle als Inhaltsstoffe aufscheinen, sind mit Sicherheit trans-Fettsäuren enthalten.
Dasselbe gilt – in geringerem Maß – auch für industriell verarbeitete Pflanzenöle. Pflanzliches Fett, das bei Raumtemperatur fest ist, enthält einen höheren Anteil an trans-Fettsäuren, als solches, das flüssig ist.

Ist so viel Nahrungsfett nicht ungesund?

Die meisten Ärzte sind – zu Recht – gegen eine rein fett-eiweißreiche Ernährung wie die Atkins-Diät, die auf Kohlenhydrate nahezu gänzlich verzichtet. Im Gegensatz dazu sind immer mehr Ärzte offen für eine fett-eiweißreiche und kohlenhydratmoderate Ernährungsweise wie die Peak-Ernährung – vor allem im Sport.

Für viele gesundheitsbewusste Menschen ist vor allem die Gefahr eines dauerhaft erhöhten Harnsäurewertes im Blut einer der Gründe, Fleisch zu meiden oder sich sogar rein vegetarisch zu ernähren. Angeblich würden besonders der Fleisch- und Fischkonsum bzw. tierisches Fett die Harnsäurekonzentration erhöhen, was bei langfristig hohen Werten zu Gicht führen könne.
Doch das Gegenteil ist der Fall! Nicht nur Fisch und Fleisch erhöhen die Harnsäurekonzentration, sondern auch Gemüse und viele pflanzliche Nahrungsmittel. Die höchsten Werte – ich messe sie zu Hause regelmäßig selbst – habe ich immer nach Ladetagen. Nach ein bis zwei fett-eiweißreichen Tagen sind die Harnsäurewerte dagegen wieder extrem niedrig.
Aus eigener Erfahrung kann ich nur sagen: Mein Harnsäurewert liegt fast ständig im untersten Referenzbereich. Auch mein Gesamtcholesterin hat sich zwar erhöht, zugleich hat sich jedoch das gute HDL verdoppelt! Das Verhältnis zwischen HDL und LDL ist somit weit besser als vor dem Start der Peak-Ernährung im Frühsommer 2003. Wäre die Peak-Ernährung für mich nicht auch langfristig gesundheitlich vertretbar, würde sie für mich ohnehin überhaupt nicht in Frage kommen!

Auch Sie werden kein Problem damit haben, ausreichend „gesundes" Fett zu sich zu nehmen. Vom Fleisch bis hin zum Leinöl ist in dieser sehr abwechslungsreichen Ernährungsform alles erlaubt, solange Sie nur auf ein vernünftiges Verhältnis achten und den trans-Fettsäuren aus dem Weg gehen.

Wie einfach die tägliche, gesunde Deckung des Fettbedarfs in der Peak-Ernährung ist, veranschaulicht ein kleiner Beispielplan für einen fettreichen Tag:
- 3 Esslöffel Leinöl (300 kcal)
- 3 Esslöffel Olivenöl (300 kcal)
- 1 große Avocado (400-500 kcal)
- 2 Lachsfilets à 100g (400 kcal)
- 50 Gramm Nüsse (300 kcal)

Damit wären bereits 1.500 kcal gedeckt, die fast ausschließlich aus Fett bestehen! Doch lassen Sie sich überraschen! Mehr dazu im Kapitel „Peak-Ernährung in der Praxis".

Kohlenhydrate – strategische Geheimwaffe

Kohlenhydrate sind der entscheidende strategische Faktor in der Peak-Ernährung. Ihr Energiewert beträgt 4,1 Kilokalorien pro Gramm. Im Unterschied zu Fett- und Aminosäuren gibt es keine essenziellen Kohlenhydrate. Der Körper ist jederzeit in der Lage, durch Gluconeogenese Glucose (Traubenzucker, die Form des Zuckers im Blut) selbst herzustellen.

Einfach-, Zweifach- und Mehrfachzucker

Kohlenhydrate werden je nach Komplexität der Moleküle in Einfachzucker (Monosaccharide), Zwei- und Mehrfachzucker (Disaccharide und Oligosaccharide) und Vielfachzucker (Polysaccharide) eingeteilt. Einfachzucker besteht aus einem einzelnen Zuckermolekül, Mehrfachzucker aus zwei bis neun Einfachzuckermolekülen, und Vielfachzucker aus bis zu vielen tausenden Einfachzuckermolekülen.

wichtige Einfachzucker	Glucose (Traubenzucker)
	Fructose (Fruchtzucker)
wichtige Zweifachzucker	Laktose (Milchzucker)
	Maltose (Malzzucker)
	Saccharose (Rohr- und Rübenzucker)
wichtige Vielfachzucker	Glykogen (Speicherform von Zucker im Körper)
	Stärke (Speicherform in Pflanzen)

Blutzucker für konstante Energiebereitstellung

Der Körper hält seinen Blutzuckerspiegel stets in engen Grenzen. Ein stabiler Blutzucker ist für eine konstante Energiebereitstellung für Muskeln und Gehirn und so auch für Ihre Leistungsfähigkeit im Training äußerst wichtig. Überschüssiger Blutzucker aktiviert das Speicherhormon Insulin, das die Zuckermoleküle in Form des Vielfachzuckers Glykogen einlagert.

Im Körper kann nur eine relativ geringe Menge von Kohlenhydraten als Glykogen gespeichert werden. Dabei beträgt das Speichervolumen der Leber ca. 150 Gramm, das der Muskulatur 300 bis 400 Gramm. Das Leberglykogen hat eine blutzuckerregulierende Funktion und versorgt das Gehirn mit Energie, während das Muskelglykogen ausschließlich der Energieversorgung der Muskulatur dient.

Sind die Glykogenspeicher gefüllt, wandelt der Körper die noch verbleibende Glucose in Fett um und lagert es – ebenfalls mit Hilfe des Insulins – in den Körperfettdepots ein. So gesehen macht es somit wenig Sinn, mehr Kohlenhydrate zu essen, als zur unmittelbaren Energiebereitstellung und zum Auffüllen der Speicher auch notwendig sind.

Für den Körper sind Kohlenhydrate der einfachste und schnellste Weg der Energiegewinnung. Deshalb werden die Glykogenspeicher immer als erstes aufgebraucht, noch bevor körpereigenes Fett oder auch Eiweiß herangezogen werden. Die weit verzweigte Struktur des Glykogens gewährleistet eine schnelle Verfügbarkeit der Energie: An jedem der zahlreichen Enden kann gleichzeitig ein Glucosemolekül enzymatisch abgetrennt und zur Verbrennung freigesetzt werden.

Kohlenhydrate als Insulinauslöser

Für die strategische Nutzung der Kohlenhydrate in der Peak-Ernährung ist weniger die Kettenlänge eines Zuckers, als der glykämische Index (GI) von höchstem Interesse. Er gibt an, wie stark die Insulinreaktion auf bestimmte Kohlenhydrate und komplexe Lebensmittel ausfällt. Näheres zu Insulin, dem stärksten aller anabolen (aufbauenden) Hormone, finden Sie später in diesem Kapitel.

Der glykämische Index einer Mahlzeit ist nicht nur von der Art der Kohlenhydrate abhängig. Die Insulinantwort fällt weniger intensiv bzw. langsamer aus, wenn es sich um eine gemischte Mahlzeit handelt, die auch Fett und Eiweiß enthält, oder wenn das Lebensmittel ballaststoffreich ist. Dies verlangsamt den Stoffwechsel im Allgemeinen, so dass Kohlenhydrate weniger rasch in Form von Glucose ins Blut gelangen.

Eine Ausnahme bilden freie Aminosäuren, wie sie in verschiedenen Aminosäuresupplementen enthalten sind. Da das Eiweiß in dieser Form bereits aufgespalten ist, verlangsamen freie Aminosäuren den Stoffwechsel nicht und können problemlos zusammen mit schnellen Kohlenhydraten konsumiert werden.

In der Peak-Ernährung kommen sowohl langsame, als auch schnelle Kohlenhydrate zum Einsatz, immer jedoch *gezielt* und *strategisch*. Mehr dazu aber später.

Langsame (komplexe) Kohlenhydrate mit niederem GI
Vollkornbrot, Obst, Gemüse (bes. Hülsenfrüchte), Getreideflocken, Müsli, Trockenfrüchte, Vollkornteigwaren (Vollkornnudeln)

Schnelle (konzentrierte) Kohlenhydrate mit hohem GI
Weißbrot, Toast, weißer Reis, Nudeln, Kekse, Bananen, Kuchen, Marmelade, Sirup, Süßigkeiten, Haushaltszucker, Honig

Eine Übersicht über den glykämischen Index (GI) verschiedener Lebensmittel finden Sie im Anhang auf Seite 206.

Ketose – Das Fettverbrennungswunder?

„Kalorien zählen nicht, wenn nur die Kohlenhydrate unter 30 Gramm pro Tag reduziert werden!" – „Toter durch Atkins-Diät!".
Kommen Ihnen die Schlagzeilen etwa bekannt vor? Hinter beiden Aussagen steht im Bericht unter der Überschrift oft ein und dasselbe Zauberwort: Ketose. Die Fett-Eiweiß-Apostel propagieren mit eben diesem Vorgang ein physikalisches Wunder, während die Gegenfront von „tödlicher Gefahr" spricht. Was soll das? Lassen Sie mich erklären...

Ketose ist der Zustand einer überhöhten Konzentration an Ketonkörpern im Blut. Dieser Sammelbegriff umfasst Zwischenprodukte des Fettstoffwechsels (Aceton, β-Ketobuttersäure und β-Hydroxybuttersäure), die in der Leber gebildet werden. Da Ketonkörper schnell weiterverarbeitet werden, ist deren Konzentration im Blut normalerweise gering. Bei einem Mangel an Kohlenhydraten werden aber zur Notversorgung vermehrt Ketonkörper aus Körperfettreserven hergestellt, wodurch sich ihre Konzentration im Blut stark erhöht.

Eine länger andauernde Ketose birgt die Gefahr einer Säurevergiftung des Körpers in sich (Ketoazidose), die von Störungen des Zentralnervensystems bis hin zur Bewusstlosigkeit führen kann.
Durch hohe Flüssigkeitsaufnahme werden die überschüssigen Ketonkörper weitgehend über den Urin wieder ausgeschieden. Eine Rückverarbeitung in Körperfett ist nicht möglich. Eben hier liegt das „Argument" der Atkins-Liga.

Der Nutzen der Ketose ist jedoch sehr gering: Gerade einmal 100 Kalorien können so maximal täglich „mobilisiert" werden! Viel Risiko für den „Gegenwert" eines Spaziergangs, finden Sie nicht?

Klar ist somit, dass auch bei einer fast völlig kohlenhydratefreien „Atkins-Diät" die Kalorien sehr wohl zählen, auch wenn deren „Urheber" teilweise anderes behaupten! Es ist für einen ausgezeichneten Fettstoffwechsel und die damit verbundene Körperfettreduktion absolut nicht notwendig, weniger als 50-70 Gramm Kohlenhydrate zu sich zu nehmen. Ketose bringt einfach keine Vorteile, dafür aber Gesundheitsrisiken mit sich.

Einmal mehr: Die Kalorien haben *immer* das letzte Wort, unabhängig von Ihrer Ernährungsform! Die im Zusammenhang mit einer fettreichen Ernährung meist propagierte Ketose zur Körperfettreduktion spielt in der Peak-Ernährung keine Rolle. Selbst Klaus Arndt, der prominenteste Verfechter der ketogenen Ernährung räumt in seinem Buch REZEPTE FÜR DIE ANABOLE DIÄT ein, dass messbare Ketonkörper nicht notwendig sind.

Ja! Sie werden mit der Peak-Ernährung und entsprechendem Training, genau wie ich, selbst mit einer leicht erhöhten Wochen-Kalorienanzahl muskulöser werden und reichlich Körperfett verlieren. Ihr Körper bekommt genügend Nahrungsfett und hat, im Gegensatz zu einer fettarmen und kohlenhydratbetonten Ernährung keinen Grund mehr, sich an den überflüssigen Reserven festzuklammern. Extremmaßnahmen sind aber auch bei dieser Ernährungsform gefährlich und kontraproduktiv!

Eiweiß – Baustoff der Muskulatur

Eine ausreichende Eiweißversorgung ist die Schlüsselkomponente für den Muskelaufbau, deren Reparatur und Regeneration. Eiweiß besitzt einen Energiewert von 4,1 Kilokalorien pro Gramm.

Aufbau von Eiweiß

Eiweiß kann aus 20 verschiedenen Aminosäuren aufgebaut sein. Diese gliedern sich in essenzielle und nichtessenzielle. Beide Arten sind wichtig, der Unterschied liegt darin, dass der Körper essenzielle Aminosäuren nicht selbst herstellen kann, und sie deshalb in der benötigten Form über die Nahrung aufgenommen werden müssen. Nichtessenzielle Aminosäuren werden vom Körper selbst hergestellt.

Im Verdauungsprozess wird das zugeführte Eiweiß in die einzelnen Aminosäuren aufgespalten, die frei in den Blutkreislauf gelangen und zur Synthese von körpereigenem Eiweiß zur Verfügung stehen.

Eine zu geringe Eiweißzufuhr führt zu Versorgungslücken und in in der Folge zu katabolen Zuständen. Wie Sie die ideale Eiweißmenge pro Tag ermitteln, erfahren sie im Kapitel „Peak-Ernährung in der Praxis" auf Seite 124.

Ein Hinweis für Skeptiker: Die wirklich extrem hohen Eiweißmengen, die in „Profi-Ernährungsplänen" in einschlägigen „Fachmagazinen" oft angegeben werden (bis zu 4 Gramm pro kg Körpergewicht), können ohne Steroide vom Körper unmöglich in Muskelmasse umgewandelt werden. Der Körper weiß nichts damit anzufangen und wandelt den Überschuss in Glucose (also Kohlenhydrate) um. Beim diesem Eiweißstoffwechsel entstehen Harnstoffe, die über die Nieren ausgeschieden werden. Zu hohe Eiweißmengen können also langfristig die Nieren unnötig belasten!

Unser Körper kann nur eine begrenzte Menge an Eiweiß auf einmal resorbieren. 50 Gramm reines Eiweiß gilt hier als absolute Obergrenze, die mit der Aufnahme einer Mahlzeit verarbeitet werden kann. Es ist daher nicht möglich, den gesamten Bedarf mit nur ein bis zwei Mahlzeiten täglich zu decken, egal wie viel Eiweiß Sie dabei zu sich nehmen.

Die Wertigkeit von Eiweißquellen

Für den Muskelaufbau werden verschiedene Aminosäuren benötigt. Eine Eiweißquelle ist umso wertvoller, je mehr Aminosäuren unmittelbar in Muskelprotein umgewandelt werden können.
Ausschlaggebend sind Vielfalt und das Mengenverhältnis der Aminosäuren einer Eiweißquelle sowie der Anteil an essenziellen Aminosäuren und die chemische Ähnlichkeit des Eiweißes mit körpereigenem Protein. Dies ist der Hauptgrund, weshalb tierisches Protein in der Regel hochwertiger ist als pflanzliches. Als Richtwert empfiehlt sich eine Kombination aus 50 bis 60% tierischem und 40 bis 50% pflanzlichem Eiweiß.
Zur Relation in der Bewertung: Ein Voll-Ei wird mit der Wertigkeit 100 angegeben.

BCAAs – Verzweigtkettige Aminosäuren

Wegen ihrer Molekularstruktur werden die drei essenziellen Aminosäuren Leucin, Isoleucin und Valin als verzweigtkettig bezeichnet (engl. BCAA – branched chain amino acid). BCAAs gehören mit einem Anteil von 35% am Muskelprotein zu den wichtigsten Bausteinen für jeden Kraftsportler. Sie fördern das Muskelwachstum zudem durch eine erhöhte Ausschüttung von Insulin, Testosteron und Wachstumshormon und beugen katabolen Zuständen nach harten Trainingsbelastungen vor.

Molkenprotein (Wheyprotein)

Molkenprotein hat mit 104 die höchste biologische Wertigkeit aller Proteine. Es verfügt über einen sehr hohen Anteil an BCAAs (Leucin, Isoleucin und Valin). Molkeprotein wird äußerst schnell verarbeitet, sodass die einzelnen Aminosäuren schnellstens ins Blut gelangen und zur Aufnahme in die Zellen bereitstehen. Die schnelle Resorption im Magen-Darm-Trakt minimiert eventuelle Magenprobleme und verhindert ein unangenehmes Völlegefühl während des Trainings.

Kasein

Kasein besitzt mit 77 eine relativ niedrige biologische Wertigkeit. Allerdings verfügt es über einen hohen Anteil an L-Glutamin, das bei der Proteinsynthese eine wichtige Rolle spielt, indem es den Flüssigkeitshaushalt der Zelle reguliert.

Kasein wird sehr langsam verdaut, wodurch es perfekt für eine lang anhaltende Proteinbereitstellung nach einer intensiven Trainingsbelastung geeignet ist und über Stunden Katabolie verhindert. In dieser Eigenschaft eignet es sich auch bestens zur nächtlichen Aminosäurenbereitstellung.

Im Gegensatz zu Molkenprotein weist Kasein einen hohen Milchzuckeranteil von 4-10 Prozent auf. Athleten mit Milchzuckerunverträglichkeit könnten durch die Kasein-Einnahme somit Verdauungsbeschwerden bekommen.

Hormone

Neben den Nährstoffen sind auch körpereigene Hormone ein entscheidender Faktor der Peak-Ernährung. Sie steuern und beeinflussen Leistung und Regeneration, aber auch im Alltag entscheidende Prozesse. Eben diese Vorgänge durch eine strategische Ernährung auf natürlichem, dopingfreiem Weg zu optimieren, ist eines der Hauptziele der Peak-Ernährung.

Insulin strategisch nutzen

Insulin ist ein Hormon, das in der Bauchspeicheldrüse gebildet wird. Es reguliert den Blutzuckergehalt und versorgt die Zellen mit Nährstoffen. In dieser Funktion stellt es den Muskeln Energie zur Verfügung und fördert die Aufnahme von Aminosäuren zur Proteinsynthese in der Muskulatur. Zugleich fördert es auch die Aufnahme und Speicherung von Fettsäuren in den Körperfettzellen.

Die Insulinausschüttung ist abhängig von der Art und Menge der aufgenommenen Kohlenhydrate. Eine hohe Insulinaktivität bewirkt einerseits eine schnelle, effektive Nährstoffversorgung der Zellen, allerdings macht sie andererseits müde und beeinträchtigt dadurch die Leistungsfähigkeit.

Durch die Peak-Ernährung wird die Insulinausschüttung zeitlich so gesteuert, dass deren aufbauende Wirkung – Energiebereitstellung und Proteinsynthese – gezielt genutzt, die Fettspeicherung dagegen gezielt verhindert wird.

Die Peak-Ernährung bewirkt nicht nur die gezielte Insulinausschüttung, sondern verbessert auch die Insulinempfindlichkeit. Da während der gesamten Woche nur sehr wenig Insulin benötigt wird und der Insulinspiegel generell sehr niedrig ist, reagiert der Organismus umso stärker auf Insulinpeaks nach dem Training und die hohen Insulinmengen am Ladetag. Dadurch wird der anabole Effekt des Insulins im Vergleich zu herkömmlichen kohlenhydratreichen Ernährungsformen gesteigert und die Versorgung der Zellen beschleunigt und verbessert.

Starke Blutzucker- bzw. Insulinschwankungen, die bei jeder kohlenhydratreichen Ernährung an der Tagesordnung sind, führen zu Leistungs- und auch Stimmungsschwankungen. Durch die kontrollierte Kohlenhydrataufnahme und konstanten Blutzuckerspiegel während der fett-eiweißreichen Tage sind solche psychischen Belastungen in der Peak-Ernährung ausgeschlossen.

Achtung Insulinfalle!
So nützlich ein hoher Insulinspiegel ist, wenn man ihn braucht, so sehr kann er zum falschen Zeitpunkt schaden. Insulin sorgt für eine schnelle und effektive Einlagerung aller Nährstoffe, weshalb eine Kollision zwischen Insulin und Fett unbedingt vermieden werden sollte. Dies gilt sowohl für den Übergang von einer fettreichen zu einer kohlenhydratreichen Mahlzeit als auch umgekehrt.
Fett wird sehr langsam verdaut, weshalb die Wartezeit zwischen einer fettreichen Mahlzeit und einer kohlenhydratreichen Mahlzeit vier bis sechs Stunden betragen sollte. Wenn Sie ganz auf Nummer sicher gehen wollen, schieben Sie am besten eine Übergangsmahlzeit aus reinem Eiweiß ein. Nach einer kohlenhydratreichen Mahlzeit ist Hunger ein sicheres Zeichen dafür, dass die Wirkung des Insulin verflogen ist.

Glucagon, Adrenalin – Fettverbrennung und Gluconeogenese
Das Hormon Glucagon, ebenfalls von der Bauchspeicheldrüse hergestellt, ist der Gegenspieler des Insulin. Während Insulin für die Speicherung von Nährstoffen in Körperzellen verantwortlich ist, sorgt Glucagon für deren Freisetzung.
Die beiden Hormone hemmen sich gegenseitig, das heißt der Körper kann nicht zugleich effektiv Nährstoffe einlagern und freisetzen. Fettverbrennung ist so bei hoher Insulinkonzentration nicht möglich. Dies ist einer der wesentlichen Gründe, warum in der Peak-Ernährung die Insulinausschüttung die meiste Zeit über sehr gering gehalten wird.
Glucagon regt zudem aber auch den Abbau von Glykogen in Muskulatur und der Leber bzw. dessen Umwandlung in Glucose – die Gluconeogenese – an. In dieser Funktion ist Glucagon bei Energiemangel also ein kataboles Hormon.

Genau wie Glucagon ist auch Adrenalin ein Gegenspieler des Insulins. Bekannt als „Stresshormon", besteht seine Hauptaufgabe in einer möglichst schnellen Energiebereitstellung. Adrenalin fördert zu diesem Zweck ebenfalls die Gluconeogenese sowie den Abbau von Körperfett.

Um den positiven Effekt der Fettverbrennung nutzen zu können, ohne dabei gleichzeitig aufgrund der Gluconeogenese Muskelmasse zu verlieren, sind ein stabiler Blutzucker und die ausreichende Versorgung mit Aminosäuren unbedingt erforderlich. Mit der richtigen Strategie erfüllen während des Trainings die „Gegenspieler" ihren Zweck, nach dem Training wird die anabole Wirkung des Insulins genutzt.

Bei der Peak-Ernährung sind Phasen, in denen katabole Hormone das „Ruder" übernehmen im Gegensatz zu anderen Ernährungsformen weit seltener.

Testosteron und Wachstumshormon

Eine fett-eiweißreiche Ernährung mit moderatem Kohlenhydratanteil – kurz: die Peak-Ernährung – erhöht die Testosteronproduktion. Testosteron ist, zusammen mit Insulin und Wachstumshormon, eines der wichtigsten Hormone für Muskelaufbau und Kraftzuwachs. Es beschleunigt die Regeneration, erhöht die Aggressivität beim Training und steigert die Stickstoffaufnahme in der Muskulatur.

Gegenspieler des Testosterons ist das Cortisol. Es wirkt katabol und fördert die Fettspeicherung. Bei Athleten wird die Cortisolfreisetzung oft durch Übertraining oder zu geringe Kalorienzufuhr übermäßig stimuliert.

Auch das Wachstumshormon ist von entscheidender Bedeutung für den Muskelaufbau, da es sowohl die Proteinsynthese in der Muskulatur fördert, als auch den Muskelabbau hemmt.

Der Wachstumshormonspiegel ist normalerweise umgekehrt proportional zum Insulinspiegel. Das heißt, je höher die Insulinausschüttung, desto weniger Wachstumshormon steht zur Verfügung – und umgekehrt. Deshalb ist es von größter Bedeutung, dass beide Hormone durch ein gezieltes Timing der Insulinspitzen zur richtigen Zeit verfügbar sind.

Das Wachstumshormon bewirkt neben der anabolen Funktion auch eine verstärkte Nutzung von Nahrungs- und Körperfett zur Energiegewinnung. So erklären sich die konstant hohen Wachstumshormonspiegel bei der fett- eiweißbetonten und kohlenhydrate-reduzierten Peak-Ernährung. Auch Trainingsstress führt zu erhöhter Ausschüttung von Testosteron und Wachstumshormon. Während der Woche ist hochintensives Training für den Körper purer Stress, wodurch zusätzlich hohe Mengen Testosteron und Wachstumshormon freigesetzt werden.

Aber auch der abschließende „Ladetag" der Peak-Ernährungswoche entpuppt sich hier als Geheimwaffe. Doch dazu später mehr.

Weitere wichtige Stoffe

Vitamine, Mineralstoffe und Spurenelemente

Der Anteil der kohlenhydratreichen Nahrungsmittel in der Peak-Ernährung lässt sogar an trainingsfreien Tagen genug Spielraum für Obst und Gemüse. Und genau damit sollten Sie diesen auch „füllen". Essen Sie reichlich Gemüse, Salate und auch – aber in Maßen – nicht zu süßes Obst wie z.B. Äpfel. Auch Avocados und Nüsse enthalten wertvolle Vitamine.

Neben diesen „Vitamin-Extras" verwende ich zusätzlich für die Basisversorgung entsprechende Supplemente. Mehr dazu finden Sie im Kapitel „Supplemente" auf Seite 154.

Ballaststoffe

In der fettreichen Ernährung fehlende Ballaststoffe sind ein Hauptkritikpunkt der „Kohlehydratliga" an fett- eiweißreichen Ernährungsformen. In der „Anabolen Diät" werden deshalb oft Ballaststoffpräparate empfohlen.

Ich kenne und verwende diese Supplemente nicht und meine Verdauung funktioniert einwandfrei. Der Grund ist derselbe wie oben: Reichlich Gemüse und Salat, zumindest zu jeder Hauptmahlzeit, eventuell sogar bei Snacks (z.B. Karotten) versorgen den Körper normalerweise reichlich mit Ballaststoffen. Sollten Sie wirklich Verdauungsprobleme haben, greifen Sie zu 2 bis 3 Esslöffel Leinsamen pro Tag. Besonders wichtig sind Ballaststoffe übrigens für alle, die mit der Peak-Ernährung Körperfett abbauen möchten. Mehr dazu unter „Hungern verboten!" auf Seite 149.

Flüssigkeit!

Eine eiweiß- und fettreiche Ernährung erfordert eine große Flüssigkeitszufuhr, um anfallende Abfallstoffe abzutransportieren und die Nieren so zu entlasten. Ganz besonders im Sommer und bei intensivem Training, wo doch mehr geschwitzt wird, sollten Sie gezielt auf eine erhöhte „Einwässerung" des Körpers achten. Pro 25kg Körpergewicht empfehle ich mindestens 1,5 Liter Wasser oder verschiedenste Tees pro Tag!

Hinweis zu Supplementen

Supplemente sind für leistungsorientierte Athleten ein unverzichtbarer Bestandteil der täglichen Ernährung. Sie bilden aber sinngemäß die Spitze des Eisbergs in der Peak-Ernährung. Alle in Beispielen erwähnten Supplemente werden im Kapitel „Supplemente" noch einmal detailliert vorgestellt. Vorerst richtet sich jedoch die ganze Aufmerksamkeit auf die Ernährung im engeren Sinn.

Ihr Weg zum langfristigen Erfolg

Das Geheimnis der Peak-Ernährung liegt in der perfekten, leistungsfördernden Feinabstimmung von Nahrungsfett, Eiweiß und Kohlenhydraten. Alle drei Makronährstoffe, eben Fett, Eiweiß, und Kohlenhydrate, haben wichtige Funktionen im Stoffwechsel und Energiehaushalt des Körpers und werden – strategisch richtig – in der Peak-Ernährung eingesetzt.

Ich habe selbst lange die Rolle der Kohlenhydrate überschätzt und mich fettarm ernährt. Durch meine jetzige, fett-eiweißreiche Peak-Ernährung ergibt sich allerdings ein optimiertes hormonelles Milieu. Dies ermöglicht, je nach Zielsetzung, dass Körperfett ohne Muskelabbau effektiv „verbrannt" oder aber fettfreie Muskelmasse aufgebaut wird.

Der „traditionelle" Weg: Masse– und Diätphasen

Im Bodybuilding ist der entgegengesetzte Weg weit verbreitet: In der Off-Season wird gefressen, in der Wettkampfvorbereitung dann abgespeckt. Bei vielen Hobbyathleten, die dies imitieren, lautet das wesentliche Argument für eine solche Ernährungsweise: Die Profis machen es genauso!

Doch Moment! Was bedeutet es denn, ein Profi-Bodybuilder zu sein? Erstens nehmen alle Profis im Wettkampfbodybuilding Steroide und machen sich so wenig Gedanken über die natürlichen Möglichkeiten und Grenzen des Körpers. Zweitens haben die Profis für das Bodybuilding alle Zeit der Welt – immerhin ist es ihr Beruf. Somit können sie bis zu zehnmal täglich essen, mitten in der Nacht für Supplemente oder für ein Kardiotraining aufstehen und tagsüber mehrere Schläfchen einlegen, oder was ihnen sonst so in den Sinn kommen mag. Drittens sind die meisten Profis im Umgang mit ihrer Gesundheit äußerst kaltschnäuzig. Was der Körper noch aushält, ist für viele gerade gut genug.

Der Preis des Erfolgs? Für den Organismus bedeutet es großen Stress, für Monate mit Unmengen an Kalorien gemästet zu werden, nur um danach wieder Wochen lang abzuspecken. So führt diese Vorgehensweise nicht selten zum gefürchteten Starving-Phänomen – der Körper schaltet auf „Hilfe Hungersnot!": Energielosigkeit, Leistungseinbruch und Nervosität sind die Folge. Abbau der Muskulatur und sogar vermehrte Fetteinlagerung gehören zu den Nebenwirkungen.

Ein Bodybuilder wird sich eventuell noch über den Wettbewerb retten können, da bei ihm allein die Optik und nicht die Kraft zählt. Für alle anderen Kraftsportler ist die grenzwertige Verfassung, speziell in Peak-Phasen, nach einer radikalen „Wettkampfdiät" jedoch vollkommen inakzeptabel.

Was sie erwarten dürfen

Ich bin *natural*, sprich dopingfrei, aber ich kenne die Kraftsportszene. Die „positiven Auswirkungen" von Anabolika & Co., vor allem langfristig, haben mich immer wieder „fasziniert".
Ich will Ihnen nichts vormachen: Es existiert keine Ernährungsform, mit der Sie ähnlich schnell Muskelmasse zulegen und ähnlich leistungsfähig werden wie mit Steroiden. Auch wenn diverse „Fachliteratur" anderes behauptet – niemand mutiert innerhalb weniger Wochen aufgrund der Ernährung zu einem Herkules. Dafür bleiben Sie gesund und sind das ganze Jahr nahe Ihrer Bestform. Ich zweifle daran, dass auch die „Anabolikaszene" mit diesen Argumenten trumpfen kann …

Wie funktioniert Peak-Ernährung konkret?

Wie Sie schon wissen, ist die Peak-Ernährung eine fett-eiweißreiche Ernährungsform mit moderatem Kohlenhydratanteil. Fett dient als Hauptenergielieferant. Kohlenhydrate werden im Wesentlichen strategisch eingesetzt, um den Hormonhaushalt für Muskelaufbau und Fettverbrennung zu optimieren. Eiweiß schließlich liefert das Baumaterial für die Muskulatur.

6/1 – Leistung, Wachstum, Fettverbrennung

Die Peak-Ernährung hat – so wie das Peak-Training – ein zyklisches Grundschema, in dem jeder Tag eine bestimmte Funktion einnimmt. Jede Woche wird in der Peak-Ernährung in zwei Phasen unterteilt: Auf sechs fettreiche Tage folgt immer ein kohlenhydratreicher „Ladetag".
Dieser Ladetag schließt die Trainingswoche mit einem anabolen Paukenschlag ab: Während der vergangenen sechs Tage wurden Kohlenhydrate lediglich in kleinen Mengen zugeführt. Umso heftiger reagiert der Körper nun auf die üppige Kohlenhydratmenge mit einer gewaltigen Ausschüttung des anabolen Speicherhormons Insulin.
Kohlehydrate werden nur zu strategischen Zwecken eingesetzt, um den Hormonhaushalt gezielt zu beeinflussen – sie dienen nach Abschluss der Eingewöhnungsphase nicht mehr als primäre Energiequelle! Auch Ihr Körper wird schnell lernen, das Fett als Hauptenergieträger zu nutzen, und hat deshalb kein Problem mit einer drastisch reduzierten Kohlenhydratzufuhr.

Timing ist alles

In der Peak-Ernährung sind keine Lebensmittel prinzipiell verboten. Sie sollten dafür umso genauer darauf achten, *wann* Sie bestimmte Nährstoffe zu sich nehmen. Das hat folgenden Grund: Die Speicherwirkung des Insulins gilt, wie Sie bereits wissen, leider nicht nur für Kohlenhydrate und Eiweiß, sondern auch für Nahrungsfett. Eine starke Insulinausschüttung durch Kohlenhydrate und die gleichzeitige Aufnahme von Fett verursacht die Einlagerung dieses Fettes. Genau das ist grundsätzlich zu vermeiden, denn das Fett soll lediglich Energie bereit stellen, aber nicht eingelagert werden!

Die genaue Kontrolle über die Insulinausschüttung durch gezielte Kohlenhydrataufnahme ist der Dreh- und Angelpunkt der Peak-Ernährung. Einerseits ist Insulin ein äußerst wirksames anaboles Hormon, andererseits fördert es – wie gesagt – die Fetteinlagerung, und hemmt zudem auch die Ausschüttung von Testosteron und Wachstumshormon – den anderen beiden anabolen Schlüsselhormonen. Wie dies in der Praxis aussieht, erfahren Sie auf Seite 144.

Ladetag – Der anabole Turbo

Während also in den ersten 6 Tagen des Ernährungszyklus große Insulinausschüttungen vermieden werden, ist der Ladetag genau für diesen Zweck gedacht! Dieser Tag hat in der Peak-Ernährung aber nichts mit Energiebereitstellung zu tun, es geht einzig und allein darum, das stärkste anabole Hormon – das Insulin – durch eine für den Körper ungewohnte Menge Kohlenhydrate optimal zu stimulieren.

In bisher gängigen Modellen, wie z.B. der „Anabolen Diät", die hauptsächlich auf die Bildung von Ketonkörpern während der Woche ausgerichtet ist, hat der Ladetag die Funktion, die leeren Glykogenspeicher wieder aufzufüllen. Dadurch sollen die Muskeln über genügend Energie für die Folgewoche verfügen.
In der Peak-Ernährung ist dies nicht notwendig. Der Grundbedarf ist auch während der Woche stets gedeckt. Zusätzliche, strategische Kohlenhydrate nach dem Training sorgen außerdem für die gezielte Regeneration.

Dennoch verfolgt dieser Tag folgende wichtige Ziele:
- Durch die kurzfristige Umstellung auf Kohlenhydrate und die damit verbundene starke Insulinreaktion an den Ladetagen bedeutet dies für Ihren Körper Stress! Somit kommt es an Ladetagen zu einer idealen Kombinationswirkung aller wichtigen anabolen Hormone. Obwohl sich Insulin einerseits sowie Testosteron und Wachstumshormon andererseits normalerweise hemmen, werden sie an Ladetagen maximal stimuliert und garantieren die bestmögliche hormonelle Voraussetzung für Muskelwachstum.
- Ihr Stoffwechsel kann sich nicht auf Dauer auf die gewohnte Situation der fetteiweißbetonten Kost „einschießen" und bleibt so auf Trab.
- Supplemente, welche von einer Kohlenhydratezufuhr profitieren (z.B. Creatin), können gezielt an diesem Tag Ihre volle Wirkung entfalten.

- EinTraining der Schwachstellen (D-Programm) direkt vor dem Ladetag optimiert den Aufbau eben dieser Muskelpartien.
- Letztlich ist der Ladetag auch eine zusätzliche „Belohnung" für den Körper, aber natürlich auch für Ihre Psyche. Freuen Sie sich darauf!

Die Kalorien haben das letzte Wort

Einer der Hauptgründe, warum viele Sportler ihre Ziele – sowohl was die Leistung angeht, als auch hinsichtlich der Körperzusammensetzung – nicht erreichen, ist eine unpassende Kalorienzufuhr. Oft wird viel Zeit in Training und viel Geld in Supplemente investiert und trotzdem kein Gramm Muskelmasse aufgebaut, weil die Kalorienbilanz dies einfach nicht zulässt!

Im nächsten sehr wichtigen Kapitel lernen Sie eine einfache und sichere Methode, diese „Wissenschaft" auf Ihren Körper und Ihre Ziele abzustimmen. Um eine Vorstellung davon zu bekommen, wie viele Kalorien Ihr Körper für den Muskelaufbau braucht, ein Beispiel aus meiner Peak-Phase im Herbst 2004:

Ich nahm bei 55kg durchschnittlich 2.200kcal pro Tag zu mir und nahm konstant an Muskelmasse zu. Zugleich konnte ich sogar meinen Körperfettanteil leicht reduzieren. Der Idealfall! Dabei lag die tatsächliche Kalorienzufuhr etwas höher – zu meiner *vereinfachten* Methode des Kalorienzählens gleich mehr.

Nehmen Sie Ihr Gewicht und multiplizieren Sie es mit 35 bis 45. Dies ergibt den Mindestumsatz an Kalorien, der für gute Massezuwächse notwendig ist. Natürlich liegt eine „Welt" zwischen oberem und unterem Ende dieses individuellen Idealbereichs. Entscheidenden Einfluss haben dabei *Ihr* Stoffwechsel, aber auch zusätzliche Bewegung im Alltag und natürlich der Trainingsumfang. Ich lag genau in der Mitte, ein Faktor von 40 sorgte also dafür, dass die Aminosäuren aus Nahrungseiweiß und Supplementen optimal in die Muskulatur eingelagert wurden.

Mit meiner auf den folgenden Seiten beschriebenen Methode werden auch Sie die Feinabstimmung und somit diesen entscheidenden ersten Schritt zu *Ihrer* erfolgreichen Peak-Ernährung meistern!

Ernährung soll kein Stress sein

Wenn Sie eine Ernährungsmaßnahme stresst, dann lassen Sie es besser! Die beste Strategie wird kaum Wirkung zeigen, wenn Stress den Nutzen überschattet. Das Wichtigste ist die richtige Kalorienmenge auf die Woche verteilt und die richtige Nährstoffverteilung an den einzelnen Tagen. Alles Weitere ist „Zugabe".

Es ist sowohl für die Motivation als auch für die körperliche Leistungsbereitschaft nicht förderlich, an jedem Tag auf Biegen und Brechen eine vorgegebene Kalorienmenge erreichen zu wollen. Ihr Körper wird es Ihnen übel nehmen, wenn Sie trotz

Hunger am Abend „fasten", weil Sie Ihr Kalorienlimit bereits erreicht haben. Dasselbe gilt, wenn Sie unter der planmäßigen Menge liegen und deshalb erzwungen noch weiter essen.

Im ersten Fall werden Sie sich, nach einer katabolen Nacht, in der hart erarbeitete Muskulatur verloren geht, am Folgetag geschwächt fühlen. Im zweiten Fall werden Sie wahrscheinlich schlecht schlafen. Beides sind denkbar keine guten Voraussetzungen, weder für ein intensives Training noch für eine rasche Erholung.

Achten Sie einfach darauf, dass Sie über die Woche verteilt jene Kalorienmenge zu sich nehmen, die Ihrem gegenwärtigen Ziel entspricht. Wie sich die Kalorien dabei auf die einzelnen Tage verteilen, ist nebensächlich.

Noch mehr Grundlagen zur Peak-Ernährung?

Mir ist klar, dass dieses Kapitel besonders für Einsteiger nicht alle Fragen über die Hintergründe und gesundheitlichen Vorteile von fett- eiweißbetonter Ernährung vollständig beantwortet. Dies war im Rahmen der Zielsetzung dieses Buches auch nicht vorgesehen.

Allerdings kann ich Ihnen die Bücher von Jan Prinzhausen, Klaus Arndt, Nicolai Worm und Loren Cordain wärmstens empfehlen. Auch die „Klassiker" von Dr. Di Pasquale liefern Lesern (mit guten Englischkenntnissen) exakt fundierte Grundlagen. Eine Auflistung der Titel finden Sie im Anhang dieses Buches oder direkt im Shop auf meiner Homepage.

Peak-Ernährung, Kapitel 3
Peak-Ernährung in der Praxis

Der einfache und sichere Start

In diesem Kapitel werden Sie erfahren, wie Sie sich auf die neue Ernährungsform umstellen, wie Sie Ihre optimale Menge und Verteilung der Nährstoffe finden und wie Sie die Ernährung auf Ihren Trainingsplan und Ihre Ziele abstimmen!

Um jegliches Gesundheitsrisiko auszuschließen und von Anfang an erfolgreich zu sein, sollten Sie Folgendes unbedingt berücksichtigen:
Lassen Sie sich gründlich von einem Arzt untersuchen und ein Blutbild erstellen. Sollten Sie an Stoffwechselkrankheiten, Allergien, Unverträglichkeiten oder Ähnlichem leiden, ist jede Ernährungsumstellung, und somit auch die Peak-Ernährung, *unbedingt* mit einem Facharzt abzuklären.

Sie brauchen, um den beschriebenen Ernährungsplan umsetzen zu können, zuerst einen Ist-Wert *Ihres* täglichen Kalorienverbrauchs. Finden Sie heraus, bei wie vielen Kalorien pro Tag Sie Ihr gegenwärtiges Gewicht halten, also weder zu- noch abnehmen. Führen Sie dazu eine Woche lang Buch über den Kaloriengehalt Ihrer Mahlzeiten und errechnen Sie den Durchschnittswert.
Dieser Tagesumsatz in kcal ist der Ausgangspunkt für jede Anpassung und sollte deshalb bekannt sein. Wenn Sie rein intuitiv handeln, können schnell Probleme auftauchen, deren Lösung ohne genaue Daten umso schwieriger wird.
Besonders in der Eingewöhnungsphase können Sie sich auf Ihre Intuition nicht unbedingt verlassen, da die Peak-Ernährung wahrscheinlich im Gegensatz zu Ihrer bisherigen steht. Aber keine Angst! Ich liefere Ihnen noch ein paar Tipps, wie Sie diese Herausforderung meistern.
Bereiten Sie sich darauf vor, jeden Schritt und jede Veränderung genau zu dokumentieren. Nur so können Sie immer wieder kontrollieren, welche Maßnahmen erfolgreich waren und welche nicht. Auch wenn die Richtlinien klar sind, erfordert

es Feingefühl und etwas Geduld, bis Sie Ihren individuellen Weg gefunden haben. Doch es lohnt sich! Die anfänglichen Umstände machen sich sehr schnell bezahlt und bilden die Basis Ihrer ganz persönlichen Erfolgsernährung!

Ein wichtiger Hinweis für Wettkampfathleten: Führen Sie die Umstellung bitte auf keinen Fall während einer Phase mit Bewerben durch! Warten Sie am besten auf eine Übergangsperiode bzw. eine lockere Phase, in der Ihr Körper mit dem unvermeidlichen Übergangsstress, den eine Ernährungsumstellung mit sich bringt, gut umgehen kann. Danach können Sie mit neuer Energie den großen Aufbau starten.

Seien Sie sich bitte unbedingt dieser Punkte bewusst, bevor sie ernsthaft eine langfristige Ernährungsumstellung durchführen – treffen Sie die entsprechenden Vorbereitungen vor einem so wichtigen Schritt!

Ein Tipp zum Kalorienzählen

Gerade bei fettreicher Ernährung ist diese „Hürde" einfach zu meistern. *Lesen* ist die Lösung: Entweder direkt auf dem Produkt oder mit einem kurzen Blick in eine der zahlreichen Nährwerttabellen im Internet oder auch im Westentaschenformat in jeder Buchhandlung. Die Gesamtkalorien der Nahrungsmittel, aber auch deren Fett-, Eiweiß- und Kohlenhydratanteil sowie der Vitamin- und Mineralstoffgehalt sind darin exakt aufgeschlüsselt.
Der komfortabelste Weg lautet „digitale Lebensmittelwaage". Diese Geräte verfügen über eine Datenbank mit tausenden Lebensmitteln. In Sekunden haben Sie so haargenau ermittelt, was und wie viel Sie essen!

Ich gehe so vor: Gemüse, Salat und sonstiges „Grünzeug" zähle ich nicht, obwohl ich reichlich davon esse. Und wenn die Ernährungsexperten unter Ihnen jetzt aufschreien: Die wenigen Kalorien fallen bei mir unter „Rundungsverlust". Dafür bin ich bei sehr nährstoffreichen Lebensmitteln wie z.B. Butter oder fettem Fisch sehr viel genauer. Die Lebensmittelwaage ist hier ein „Muss", sonst ist der Selbstbetrug vorprogrammiert! Natürlich schätze ich die Kalorien einfach, wenn ich außer Haus esse, und damit liege ich meist richtig.
Und noch eine Grundregel: Ich *plane* nicht, ich *zähle*. Primär achte ich auf meine Leistungsfähigkeit im Training und Alltag. Mahlzeit für Mahlzeit addiere ich aber die vereinfachten und gerundeten Kalorienwerte im Kopf, fertig ist am Abend die Buchhaltung.

Nur Mut: Mit etwas Routine werden auch Sie schnell zum „Meister der Kalorien" und Ihr Trainingstagebuch um eine sehr wichtige Eintragung erweitert. Doch jetzt wird's ernst.

Auf die Peak-Ernährung umstellen

Wenn Sie sich dafür entschieden haben, auf die Peak-Ernährung umzustellen, hilft Ihnen dieser Abschnitt, erste richtige Maßnahmen zu setzen! Ein Troubleshooting, sowie die Liste der häufig gemachten Fehler, unterstützen Sie dabei.

In den ersten Wochen der Peak-Ernährung bringen Sie Ihrem Körper langsam bei, Fett als Hauptenergiequelle zu nutzen und sich vom „Diktat" der Kohlenhydrate zu befreien. Die Übergangsphase ist notwendig, da Ihr Organismus zunächst nicht über eine ausreichende Zahl fettspaltender Enzyme (Lipasen) verfügt, um die ungewohnt große Menge an Nahrungsfett richtig verdauen zu können.

Eine Auflistung idealer Nahrungsmittel für fett-eiweißbetonten Tage Ihrer Peak-Ernährung finden Sie im Anhang dieses Buches. Außerdem enthalten die dort beschriebenen Tagespläne Beispiele meiner Mahlzeiten. Mehr Informationen hierzu gibt es auch im Peak-VIP-Bereich auf WWW.PEAK-PRINZIP.COM (Details im Anhang auf Seite 207).

Schritt 1: Eingewöhnungsphase

Reduzieren Sie Ihre tägliche Kohlenhydratmenge auf 30% der täglichen Gesamtkalorien. Füllen Sie die dadurch entstandene Lücke mit Fett. Eiweiß bildet dabei wie immer die Basis.
Wie lange diese Phase dauert, hängt davon ab, wie Sie sich bisher ernährt haben. Bei einer ausgewogenen Mischkost mit einem annähernd ausgeglichenen Verhältnis zwischen Fett und Kohlenhydraten wird die Umstellung nicht lange dauern. Im Idealfall kann die Eingewöhnungsphase bereits nach zwei, höchstens drei Wochen abgeschlossen sein. Länger wird es dauern, wenn Sie sich bisher gezielt kohlenhydratreich und fettarm ernährt haben. Erfahrungsgemäß wird nach vier bis sechs Wochen aber auch in diesem Fall die vollständige Umstellung vollzogen sein.

Es ist besonders in der Einstellungsphase wichtig, dass Sie nicht hungern. Solange der Körper nicht über ausreichend fettspaltende Enzyme verfügt, um das ganze Nahrungsfett zu verwerten, kann es trotz scheinbar ausreichender Nahrungsaufnahme zu verstärkter Gluconeogenese kommen. Der Körper ist unfähig, das Fett energetisch zu verwerten. Dies führt dazu, dass er sich die mangelnde Energie aus Muskelprotein holt. Die vorerst schonende Umstellung mit 30% Kohlenhydraten sorgt dafür, dass sich ein eventueller Muskelverlust in engen Grenzen hält bzw. vollständig vermieden werden kann.

Sie können in der Eingewöhnungsphase an einzelnen Tagen mit einem niedrigeren Kohlenhydratanteil von 10 bis 15% experimentieren, um zu prüfen, inwieweit sich Ihr Körper bereits auf den erhöhten Fettstoffwechsel eingerichtet hat. Wenn Sie sich an und nach solchen Tagen gut fühlen, sind Sie bereit für Schritt 2!

Schritt 2: Kohlehydrate weiter reduzieren

Reduzieren Sie die Kohlenhydratmenge auf etwa 20% der täglichen, durchschnittlichen Gesamtkalorien.

Hier ist individuelles Feingefühl angesagt! Wie Sie aus meinem Peak-Ernährungsplan auf Seite 135 errechnen können, lag mein Durchschnitt während meiner Peak-Phase im Herbst 2004 bei knapp über 21%. Das bedeutet, ich nahm bei insgesamt 2.200 kcal täglich durchschnittlich 462 kcal oder umgerechnet 113 Gramm in Form von Kohlenhydraten zu mir. Dies war aber sogar während dieser Wochen keine fixe Konstante!

Es geht darum, exakt die Menge an Kohlenhydraten zu finden, mit denen Ihr Körper optimal klar kommt – sowohl im Training als auch im Alltag! Erfahrungsgemäß liegt dieser Bereich für die meisten Athleten zwischen 15% und 30%. Speziell nach der Eingewöhnungsphase, aber auch beim Wechsel zwischen den verschiedenen Trainingsphasen ergeben sich hier oft starke Schwankungen. Lernen Sie, auf Ihren Körper zu hören! Dann werden auch Sie konstant Körperfett verlieren und gleichzeitig Muskelmasse aufbauen. Die angenehmen Nebenwirkungen sind mehr Energie im Alltag und natürlich Aggressivität im Training.

Mehr zu dieser individuellen Kohlenhydrategrenze aber nun im Troubleshooting. Auch in meiner Anekdote zum „Aggressiven Wolf" auf Seite 141 finden Sie wichtige Tipps zu diesem Punkt.

Troubleshooting nach Schritt 2

Sie fühlen sich zur Mitte der Woche hin müde oder lustlos?
Das Mid-Week-Loading ist eine zusätzliche kohlenhydratreiche Mahlzeit während der Woche, die eventuell auftretende Müdigkeit oder Erschöpfung abfängt.
Gegen einen solchen halben Ladetag nach zwei bis drei kohlenhydratarmen Tagen ist in den Aufbauzyklen nichts einzuwenden. Sie sollten die entsprechenden Mahlzeiten allerdings so timen, dass Sie der Leistungsfähigkeit bei intensiven Trainingseinheiten nicht in die Quere kommen können. In der Peak-Phase ist ein Mid-Week-Loading ausschließlich jenen Athleten zu empfehlen, die es unbedingt brauchen. Es kann sich nämlich auch mit einem Abstand von zwei bis drei Tagen noch negativ auf das Training am Peak-Tag auswirken. Mehr dazu unter „Der aggressive Wolf" auf Seite 141.

Sie haben zu wenig Energie beim Training?
Nehmen Sie an Trainingstagen 30 Gramm *mehr* an komplexen Kohlenhydraten mit niederem glykämischen Index zu sich, bei längeren Einheiten eventuell zusätzlich während des Trainings. Alles über den optimalen Pre-Workout-Snack finden Sie auf Seite 142!

Sie sind während der ganzen Woche müde und erschöpft?
Erhöhen Sie die tägliche Kohlenhydratzufuhr um etwa 30 Gramm. Mit dieser Maßnahme können Sie sich Schritt für Schritt an Ihre individuelle Kohlenhydratgrenze herantasten. Wenn 30 Gramm mehr nicht reichen, erhöhen Sie die Menge in der Folgewoche abermals. Wie viele Kohlenhydrate Sie wirklich brauchen, können Sie allerdings erst nach einer mehrwöchigen Eingewöhnungsphase herausfinden.
Es hat keinen Sinn, diese Problembehandlung schon während des ersten Schrittes anzugehen. Erst wenn Sie sich wirklich vier bis sechs Wochen mit 30% Kohlenhydraten ernährt haben und nach der Reduzierung auf 20%, Probleme auftreten, sollten Sie versuchen, die Menge wieder etwas zu erhöhen. Sonst kommen Sie nie in einen effektiven Fettstoffwechsel!

Häufige Fehler zu Beginn

Besonders in der Anfangsphase, in der Sie und Ihr Stoffwechsel sich an die neue Ernährungsform gewöhnen müssen, passieren kleinere Fehler. Wenn Sie auf die folgenden Punkte achten, können Sie aber sicher sein, alles richtig zu machen.

Viele Athleten nehmen aus Angst vor dem vielen Fett am Anfang zu wenig Kalorien zu sich. Sie sollten sich aber immer bewusst machen, dass Sie das Nahrungsfett als Hauptenergiequelle verwenden und so den Großteil Ihres Kalorienbedarfs mit Fett abdecken. Bekommt Ihr Körper zu wenig vom wichtigsten Energieträger, schlittert er in ein Versorgungsdefizit. Ihm bleibt nichts anderes übrig, als Muskelmasse abzubauen – vor allem dann, wenn die Fettverbrennung anfangs noch etwas „hinterher hinkt". Noch einmal: Nicht Fett, sondern ein Kalorienüberschuss macht fett!

Sie *dürfen* nicht nur, sondern sollten, besonders in der Umstellungsphase, generell etwa 10 bis 20 Prozent mehr Kalorien als gewohnt zu sich nehmen, um Ihr Körpergewicht zu halten. Einerseits wird der Stoffwechsel durch die Peak-Ernährung und die darin enthaltenen „Schwankungen" generell stärker gefordert. Andererseits verfügt Ihr Verdauungssystem zu Beginn noch nicht über genug fettspaltende Enzyme, so dass ein beträchtlicher Teil des konsumierten Fettes noch nicht energetisch verwertet werden kann.

Es kommt zudem oft vor, dass zu wenig Eiweiß zugeführt wird. Eiweiß ist aber *das* Baumaterial für Zellen und Gewebe und muss für Reparatur und Aufbau der Muskelfasern in ausreichendem Maße zur Verfügung stehen. Wie schon gesagt: Der ideale Eiweißanteil liegt täglich zwischen 1,8 und 2,5 Gramm pro Kilogramm Ihres Körpergewichts.

Die 6/1 Praxis

Wie Sie bereits wissen, besteht meine Peak-Ernährung aus zwei Phasen. Kohlenhydrate werden an 6 Tagen nur als Basis (wie oben beschrieben) und zusätzlich gezielt nach dem Training eingesetzt. Der siebte Tag ist der Ladetag und schließt die Woche ab. Anschließend beginnt der Zyklus von neuem.

6 Tage wenig Kohlenhydrate, aber volle Leistung!

Nahrungsfett ist in der Peak-Ernährung der optimale Energielieferant. Schleichen Sie sich, wie oben beschrieben, sanft in eine kohlenhydratreduzierte erste Phase ein. Ziel ist dabei, die Menge an Kohlenhydraten zu finden, mit denen Ihr Körper optimal funktioniert. Experimentieren Sie in den ersten Wochen anhand des vorgestellten Troubleshootings in diesem Abschnitt. Führen Sie Buch über Ihre Kalorien und versuchen Sie fürs Erste einfach Ihr Körpergewicht zu *stabilisieren*.
Nach dem erfolgreichen Start können Sie, wie auf Seite 146 beschrieben, Spezialstrategien zum Muskelaufbau oder aber zur Körperfettreduktion gezielt einsetzen. Sie werden sehen, Ihr Körper lernt sehr rasch, Nahrungsfett als Energiequelle optimal zu nutzen. Praktischer Nebeneffekt: Heißhunger und Müdigkeit nach Mahlzeiten sind mangels Insulin ab sofort ein Fremdwort!

Essen Sie das *richtige* Fett! Das bedeutet: die richtige Qualität! Wenn ich von fettreicher Ernährung spreche, meine ich nicht Fastfood in rauen Mengen, wie dies in manchen anderen „Low Carb-Ernährungsformen" praktiziert wird, sondern qualitativ hochwertiges Fett. Eine genaue Auflistung hierzu finden Sie im Anhang!

Es ist sehr wichtig, dass Sie an den kohlenhydratarmen Tagen nur komplexe Kohlenhydrate mit möglichst niedrigem glykämischem Index zu sich nehmen. Am besten geeignet sind Gemüse, Milchprodukte oder Obst – aber nicht Bananen, Ananas und Weintrauben, sondern Äpfel, Birnen und Vergleichbares. Auch Haferflocken und Fructose bieten sich an. „Schnelle" Kohlenhydrate werden nur nach dem Training eingesetzt! Näheres im Anhang auf Seite 206.

Der Ladetag – Abschluss und Belohnung

Der Ladetag befindet sich in der Peak-Ernährung am Ende Ihrer Trainingswoche, ist also mit dem letzten Trainingstag identisch und wird gefolgt von zwei bis drei lockeren bzw. regenerativen Tagen. Wie Sie auf Seite 53 erfahren haben, gibt es natürlich auch 9-Tages-Zyklen. Was ist damit? Keine Sorge: Die Antwort folgt schon auf Seite 136.

Der Ladetag richtet sich somit nicht nach dem Kalender, sondern nach Ihrer Trainingswoche! Wenn Sie z.B. als Wettkämpfer vor einem Bewerb einen zusätzlichen Ruhetag einlegen, verschiebt sich natürlich auch der Ladetag!

Sehen Sie das 6/1-System als Grundschema an, aber machen Sie keine Religion daraus! Gesellschaftliche Anlässe können, speziell in „Aufbauphasen", natürlich auf einen evtl. verschobenen Ladetag gelegt werden. Wichtig ist nur, dass Sie davor ordentlich trainieren. Dann haben Sie „grünes Licht"!

Lassen Sie es sich am Ladetag fürs Erste einfach gut gehen und essen Sie, worauf Sie Lust haben, Hauptsache jede Menge Kohlenhydrate! Auch Kalorien sind an diesem Tag Nebensache. Solange die „Wochenbilanz" im grünen Bereich bleibt – kein Problem!

In einer Peak-Phase achte ich hier auf Trennkost zwischen Kohlenhydraten und Nahrungsfett. Eine Auswahl meiner dort verwendeten Nahrungsmittel finden Sie im Anhang auf Seite 206. Während der anderen Trainingszyklen ist dies aber auch für mich der perfekte Zeitpunkt für die eine oder andere „Sünde" oder – noch besser: z.B. für ein gemütliches Essen mit einem meiner Betreuer, der Familie oder Freunden!

PEAK-ERNÄHRUNG, KAPITEL 4

IHR ERNÄHRUNGSPLAN

Mit dem hier beschriebenen Ernährungsplan können Sie mit Ihrer Peak-Ernährung noch genauer arbeiten. Dieser eignet sich für jede Phase Ihres Trainings. Sowohl die Eingewöhnungsphase als auch die Profi-Woche vor einem Wettkampf können berechnet und exakt geplant werden. So wird die Peak-Ernährung auch im Alltag bald zur gewohnten Selbstverständlichkeit.

Die Peak-Ernährung zielt während des ganzen Jahres auf eine optimale Abdeckung des Bedarfs an Eiweiß, Kohlenhydraten und Fett ab. Nur so können Sie Ihrem Körper Höchstleistungen und eine optimale Regeneration abverlangen.

Für die Erstellung Ihres eigenen Ernährungsplans ist deshalb ein Praxiswissen über den Bedarf und die Wirkungsweise dieser Makronährstoffe Voraussetzung. Mehr dazu haben Sie im vorhergehenden Kapitel erfahren! Im folgenden erfahren Sie, wie sie die Mengenverhältnisse der drei Makronährstoffe in ihrer Nahrung auf einfache Weise errechnen können!

Schritt 1: Eiweiß

Die Berechnungsgrundlage bildet – als wichtigster Baustoff – immer das Eiweiß. In einer Trainingsphase sollten Sie täglich zwischen 1,8 und 2,5 Gramm Eiweiß pro Kilogramm Körpergewicht zu sich nehmen. Dabei ist der Eiweißbedarf des Körpers an hochintensiven Trainingstagen, sowie am unmittelbar darauf folgenden Ruhetag am höchsten. Sie dürfen nicht vergessen, dass gerade Ruhetage *die* Aufbautage sind: Der Eiweißbedarf ist während der ersten 36 Stunden nach dem Training stark erhöht – vor allem aufgrund von Reparaturprozessen. Erst wenn Sie eine Woche oder länger nicht oder nur im Grundlagenbereich trainieren – weil Sie vielleicht im Urlaub sind oder auch eine regenerative Übergangsphase zwischen zwei Zyklen einlegen – sollten Sie die tägliche Eiweißmenge auf 1 bis 1,5 Gramm pro Kilogramm Körpergewicht reduzieren.

Als Richtwert können Sie bei der Berechnung Ihres Bedarfs also von durchschnittlich 2,2 Gramm Eiweiß pro Kilogramm Körpergewicht ausgehen. Erhöhen Sie die Menge an harten Trainingstagen und Folgetagen auf 2,3 bis 2,5 Gramm. Senken Sie die Menge an lockeren Tagen und Ruhetagen auf 1,8 bis 2 Gramm. Wenn Sie die Eiweißmengen der ganzen Woche zusammennehmen und der Durchschnittswert über die Woche 2,2 Gramm pro Kilogramm Körpergewicht ergibt, ist die Verteilung optimal!

Die Eiweißmenge wird in absoluten Zahlen und nicht in Prozenten berechnet, da der Eiweißbedarf unabhängig von der benötigten Kalorienzahl ist. Ob Sie nun also 2000 oder 3000 Kalorien konsumieren spielt für die Eiweißmenge im Verhältnis zu Ihrem Körpergewicht keine Rolle.

Aus diesen Überlegungen ergibt sich bei einem Körpergewicht von 80 Kilogramm eine Eiweißmenge von 144 Gramm an Regenerationstagen, und 200 Gramm an Trainings- und nachfolgenden Ruhetagen.

Schritt 2: Kohlenhydrate

Die Kohlenhydratmenge ist weitgehend unabhängig vom Körpergewicht. Anpassungen nach unten oder oben sind hier vor allem von der individuellen Befindlichkeit bzw. dem individuellen Stoffwechsel abhängig. Sie werden also nicht umhin kommen, mit den Kohlenhydratmengen ein wenig zu experimentieren, um die für Sie ideale Menge zu finden.

Die Basismenge an Kohlenhydraten liegt bei 50 bis 70 Gramm täglich und gilt für Ruhetage und Tage mit aktiver Regeneration. An Trainingstagen steigt der Bedarf durch die Leerung der Glykogenspeicher sowie durch den erwünschten anabolen Effekt auf 90 bis 110 Gramm. Die zusätzliche Menge wird mit strategischen Ladeeinheiten vor oder nach dem Training gedeckt. Mehr dazu auf Seite 142.

Für gewöhnlich stammen die erforderlichen Kohlenhydrate ausschließlich aus Gemüse, nicht zu süßem Obst und Milchprodukten – also solche mit sehr niederem glykämischem Index, welche keine hohe Insulinantwort hervorrufen! Der strategische After-Workout-Snack nach dem Training wird am einfachsten in Form von Traubenzucker eingenommen.
Eine Ausnahme bildet natürlich die Eingewöhnungsphase während Ihrer ersten Wochen mit der Peak-Ernährung. 30% der Kohlenhydrate in Form von Gemüse zu decken wird schwer. Hier dienen komplexe Kohlenhydrate mit niederem GI, wie Haferflocken, Obst und Getreideprodukte zur Bedarfsdeckung.

An Ladetagen ist die Zusammensetzung der Kohlenhydrate, wie erwähnt, nebensächlich. Essen Sie einfach nach Lust und Laune.

Sollten Sie sich beim Training oder unter Tags schwach fühlen, führen Sie ruhig ein paar Kohlenhydrate zu (siehe Seite 127). Auch ein Mid-Week-Loading (Seite 127) einzuplanen, kann eine Lösung sein. Aber die Energie, die Sie für HIT brauchen, kommt vor allem aus dem *mentalen Bereich* und aus der *Regeneration*, nicht aus der Ernährung. Begehen Sie nicht den Fehler, speziell für ein High Intensity Training Kohlenhydrate, wie z.B. vor einem Marathonlauf üblich, „aufzuladen"! Das haben schon viele versucht – es klappt im Kraftsport einfach nicht! Oft ist sogar das Gegenteil der Fall, wie Sie aus meiner Anekdote vom „Aggressiven Wolf" auf Seite 141 noch erfahren werden!

Schritt 3: Fett

Nachdem Eiweiß und Kohlenhydrate feststehen, bleibt nur noch, den restlichen Kalorienbedarf mit Nahrungsfett aus den empfohlenen Lebensmitteln im Anhang zu decken. Berechnen Sie dazu die Kalorienmenge von Eiweiß und Kohlenhydraten. Den Fehlbetrag deckt Nahrungsfett, das 9,3 Kalorien pro Gramm liefert.

Daraus resultiert ein täglicher Fettanteil von zwischen 50% und 70% der Gesamtnahrungsmenge an den normalen Tagen, und – bedingt durch die erhöhte Kohlenhydratezufuhr – etwa einem Drittel am Ladetag.

Ernährungsplan am PC – einfach und elegant!

Keine Sorge! Die oben beschriebenen Grundregeln dienen vor allem dem Verständnis. Praxis und Alltag der Peak-Ernährung gestalten sich wesentlich einfacher. Ein bereits vorbereiteter Ernährungsplan der Peak-Ernährung ist perfekt auf den zyklischen Trainingsplan abgestimmt.

Ich entwickelte diesen Plan in meiner Peak-Phase im Herbst 2004. Deshalb sind (zur Verdeutlichung) meine Originalwerte als Ausgangspunkt im 7-Tage-Schema darin enthalten.

Sie können die Tabelle von meiner Homepage WWW.PEAK-PRINZIP.COM im Peak-VIP-Bereich downloaden (Details auf Seite 207) und anhand der oben beschriebenen Regeln adaptieren. Sie geben einfach Ihre Grundwerte ein, der PC ermittelt für Sie alles weitere! So erstellen Sie Ihr eigenes Wochen- oder 9-Tageschema, egal ob für die Einführungsphase oder Ihre Peak-Woche!

Ihr Ernährungsplan

	Training	Int. %	Ernährung	kcal ges.	Fett g	Fett kcal	EW g/kg	EW g	EW kcal	KH g	KH kcal
Tag 1	A	100	KH-arm + S	1870	92	855	2,5	138	564	110	451
Tag 2	Spaziergang	0	KH-arm	2200	159	1480	2,1	116	474	60	246
Tag 3	B+D	90	KH-arm + S	1760	80	745	2,5	138	564	110	451
Tag 4	C+D	90	Ladetag n. Train.	2420	79	739	2,0	110	451	300	1230
Tag 5	GLA spez.	30	KH-arm + S	2640	175	1625	2,5	138	564	110	451
Tag 6	GLA unspez.	10	KH-arm	2530	197	1833	2,0	110	451	60	246
Tag 7	Spaziergang	0	KH-arm	1980	143	1328	1,8	99	406	60	246
				2200			2,2			115,71	

Berechnung am PC: Eingegeben werden Trainingsplan, kcal, g/kg Eiweiß und g Kohlenhydrate für jeden Tag (grau markiert). Automatisch werden die dazu passenden Anteile an Eiweiß und Fett in Gramm und kcal berechnet (weiß markiert). Die Summen dienen der Abstimmung der eingegebenen Werte auf den anvisierten Wochendurchschnitt.

Was Ihnen in meinem Musterplan vermutlich sofort auffallen wird, sind die teilweise starken Kalorienschwankungen an den einzelnen Tagen.
Eines vorweg: Diese sind nicht wirklich geplant. Sie ergeben sich vielmehr aus dem Wochenrhythmus, dem Wechselspiel zwischen hochintensivem Training und Regenerationszeiten. Natürlich profitiere ich zusätzlich, quasi automatisch, von dem auf Seite 140 noch beschriebenen „Zickzack-Effekt".
An Trainingstagen ergibt sich bei mir ein Kaloriendefizit einfach aus Zeitmangel. Wenn ich bis am frühen Nachmittag mit kleinen Snacks durchtrainiere, bleibe ich ohne besondere Absicht unter dem normalen Tagesschnitt. Ich achte primär darauf, dass die Trainingsleistung stimmt und ich mich auch an den Ruhetagen wohl und ausgeglichen fühle.

Beachten Sie bitte vorweg: Sie sollten nie den Ernährungsplan eines anderen kopieren – auch nicht meinen! Wenn ich konkrete Angaben zum eigenen Ernährungsplan gebe, dann immer nur als veranschaulichendes Beispiel. Die genauen Werte fallen bei jedem anders aus und sollten daher auf jeden Fall individuell ermittelt werden!

Anpassung an die Trainingszyklen

Aber es kommt noch besser: Die unten stehende Tabelle kommt Ihnen bekannt vor? Hoffentlich! Es ist der zyklische Peak-Trainingsplan, den Sie aus dem Trainingsteil des Buches schon kennen. Diesesmal ist er aber ergänzt mit den jeweiligen strategischen Lademahlzeiten und dem Ladetag. Adaptieren Sie, wie oben beschrieben, Ihren Ernährungsplan anhand der Angaben einfach flexibel.

Die Abkürzungen bedeuten hierbei:
KH-arm: kohlenhydratarme Ernährung (50–70g/Tag)
+ S: plus strategische Kohlenhydrate um das Training verteilt (90–120g/Tag)

Aufbauzyklus 1 (Variante mit 9 Tagen)

	Training	Intensität %	Ernährung
Tag 1	A	90	KH-arm + S
Tag 2	D + GLA	90	KH-arm + S
Tag 3	GLA spezifisch	30	KH-arm + S
Tag 4	Spaziergang	0	KH-arm
Tag 5	B	90	KH-arm + S
Tag 6	C	90	KH-arm + S
Tag 7	A + D	70	Ladetag nach Training
Tag 8	GLA	10	KH-arm
Tag 9	Spaziergang	0	KH-arm

Aufbauzyklus 1 (Variante mit 7 Tagen)

	Training	Intensität %	Ernährung
Tag 1	A	90	KH-arm + S
Tag 2	B + D	90	KH-arm + S
Tag 3	GLA spezifisch	30	KH-arm + S
Tag 4	Spaziergang	0	KH-arm
Tag 5	C + D	90	Ladetag nach Training
Tag 6	GLA	10	KH-arm
Tag 7	Spaziergang	0	KH-arm

Aufbauzyklus 2

Das Ernährungsschema bleibt hier in allen Wochen identisch. Die jeweils wechselnden A- B- oder C-Programme (X), sowie die Intensitäten (Y) jeder Woche finden Sie somit auf Seite 54.

	Training	Intensität %	Ernährung
Tag 1	X	Y	KH-arm + S
Tag 2	X + D	Y	KH-arm + S
Tag 3	Spaziergang	0	KH-arm
Tag 4	X + D	Y	Ladetag nach Training
Tag 5	GLA spezifisch	30	KH-arm + S
Tag 6	GLA unspezifisch	10	KH-arm
Tag 7	Spaziergang	0	KH-arm

Peak-Woche

	Training	Intensität %	Ernährung
Peak!	A	100	KH-arm + S
Tag 2	Spaziergang	0	KH-arm
Tag 3	B + D	90	KH-arm + S
Tag 4	C + D	90	Ladetag nach Training
Tag 5	GLA spezifisch	30	KH-arm + S
Tag 6	GLA unspezifisch	10	KH-arm
Tag 7	Spaziergang	0	KH-arm

Oft gehört und geglaubt: Ernährungsmärchen

Bei fettreichen Ernährungsformen fehlt das Insulin für den Muskelaufbau!
Stimmt nicht. Erstens verursacht auch Eiweiß eine für diesen Zweck ausreichende Insulinausschüttung – allerdings nicht so viel, dass Sie Körperfett aufbauen. Zweitens sorgen bei der Peak-Ernährung die strategischen Kohlenhydrate und der Ladetag für Insulinspitzen und somit für eine möglichst schnelle Nährstoffversorgung direkt nach dem Training.

Ganze Eier sind schlecht für den Cholesterinspiegel!
Nicht bei fett- eiweißbetonten Ernährung! Wie Sie bereits gehört haben, sind viele Lebensmittel, die bei kohlenhydratreicher Ernährung mit Vorsicht zu genießen sind, in der Peak-Ernährung kein Problem!
Erstens ist Fett der primäre Brennstoff und wird als solcher unmittelbar in Energie umgewandelt. Zweitens wirkt sich das in der Peak-Ernährung empfohlene Fettsäurenverhältnis nicht negativ auf das Verhältnis HDL/LDL aus. Wenn Sie aber ganz sicher gehen wollen, greifen Sie auf Freilandeier zurück.

Ohne rotes Fleisch geht gar nichts!
Na ja. Keine Frage – Fleisch ist für Sportler genial. Es verfügt über eine einzigartige Nährstoffdichte, zudem ergänzen sich die Inhaltsstoffe sehr gut. Chemisch gesehen ist Fleisch allerdings nichts anderes als eine Zusammensetzung zahlreicher Aminosäuren und einer Anzahl an Vitaminen und Mineralstoffen. Nicht mehr und nicht weniger.

Fleisch gehört normalerweise zur Peak-Ernährung, viele andere Lebensmittel sind aber genau so wichtig. Aber auch eine Kaloriendeckung mit Fisch eine Variante. Sogar Ovo-Lacto-Vegetarier (kein Fleisch und Fisch, jedoch mit Milchprodukten und Eiern) können sich mit der Peak-Ernährung ausgewogen und gesund ernähren. Werfen Sie einfach einen Blick in die Nahrungsmittelauswahl im Anhang.

Man muss bis zu zehnmal täglich essen, damit die Nährstoffversorgung nicht unterbrochen wird!
Blödsinn! Das machen hauptsächlich jene Bodybuilder, die sich kohlenhydratreich ernähren. Der Grund ist ganz einfach: Kohlenhydrate werden sehr schnell verwertet und verbraucht, wodurch der Körper nach einer Mahlzeit relativ rasch wieder in eine katabole Phase eintritt – und schon müssen neuerlich Kohlenhydrate zugeführt werden. Bei einer kohlenhydratreichen Ernährung ist somit speziell der nächtliche Nährstoffmangel sehr gefährlich und führt oft zu Katabolie, weshalb viele Profis in der Nacht aufstehen, um zu essen oder Supplemente zu nehmen!

Bei einer fett-eiweißreichen Ernährungsform ist das nicht der Fall. Das Fett verlangsamt – wie auch Ballaststoffe – den Verdauungsprozess und somit die Eiweißaufnahme, so dass die Nährstoffe über einen längeren Zeitraum zugeführt werden und keine Versorgungslücken auftreten. Vier bis sechs Mahlzeiten sind vollkommen ausreichend. Ich selbst esse nie mehr als fünfmal täglich. Für mich wäre es der reine Stress, wenn ich neun- oder zehnmal am Tag essen müsste. Immerhin will ich nicht den ganzen Tag mit Essen und der Müdigkeit danach beschäftigt sein!

Mikrowellen zerstören wichtige Nährstoffe!
Schwer zu glauben. Wenn das wahr wäre, müsste ich an den meisten Peak-Tagen ziemlich am Ende sein. Gerade dann bereite ich meine Mahlzeiten fast ausschließlich in der Mikrowelle zu. Einfach deshalb, weil ich etwas anderes vorhabe, als ständig am Herd zu stehen und zu kochen. Ja, ich esse gern etwas Warmes, aber schnell und komfortabel bitte! Auch viele andere Weltklasseathleten aus meinem Bekanntenkreis sind aus eben diesem Grund keine Hobbyköche und bevorzugen die Mikrowelle.
Beachten Sie: Das katabole Hormon Cortisol wird durch Stress ausgeschüttet und ist *der* natürliche Feind der Regeneration. Wenn langwieriges Kochen Ihnen also Stress bereitet, machen Sie sich Ihr Essen lieber in der Mikrowelle.

Süßstoffe sind krebserregend!
Stimmt genau! Aber nur wenn Sie künstliche Süßstoffe zu einem Hauptbestandteil Ihrer Peak-Ernährung machen. Nein – Scherz beiseite: „Studien" die diese Vermutung anhand von Tierversuchen anscheinend „beweisen", sind recht verbreitet. Die bei Experimenten verabreichten (*Un-*)Mengen sind jedoch in keiner Weise repräsentativ! Sogar die von der Weltgesundheitsorganisation (WHO) empfohlenen täglichen Grenzwerte liegen für jeden mit einigermaßen intaktem Geschmackssinn jenseits von gut und böse, bzw. der tatsächlich erreichbaren, täglichen Mengen. Wohlgemerkt liegen aber sogar diese WHO-Empfehlungen nur bei einem Bruchteil der „Megadosen", welche den Tieren verabreicht wurden.

Träfe dieses Ernährungsmärchen wirklich zu, hätten Sie es übrigens schwer, egal mit welcher Ernährungsform. Lesen Sie die Etiketten auf Lebensmitteln genau durch – Sie werden sich wundern!
Gerade in einer Ernährung mit weniger Kohlenhydraten bilden Süßstoffe – auch für mich – eine herrliche Alternative für gelegentliche „Gelüste" nach einem Nachtisch oder einem Snack. Süßstoff hat so gut wie keine Kalorien und löst auch keine Insulinreaktion im Körper aus. Topfen (Quark) mit Süßstoff und Zimt war im Sommer 2004 einer meiner üblichen Pre-Workout-Snacks.

Aminosäuren sind „anabole Wunderwaffen"!

Die wachstumshormon-stimulierende Wirkung einzelner Aminosäuren wird meist übertrieben. Studien, die von einem stark wachstumsfördernden Effekt vieler dieser Präparate berichten, gehen von extrem hohen Mengen aus, die ausschließlich zu medizinischen Zwecken – etwa zur Behandlung von Brandverletzungen – eingesetzt und vor allem intravenös verabreicht werden! In solchen Fällen mag es schon zutreffen, dass die Ausschüttung von Wachstumshormonen um bis zu 300% gesteigert werden konnte. Die orale Einnahme einiger Tabletten bringt jedoch für diesen Zweck wenig.

Mehr über den sinnvollen Einsatz von Aminosäurepräparaten erfahren Sie später im Kapitel „Supplemente" auf Seite 154.

Extra-Tipps für den Peak-Ernährungsalltag

Zickzack – Den Stoffwechsel auf Trab halten

Machen Sie es Ihrem Stoffwechsel nicht zu leicht! Zwar bedeutet das 6/1 Schema meiner Peak-Ernährung, sowie die strategischen After-Workout-Snacks immer ein gewisses Hin und Her. Der „heimliche Feind" heißt aber trotzdem *Gewöhnung*. Die Lösung: Zickzack!

Zickzack bedeutet in der Peak-Ernährung, jeden Tag eine etwas andere Menge an Gesamtkalorien zu konsumieren und die Nährstoffzusammensetzung den jeweiligen Trainingsanforderungen entsprechend zu variieren. Überraschen und fordern Sie den Körper immer wieder durch das Einbauen von kleinen Unregelmäßigkeiten im Ernährungsplan. Das hält ihn in Alarmbereitschaft und die Stoffwechselaktivität bleibt konstant hoch.

Übertreiben Sie aber nicht – es lauert die Gefahr des Adaptionsstresses: Wenn der Organismus einen Großteil seiner Energie für ständige Stoffwechselanpassungen aufwendet, bleibt für Trainingsleistungen und Regeneration dementsprechend weniger übrig. Andauernde Erschöpfungszustände könnten die Folge sein.

Gewichtsschwankungen

Aufgrund des Zickzacks, aber auch nach einem Ladetag, sind Gewichtsschwankungen in der Peak-Ernährung ganz normal. Lassen Sie sich davon also bitte nicht verunsichern. Notieren Sie täglich Ihr Gewicht und vergleichen Sie es mit dem der Vorwoche – den Mittwoch mit dem Mittwoch, den Sonntag mit dem Sonntag, usw. Auf diese Weise können Sie trotz Schwankungen den Verlauf objektiv verfolgen.

Der aggressive Wolf

Klingt gefährlich, ist er auch! Und außerdem mein ganz persönlicher Lieblingsvierbeiner an harten Trainingstagen. Aus dem Ernährungsschema weiter oben geht hervor, dass der intensivste Trainingstag vier Tage nach dem Ladetag liegt. Der Grund dafür ist die stark erhöhte Leistungsbereitschaft nach einigen kohlenhydratarmen Tagen – oder eben das, was ich den „aggressiven Wolf" nenne.

Der „aggressive Wolf" macht Sie angriffslustiger. Ich verstärke diesen Effekt noch, indem ich vor einem intensiven Training – abgesehen von ein, zwei kleinen Eiweißsnacks zur Stabilisierung – keine Mahlzeit zu mir nehme. Mit fast leerem Magen, aber natürlich absolut stabilem Blutzucker trainiere ich am besten. Sie sollten einfach ein wenig experimentieren, um herauszufinden, in welcher Verfassung Sie am leistungsfähigsten sind.

Wie viele Tage Kohlenhydratpause ideal sind, ist ebenfalls individuell verschieden. Sie werden Ihren aggressiven Wolf auf jeden Fall zwischen dem zweiten und dem fünften kohlenhydratarmen Tag finden.

Im Herbst 2004 gelang es mir, in einer Peak-Phase eine äußerst schwierige Kletterroute, für die ich monatelang trainiert hatte, zu durchsteigen. Daraufhin verordnete mein Trainer mir zwei Übergangswochen, in denen ich meine Form halten, aber nicht wirklich hart trainieren sollte, um für die folgenden Weltcups noch Reserven zu haben.

In der ersten Woche stellte ich etwas Seltsames fest: Ich machte am Sonntag wie üblich meinen Ladetag, bei dem ich mich kein bisschen einschränkte. Am Dienstag, also zwei Tage später, erwachte ich allerdings mit einem Gefühl, das ich eigentlich nicht kenne: Frust. Ich konnte das ganze Fett nicht mehr sehen und sehnte mich nach einem ganz normalen Frühstück mit Obst und Müsli. Da in dieser Woche kein wichtiger Trainingstag auf dem Plan stand, gab ich nach. Ich frühstückte also Haferflocken, einen Apfel und Molkepulver mit Vanillegeschmack – vorwiegend Kohlenhydrate mit niederem GI. Am Donnerstag, gewöhnlich mein Heavy HIT bzw. Peak-Tag, ließ sich der aggressive Wolf dann allerdings nicht blicken. Ich hatte einen ganz guten Trainingstag, allerdings nichts Besonderes. Wäre ich in dieser Woche auf ein Peak-Training aus gewesen, wäre ich kläglich gescheitert. Meine Psyche war durch die zusätzlichen Kohlenhydrate zufrieden gestellt, mein Körper allerdings nicht wirklich leistungsbereit. In der folgenden Woche erging es mir ebenso.

In der dritten Woche allerdings, als wieder ein Peak-Training auf dem Programm stand, das für mich die Generalprobe für die Weltcupsaison darstellen sollte, regte sich nicht der leiseste Wunsch nach einem Mid-Week-Loading. Das Ziel – eine tadellose Peak-Leistung – lag klar und deutlich vor mir. Sowohl mein Körper als auch mein Geist hatten sich vollkommen darauf eingestellt. Kein Kohlenhydrathunger kam dem Hunger nach Erfolg in die Quere!

Sie sehen aus diesem Exkurs: Die Peak-Ernährung hat sehr wohl Einfluss auf meine Leistung. Aber je nach Zyklus meines Peak-Trainings lasse ich mehr oder weniger Spielraum. Beispielsweise war mein Mid-Week-Loading im Aufbauzyklus in den Wintermonaten 2003 ein tolles, spät angesetztes Frühstück gemeinsam mit meinem Trainer Julius Benkö. Die Aussicht auf ein leckeres Croissant ließ mich die Morgeneinheit davor doppelt so motiviert angehen. Sie haben den Effekt erraten: Leistungssteigerung von Woche zu Woche!

Gerade in Regenerations- oder Aufbauwochen, in denen das Training weniger intensiv ausfällt, kann sich dies auf die Stimmung niederschlagen – das im Training entstehende Glückshormon Serotonin und Endorphine, die für gute Laune sorgen, werden nicht zur Genüge produziert.
Aber auch Kohlenhydrate bewirken eine verstärkte Ausschüttung der Glückshormone. Sie ahnen es? Ein Mid-Week-Loading, am besten in Form eines gemütlichen Frühstücks mit Freunden, ist die ideale (Er-)Lösung für dieses „Problem"!

Der Pre-Workout-Snack – Energie für hartes Training

Für eine konstante Leistung während eines intensiven Trainings, sorgt vor allem ein stabiler Blutzucker. Ein voller Magen ist jedoch alles andere als förderlich. Pre-Workout-Snacks sind deshalb bewusst keine „echten Mahlzeiten".

Ich nehme so gut wie keine Kohlenhydrate vor dem Training zu mir. Statt dessen bevorzuge ich für den „Pre-Workout-Snack" einen Eiweiß-Snack, wie im nächsten Absatz beschrieben. Eiweiß beeinflusst den Blutzuckerspiegel nicht und stellt zusätzlich wichtige Aminosäuren zur Verfügung. Diätschokolade, die ausschließlich mit Fructose (Fruchtzucker) gesüßt ist, hält bei Bedarf zusätzlich den Blutzucker konstant. Mit einem glykämischen Index von 20 liegt Fructose am unteren Ende des Spektrums und bewirkt so keine Insulinantwort.
Die Praxis ist denkbar einfach: Ein paar Stückchen Diätschokolade und bei einem langen Training bin ich für weitere ein bis zwei Stunden im grünen Bereich.

Der Eiweißsnack für unterwegs: Eiweißpulver in Magertopfen (Magerquark) einrühren und in ein wasserdicht verschließbares Wegwerfgeschirr geben. Dazu ein Plastiklöffel, alles zusammen in eine Plastiktüte oder eine Tasche und fertig. Auf diese Weise können Sie mit einer klar vorgegebenen Menge überall hingehen. Der Vorteil gegenüber Milchshakes: Es kann nichts ausrinnen.

Der After-Workout-Snack – Rein in die anabole Regeneration

Eine halbe Stunde nach dem Training sind Kohlenhydrate, die eine möglichst hohe und schnelle Insulinausschüttung hervorrufen, in Kombination mit Aminosäuren gefragt. Die Muskulatur wird dadurch schnellst möglich mit Nährstoffen versorgt und der Regenerationsprozess so beschleunigt. Je kürzer die Regenerationsphase, desto früher gelangen die Muskeln wieder in einen anabolen Zustand.

Für diesen Zweck ist Glucose (Dextrose, Traubenzucker) genau das Richtige, am besten als Traubenzuckerwürfel. Sie passen in jede Hosentasche und sind schnell gegessen. Die Idealmenge liegt bei einem Gramm pro kg Körpergewicht. Das Ziel ist eine möglichst starke, aber zeitlich begrenzte Insulinreaktion. Zeitlich begrenzt vor allem, um die Wartezeit zur nächsten fettreichen Mahlzeit möglichst kurz zu halten. So wird ein Überschneiden von Nahrungsfett und Insulin vermieden.

Wie gesagt, sind nach dem Training auch Aminosäuren wichtig! Und zwar sowohl für eine schnelle Reparatur, als auch für langfristige Regeneration und den Muskelaufbau. Eine starke Insulinausschüttung fördert die Aufnahme von Aminosäuren und Glucose in die Muskulatur. Am besten ist also eine Kombination aus Dextrose und einem hochwertigen Aminosäurensupplement (z.B. Pro Aminos 2000), das dem Körper direkt zur Verfügung steht. „Gewöhnliches" Proteinpulver ist dagegen nicht zu empfehlen, da es den durch die Glucose ausgelösten Insulinpeak verlangsamen und abschwächen würde.

Wie Sie im Supplementekapitel sehen werden, bietet Creatin Kraftsportlern zahlreiche Vorteile. Leider wird das Supplement ohne Kohlenhydrate nicht oder kaum in die Muskulatur eingelagert. Die Lösung? Die Kombination mit dem After-Workout-Snack! Creatin komplettiert die Peak-Ernährung nach dem Training. Allerdings braucht Creatin etwa 30 Minuten, um vom Magen ins Blut zu gelangen. Dadurch ergibt sich folgender Zeitplan in drei Schritten:
- Beim Abwärmen Creatin in heißem Wasser. Das heiße Wasser sorgt für eine bekömmliche und schnelle Aufnahme.
- 30 Minuten später eigentlicher After-Workout-Snack: Dextrose, Aminosäuren
- Rund 1½ Stunden später die erste fett- eiweißreiche Mahlzeit
  Die erste Folgemahlzeit besteht bei mir entweder aus Fleisch, Fisch oder Käse, das heißt aus Proteinen, die sehr langsam abgebaut werden und die die längerfristige Regeneration der Muskulatur sichern.

Ein Beispiel anhand einer meiner Trainingstage mit Pre- und After-Workout-Snack, sowie den dazu gehörenden Supplementen finden Sie im Anhang auf Seite 205.

Zwei Ladetage

Das 5/2-Schema ist die bei fett-eiweißreichen Ernährungen, die während der Woche nur etwa 30g Kohlenhydrate vorsehen, ursprünglich eingesetzte Aufteilung zwischen den kohlenhydratarmen Tagen und den Ladetagen (METABOLIC DIET von Dr. Mauro DiPasquale und ANABOLE DIÄT von Klaus Arndt und Stefan Korte). Aufgrund des moderaten Kohlenhydratanteils auch während der Woche ist ein zweiter Ladetag in der Peak-Ernährung nicht notwendig. Selbst ohne Ladetag wäre die Kohlenhydratgrundversorgung, vor allem für das Gehirn, gewährleistet. Da es also nicht viel aufzuladen gibt und sich die höchste Leistungsbereitschaft zwei bis vier Tage nach dem Ladetag einstellt, rate ich Ihnen von einem zweiten Ladetag ab. Sollten Sie dennoch das Gefühl haben, mit mehr Kohlenhydraten fitter und motivierter zu sein, können Sie diese Variante jedoch gerne einmal ausprobieren.

Insulinpraxis für Nachteulen

Wie sie bereits wissen, soll die strategische Kohlenhydrataufnahme nach einem Training deutlich von eventuellen fettreichen Mahlzeiten getrennt sein.
Die Pause *nach* der Kohlenhydrataufnahme ist – wie beschrieben – nicht kritisch. Nach einem After-Workout-Snack aus reiner Dextrose genügen 90 Minuten. Da Fett langsam verdaut wird, muss aber in diesem Fall *vor* dem Training eine gut ausreichende Zeitspanne zur letzten fettreichen Mahlzeit liegen. Der Weg von fett-eiweißreich zu den Kohlenhydraten des After-Workout-Snacks ist also problematischer! Am einfachsten haben es hier Morgen-Trainierer: mit leerem Magen oder einem Pre-Workout-Snack ins Training – am Vorabend gegessenes Fett ist längst verdaut und somit aus dem „Schussfeld" des Insulins.

Was aber machen „Nachteulen"? Bei einem Training am frühen Abend könnte der Zeitplan so aussehen:
Zu Mittag die letzte fettreiche Mahlzeit. Aufgrund der guten Sättigung dürfte eine Verdauungspause von vier bis fünf Stunden für die meisten kein Problem darstellen. Das ist lange genug. Und dann kann es losgehen! Entweder direkt ins Training oder wie soeben beschrieben: Also um 16 Uhr der Pre-Workout-Snack, um 17 Uhr das Training und dann das „Ritual" des After-Workout-Snacks, der Wartezeit und der fett-eiweißreichen (Nacht-)Mahlzeit, wie auf Seite 142 ausführlich erläutert.

Sollten Sie am Trainingstag Ihren Kalorienbedarf nicht ganz decken, ist dies kein Grund, sich am Abend nach dem Training zu „mästen". Wie Sie auf Seite 147 noch erfahren werden, liegen Sie gerade mit dem Ziel einer Körperfettreduktion sogar automatisch genau richtig.

Sollten Sie sehr spät trainieren: Kohlenhydrate – egal welcher Art – sind vor dem Zubettgehen weniger sinnvoll. Empfindliche Menschen werden daraufhin mitten in der Nacht mit einem Heißhunger aufwachen, weil nach der Insulinausschüttung der Blutzucker abfällt. Zudem könnte der Abstand zum fettreichen Abendessen zu gering sein, so dass das Insulin noch vorhandenes Nahrungsfett in die Fettzellen einlagert. Ersetzen Sie in diesem Fall den After-Workout-Snack evtl. durch eine leicht verdauliche eiweißbetonte Mahlzeit. Ideal ist ein Eiweißpräparat mit einem hohen Anteil an Kasein.

Ernährung und Supplemente bei Verletzungen

Solange Sie nicht bettlägerig sind und sich noch bewegen können, sollten Sie die Kalorienaufnahme nicht einschränken. Die Energie aus der Ernährung ist gut für den Heilungsprozess.
Statt zu trainieren, können Sie einfach viel spazieren gehen oder sich auf ein Radergometer setzen. Machen Sie alles, wobei Sie sich gut fühlen, dann müssen Sie sich beim Essen nicht einschränken. Bewegen, bewegen, bewegen, dann sind die Kalorien kein Problem! Einige Tipps zu Bewegung, die Spaß macht, finden Sie im Kapitel „Peak-Lifestyle" auf Seite 184.

Auf einige Punkte sollten Sie bei der Wahl der Lebensmittel allerdings achten: Bei akuten Entzündungsprozessen benötigen Sie dringend ausreichend Omega-3-Fettsäuren, noch mehr als normalerweise. Mehr dazu auf Seite 106.

Eine weitere Gefahr sowohl nach Verletzungen als auch bei Übertraining ist eine extreme Übersäuerung des Körpers. Diese wird durch Nahrungsmittel wie Weißmehl, Zucker, Kaffee und Fleisch noch verstärkt. Davon also bitte die Finger lassen! Es gibt während der Verletzung keinen Grund, den Körper noch zusätzlich durch die Ernährung zu belasten.
Wer das Gefühl hat, er brauche Kohlenhydrate, weil er sich damit besser fühlt, sollte viel Obst essen. So gut wie alle Obst- und Gemüsearten sowie Salate sind basisch und tun auch der Verletzung gut.
Wirksam gegen Übersäuerung sind außerdem Basenpulverkapseln, ein unkompliziertes Supplement, das hilft, den Säurehaushalt des Körpers zu stabilisieren.

Ladephasen und strategische Ladetage machen in der Verletzungsphase keinen Sinn. Auch ich bin während der Heilung auf eine Trennkost nach Jan Prinzhausen umgestiegen: Am Morgen eiweißbetont, aber fettarm mit viel Obst frühstücken. Im Lauf des Tages dann auf Fett und Eiweiß umsteigen.
Es ist wichtig, die Eiweißzufuhr weiter hoch genug zu halten: Bei 2 bis 2,2 Gramm Eiweiß pro Kilo Körpergewicht. Als Eiweißquellen sollten dabei möglichst magere

Milchprodukte dienen. Sie enthalten viel Calcium, das gut für den Knochenaufbau ist. Eiweiß aus Fleisch soll dagegen möglichst vermieden werden.

Supplemente, die den Heilungsprozess unterstützen sind Basenpulverkapseln, Magnesium, Calcium, Multivitamin- und Mineralstoffpräparate. Mehr dazu finden Sie im Kapitel „Supplemente" auf Seite 154.

Spezialfokus Muskelaufbau

Wenn Sie gezielt Muskulatur aufbauen wollen, erhöhen Sie die Kalorienzufuhr um 10% über Ihren bisherigen Tagesbedarf an Kalorien, die Hälfte in Form von Eiweiß, die andere Hälfte in Form von Nahrungsfett. Dann liegen Sie richtig.

Achtung: Wenn Sie noch mehr zu sich nehmen, werden Sie höchst wahrscheinlich auch Fett ansetzen. Und wenn Sie versuchen, mehr zu trainieren, um mehr essen zu können, dann bedeutet das nur eines: Viel Aufwand für nichts!

Für einen konstanten und qualitativ einwandfreien Muskelaufbau – also möglichst ohne Körperfett – reicht das Plus von 10% Kalorien aus! In einer halben Stunde hochintensiven Trainings verbrennen Sie kaum mehr Kalorien als gewöhnlich. Die Trainingsdauer ist viel zu kurz, um relevante Verbrennungswerte zu erzielen. Wenn Sie eine Stunde spazieren, werden Sie vermutlich mehr Kalorien als während des HIT verbrennen!

Zu schnelles Zunehmen ist immer auch mit Fettaufbau verbunden. Ein halbes Kilo alle 14 Tage gilt als absolutes Maximum – alles Weitere wird zu Fett werden. Wenn Sie ausschließlich Magermasse zunehmen wollen, müssen Sie sich also ein wenig gedulden.

Dasselbe gilt umgekehrt auch beim Abnehmen: Sie können nie mehr als ein halbes Kilo Körperfett pro Woche loswerden, ohne dabei auch Muskelmasse zu verlieren.

Viele Athleten versuchen, mit mehr Trainieren, mehr Essen und mehr Eiweiß ihren Muskelaufbau zu beschleunigen. Das enttäuschende Ergebnis? Muskelmasse geht verloren, Körperfett wird aufgebaut.

Die Gründe dafür sind klar: Der Körper hat keine Zeit, das Muskelgewebe zu reparieren. Zugleich bekommt er viel zu viele Kalorien. Er repariert so gut wie möglich, durch das Übertraining befindet sich die Muskulatur jedoch in einem katabolen Zustand. Und jede Kalorie, die den Bedarf übersteigt, egal in welcher Form sie in den Körper gelangt, wird in die Fettdepots eingelagert. Das überschüssige Eiweiß wird einfach in Energie umgewandelt.

Spezialfokus Körperfettreduktion

Sie wollen in erster Linie Körperfett reduzieren und dabei möglichst Ihre gesamte Muskelmasse behalten? Sogar Muskelmasse zulegen, während Sie Fett abbauen? Das gehört bestimmt zu den schwierigsten Aufgaben und ist allein durch eine perfekte Abstimmung zwischen Training und Ernährung machbar. Die gute Nachricht ist, dass Sie mit der Peak-Ernährung für diese besondere Herausforderung bestens gerüstet sind!
Absolute Grundvoraussetzung ist, dass Sie *wirklich* intensiv trainieren. Ihr Körper benötigt im Training viel Energie und wird neben der Fettverbrennung stets versuchen, fehlende Energie durch den Abbau von Muskelprotein zu kompensieren. Doch da können Sie entgegenwirken: „Use it or lose it" lautet ein gängiges Sprichwort. Hartes Training kann den Körper davon überzeugen, dass er an seiner Muskelmasse unbedingt festhalten muss und sie keinesfalls „verbrennen" darf!
Wenn Sie vorrangig abnehmen wollen, sollten Sie auf eine um ca. 10% geringere Kalorienzufuhr achten und vor allem an den Trainingstagen die Kalorienaufnahme einschränken – der Körper benötigt so die Muskeln dringend und kompensiert den Energiemangel mit Abbau von Körperfett. Ladetage sollten etwas seltener stattfinden – alle neun oder zehn Tage – und nur nötigste Kohlenhydrate enthalten.

Ein Problem für Athleten, die abnehmen wollen: Sie sind mit den Nährstoffen oft am Limit und überlegen unter Umständen durch kürzeres Aufwärmen Energie zu sparen. In diesem Fall sollten Sie für das Aufwärmen lieber mit Diätschokolade weitere Energie bereitstellen. Das Aufwärmen zu verkürzen ist immer der falsche Weg, der schnell zu Verletzungen führen kann.

Zudem sollten Sie Ihre Eiweißzufuhr *leicht* erhöhen. 2,5g pro kg Körpergewicht sind ein guter Ausgangswert bei einer kalorienarmen Ernährung. Sie schützen so Ihre Muskulatur vor dem körpereigenen Raubbau der Gluconeogenese. Aber übertreiben Sie es auch hier nicht.

Wenn Sie, um abzunehmen, die Kalorienzufuhr senken, sollten Sie darauf achten, nicht gleichzeitig zuviel Eiweiß zu sich zu nehmen. Das Ziel besteht ja darin, dass der Körper aus Mangel an Nahrungsfett vermehrt auf die Körperfettreserven zurückgreift. Da er durch die Stoffwechseladaption auf Fettverbrennung eingestellt ist, wird er das normalerweise auch tun.
Allerdings wird überschüssiges Protein zunächst in Glucose umgewandelt – erst in einem zweiten Schritt würde daraus wieder Körperfett. Für den Organismus ist es immer der einfachste und schnellste Weg, sich die notwendige Energie aus Glucose zu besorgen. Das bedeutet: Das Körperfett bleibt verschont, da das Eiweiß indirekt für leichter verfügbare Kohlenhydrate sorgt – und der gewünschte Effekt bleibt aus.

Es ist somit trotz allem sehr unwahrscheinlich, dass Sie mit einem Kaloriendefizit noch Muskelmasse aufbauen oder, anders ausgedrückt, gleichzeitig Körperfett verlieren und Magermasse zulegen. Dies ist nur zeitlich sehr begrenzt und nur für fortgeschrittene Athleten während einer Peak-Phase möglich. Näheres dazu im folgenden Abschnitt.

Und es geht doch: Muskelaufbau – gleichzeitiger Fettverlust

Wenn Sie es schaffen, im Peak-Zyklus so intensiv zu trainieren, dass Ihr Körper die Muskeln verschont, weil er jedes Gramm unbedingt braucht, dann können Sie gleichzeitig zum Fettverlust noch Muskelmasse aufbauen.

Im Herbst 2004 habe ich selbst bewiesen, dass dies durchaus möglich ist. Diese Strategie lässt sich nur über den relativ eng begrenzten Zeitraum einer Peak-Phase in die Tat umsetzen. Im Grunde signalisieren Sie Ihrem Köper damit, dass es ums Überleben geht, dass Sie die Muskeln unbedingt brauchen und er deshalb von seinen „Überlebensdepots", dem Fett, zehren und die Muskulatur in Ruhe lassen muss.

Die unbedingten Voraussetzungen dafür sind:
- Wirklich sehr intensives Training! Intensität nicht mit Umfang verwechseln!
- Kalorienmenge an der Grenze zum Defizit oder sogar leicht darunter.
- Eine ausreichende Energie- und Leistungsreserve für die Peak-Phase durch „Training zum Erfolg" mit 90% in der Aufbauphase.

Wenn Sie nicht hochintensiv trainieren, reagiert der Körper bei einem Kaloriendefizit sofort mit Muskelabbau. Die Gluconeogenese setzt ein, das Muskelprotein wird zur Energiegewinnung in Glucose umgewandelt und als Energie verwertet.

Setzen sie diese Methode allerdings längerfristig ein, beeinträchtigt das Kaloriendefizit die Leistungsfähigkeit und Sie können letztlich nicht mehr so intensiv wie nötig trainieren – ob Sie wollen oder nicht. Und weniger intensives Training führt wiederum zu Muskelverlust – genau dem Gegenteil dessen, was Sie erreichen wollten. Nur solange Sie Gewicht verlieren und trotzdem ständig stärker werden, sind Sie auf dem richtigen Weg. Dann können Sie sicher sein, dass Sie wirklich nur Fett verlieren!

Begehen Sie nicht den Fehler, an einer verringerten Kalorienmenge festzuhalten, während es mit der Leistung bergab geht! Das Training ist immer wichtiger als die Ernährung! Wenn Sie nicht mehr hochintensiv trainieren können, ist die beste Ernährung nichts wert. Nur mit sehr hartem Training und dem resultierenden Signal an den Körper war es mir möglich, sehr viel Körperfett abzubauen ohne Magermasse zu verlieren!

Körperfett abbauen und gleichzeitig Muskelmasse aufbauen ist immer eine Gratwanderung, die nur fortgeschrittenen Athleten mit viel Erfahrung gelingen kann, oder aber Einsteigern, die mit wenig Muskelmasse und viel Körperfett das Training aufnehmen und deshalb den „Anfängervorteil" genießen!
Generell gilt: Je geringer der Körperfettanteil bereits ist und je entwickelter die Muskulatur, desto schwieriger wird eine Fettreduktion bei gleichzeitigem Muskelaufbau.

Stoffwechselfalle und Jo-Jo-Effekt

Entziehen Sie Ihrem Körper um abzunehmen mit einem Mal einen Teil der gewohnten Kalorien, so wird er sich verstärkt an seinen Fettreserven festklammern. Denn immerhin sind die Fettdepots aus Sicht des Körpers die einzige längerfristige Überlebensgarantie.

Das bedeutet: Eine reine Kalorienreduktion führt bereits nach kurzer Zeit in eine Sackgasse. Sie werden nicht weiter abnehmen, Ihr Körper ist aufgrund des Energiemangels in einer ständigen Stresssituation, Stoffwechsel und Kreislaufaktivität laufen auf Sparflamme, Sie verlieren an Kraft und Leistung, sind frustriert und geben das Kaloriendefizit über kurz oder lang notgedrungen wieder auf...

Und schon sind Sie Opfer des Jo-Jo-Effekts! Die Erhöhung der Kalorienzufuhr veranlasst Ihren Körper dazu, sich als erstes für die nächste „Hungersnot" zu rüsten. So werden natürlich die Fettdepots reichlich versorgt! Sie nehmen an Gewicht und vor allem Körperfett zu, im Normalfall noch mehr, als vor Ihrer Hungerkur!

Trotz Diät: Hungern verboten!

Doch was, wenn Sie tatsächlich mehr essen wollen, als Ihr gegenwärtiges Ziel zulässt? Mit einigen einfachen Tricks können Sie sich bei jeder Mahlzeit satt essen, ohne die Kalorien in die Höhe zu treiben. Hunger hat in der Peak-Ernährung nichts verloren!

Essen Sie vor jeder Mahlzeit eine rohe Karotte oder einen Salat. Damit haben Sie das Gefühl, mehr gegessen zu haben und sind zufrieden, ohne dass sich der Kalorienumsatz erhöht.

Verteilen Sie die Kalorien über den ganzen Tag. Dafür gibt es zwei Gründe: Erstens laufen Sie nie Gefahr, in Heißhunger zu geraten. Sie werden sich dadurch immer ausgewogen und ruhig fühlen. Zweitens gibt es für den Körper durch die regelmäßige Nahrungsaufnahme keinen Grund in Panik zu geraten und deshalb an seinem Körperfett festzuhalten. Es geht ihm gut.

Achten Sie auf ballaststoffreiche Lebensmittel. Ballaststoffe fördern die Verdauung und haben auch auf die Fettverbrennung einen positiven Effekt. Sie kommen in der Peak-Ernährung speziell im Salat und Gemüse in hohem Maße vor und sind ein guter Weg, das Körpergewicht zu kontrollieren.

Wenn Sie sehr auf Süßes fixiert sind: Essen Sie ein gelegentliches Dessert nur im Restaurant, nie zu Hause. So besteht nicht die Gefahr, dass Sie immer wieder zum Kühlschrank gehen, um sich noch einen Nachschlag zu genehmigen.

Auch Supplemente, wie beispielsweise Glutamin können den Hunger auf Kohlenhydrate reduzieren. Weiters kann der Fettabbau durch Zusatzpräparate wie etwa L-Carnitin effektiv unterstützt werden.
Mehr dazu im nun folgenden Kapitel „Supplemente" auf Seite 154.

12kg weniger Fett pro Jahr dank Peak-Lifestyle!

Profis unter Ihnen mit Erfahrung in den „Kalorienwissenschaften" fragen sich vielleicht noch, wieso ich mit 55kg Körpergewicht 2.200kcal täglich brauche, um mein Gewicht in einer Peak-Phase zu halten? Der Ernährungsplan auf Seite 135 beinhaltet schließlich genau diese Angaben. Wie schon beschrieben, beziehen sich die kcal-Angaben sogar auf Berechnungen ohne Gemüse oder Salate, welche ich in rauen Mengen verzehre. Die Werte sind durchaus real. Im Aufbau brauche auch ich sogar noch gut 10% mehr an Kalorien um langsam, aber stetig zu „wachsen".

Zugegeben, ich genieße hier sicherlich einen genetischen Vorteil: Als Ektomorph bin ich mit einem sehr schnellen Stoffwechsel begnadet.

Eine kleine Rechnung zur Ermutigung...

Ein erwachsener Mensch verbrennt 100kcal pro halber Stunde flottem Fußmarsch. Jeden Tag zwei Spaziergänge von 45 Minuten ergeben 300kcal, also 109.500kcal im Jahr – das sind 12kg Fett, denen da davongelaufen wird!

Daher gilt: In Zukunft die Besorgungen zu Fuß erledigen, das Auto stehen lassen, statt dem Lift die Treppe verwenden... Jeder Schritt macht fit!
Dass das wirklich so ist, und dass das alles auch noch Spaß macht, erfahren sie im nächsten Teil des Buches! Ein aktiver Lebensstil unterstützt auf angenehme und gesunde Weise Ihre Diätziele. Also, viel Spaß mit dem Peak-Lifestyle ab Seite 184!

PEAK-ERNÄHRUNG, INTERVIEW 1

DANIEL ZAUSER IM GESPRÄCH MIT DIPL. ERNÄHRUNGSMED. BERATERIN DORIS GISELBRECHT

Mehr zu Doris Giselbrecht erfahren Sie auf Seite 13!

Wie sehen Sie Jürgens „Peak-Ernährung"?

Mir sind natürlich die unterschiedlichsten Ernährungsformen, die im Sport praktiziert werden, bekannt; sei es nun die kohlenhydratbetonte Kost, die ketogene oder
die anabole Diät, oder wie auch immer sie heißen mögen. Sicherlich habe auch ich
am Anfang meiner beruflichen Karriere – entsprechend den wissenschaftlichen
Grundlagen – vor allem auf die kohlenhydratbetonte Ernährung gesetzt. Dies nicht
zuletzt, weil vorwiegend Ausdauersportler zu meiner Klientel gehörten.
Dementsprechend war ich bei Jürgen zu Beginn etwas skeptisch, andererseits fand
ich sein Vorhaben interessant und war auf den Verlauf gespannt. Ich bot ihm somit
gerne meine fachliche Unterstützung an und diskutierte mit ihm die geplante Vorgehensweise. Schlussendlich hat Jürgen aber die optimale Zusammensetzung und
Abstimmung des Nährstoffverhältnisses, des Trainings und des Lebensstils selbst
gefunden. Und der Erfolg gibt ihm recht!

Ist die „Peak-Ernährung" in Ihren Augen für jeden Sportler geeignet?

Ob und in wie weit die Peak-Ernährung für jeden Sportler den gewünschten Erfolg
bringt, kann ich noch nicht beantworten. Soviel steht aber fest: Der Mensch ist ein
Individuum. Die jeweiligen Bedürfnisse sind also von der Sportart, dem Trainingspensum, dem Trainingszustand, dem individuellen Stoffwechsel, den Lebensbeding-
ungen sowie der mentalen Einstellung abhängig.
Ich bin überzeugt, dass diese Ernährungsform ihre Berechtigung hat. Sie führt aber
nur dann zum Erfolg, wenn die Feinabstimmung passt. Das heißt, wenn Sie voll dahinter stehen, der Kopf mitspielt und Sie die Signale Ihres Körpers erkennen und
zu interpretieren lernen. Daraus ergeben sich die entsprechenden Maßnahmen, auf
die es ankommt.

Welchen Stellenwert hat die Ernährung im Sport ganz allgemein?

Eine sportartgerechte, individuell abgestimmte Ernährung kann neben einem ausgeklügelten Trainingsplan, dem genetischen Potenzial und der mentalen Stärke genau *die* Hundertstelsekunde oder die „Nasenspitze voraus" bedeuten, die über Sieg oder Niederlage entscheidet.

Die Leistung des menschlichen Körpers ist immer nur so stark, wie das schwächste Glied der Kette. Achten Sie darauf, dass die Kette nicht am „Ernährungsglied" reißt.

PEAK-ERNÄHRUNG, KAPITEL 5

SUPPLEMENTE

Supplemente und Kraftsport

Supplemente sind aus dem Kraftsport längst nicht mehr wegzudenken. Voraussetzung für ihre Wirksamkeit ist natürlich, dass Sie die richtigen Supplemente zum richtigen Zeitpunkt verwenden.

Zwar gibt es für jeden Zweck das richtige Präparat, aber nicht jedes Präparat bringt in jeder Trainingsphase Vorteile. Creatin beispielsweise führt durch die verstärkte Wassereinlagerung zu Gewichtszunahme. In einer Leichtgewichtssportart wie dem Klettern oder bei Sportarten, die nach Gewichtsklassen unterteilt sind, ist das für den Wettkampf alles andere als ideal.

Wie in allen anderen Bereichen gilt auch für die Supplemente, dass die Reaktionen individuell sehr verschieden ausfallen können und Sie daher ein wenig experimentieren müssen, bis Sie Ihre Präparate und deren optimale Dosierung finden.

Als Basis sind für jeden Athleten Vitamine, Mineralstoffe und Proteine bzw. Aminosäuren notwendig. Ein Mangel an wichtigen Vitaminen und Mineralstoffen kann sich durch eine verzögerte Regeneration, Verletzungs- und Infektanfälligkeit sowie durch Leistungsplateaus bemerkbar machen.

Auch der erhöhte Eiweißbedarf sollte zumindest teilweise durch ein Eiweißpräparat abgedeckt werden. Ohne ausreichende Eiweißversorgung fehlen die essenziellen Nährstoffe für eine schnelle Regeneration und einen der Trainingsleistung entsprechenden Muskelaufbau.

Supplemente sind nur zur Optimierung gedacht. Weder können sie hartes Training ersetzen, noch eine falsche Ernährung ausgleichen. Sie decken den durch die Trainingsanstrengungen erhöhten Bedarf an Makro- und Mikronährstoffen, damit der Körper die erbrachten Leistungen möglichst vollständig in Wachstum bzw. Fettverbrennung umsetzen kann.

Supplemente lassen sich nach ihrer Wirkungsweise in Gruppen einteilen:
- Basis (Vitamine, Mineralstoffe, Eiweiß)
- ▲ Training (aktivierend und/oder leistungsfördernd)
- Regeneration
- ★ Speziell (Muskelaufbau, Fettverbrennung, verbesserter Hormonhaushalt)

Zu beachten ist, dass alle Präparate gleichzeitig in mehrere Kategorien fallen. So wirkt etwa Creatin nicht nur regenerativ, sondern auch kraftsteigernd.

Ich selbst unterstütze meine Trainingsleistungen bereits seit den Anfängen meiner sportlichen Laufbahn mit Nahrungsergänzungen zur Basisversorgung, sowie Präparaten zur optimalen Leistungsförderung und Regenerationsbeschleunigung.

Der Tages- und Ernährungsplan im Anhang auf Seite 205 enthält auch meine Supplemente, die ich an Ruhe- und Trainingstagen während der Peak-Phase im Herbst 2004 zeitlich gezielt zu mir nahm.

Nein, dies ist kein Werbekapitel für *meine* Produktlinie. Die im Winter 2004 in Zusammenarbeit mit erfahrenen Partnern entwickelten Produkte stehen in diesem Buch exemplarisch. Natürlich bieten auch zahlreiche andere Hersteller am Markt vergleichbare, qualitativ hochwertige Supplemente an.

JÜRGEN REIS SUPPLEMENTE, die Produktlinie von jürgenreis.com, umfasst jedoch ein ausgesuchtes Angebot an genau jenen Präparaten, mit denen ich selbst in den letzten Jahren die besten Erfahrungen gemacht habe. Mehr dazu aber auch im Shop meiner Homepage WWW.PEAK-PRINZIP.COM.

Die Produktlinie steht für:
- Hocheffektive Supplemente mit wissenschaftlich belegter Wirksamkeit
- Höchste Reinheit und Qualität der Rohstoffe
- Langjährige persönliche Erfahrungswerte dank eigener Anwendung, Coachings sowie Feedback von Athleten aus dem Vorarlberger Olympiakader

Dopingfrei zu mehr Leistung!

In den letzten Jahren kam es bei Dopingkontrollen immer wieder zu Ergebnissen, die die betroffenen Sportler vor Rätsel stellten. Es kam zu positiven Resultaten bei reinen „Naturalathleten", was entsprechende Konsequenzen wie etwa Sperren und Gerichtsverfahren nach sich zog. Häufige Ursache: Verunreinigte Nahrungsergänzungen!

Die rechtliche Lage ist für einen betroffenen Athleten sehr kritisch: Die Beweislast liegt eindeutig bei ihm, seine Unschuld zu beweisen ist meist unmöglich. Natürlich „ergänzt" kein Hersteller absichtlich seine Präparate mit wesentlich teureren Steroiden. Allerdings werden bei manchen Firmen diese Supplemente mit denselben Maschinen gemischt und abgefüllt, was zwangsläufig zu Verunreinigungen führt. Die dadurch mit erlaubten Präparaten aufgenommenen winzigen Mengen an Fremdsubstanzen führen zu keiner spürbaren „Nebenwirkung" – trotzdem aber zu einem positiven Dopingtest.

Mir war es deshalb ein besonderes Anliegen, ausschließlich Produkte in mein Programm aufzunehmen, bei denen Sie garantiert nur das zu sich nehmen, was auf der Verpackung steht. Der Hersteller meiner Produktlinie hat schriftlich bestätigt, dass in seinen Fabriken keinerlei Substanzen verarbeitet werden, die auf der Dopingliste zu finden sind. Dasselbe gilt natürlich auch für die Nahrungsergänzungen, die von MR Petrasch für meine Supplementelinie hergestellt werden. Letztere werden ausschließlich in Vorarlberg und unter Einhaltung von strengsten Hygienebestimmungen produziert. Beide Unternehmen verarbeiten keine anabolen oder erogenen Rohstoffe. Eine Vermischung ist somit von vornherein ausgeschlossen.

Wenn Sie also schon Ihr hart erarbeitetes Geld in Supplemente investieren und natürlich auch von deren Wirkung profitieren wollen ohne dabei Ihre Gesundheit aufs Spiel zu setzen: Achten Sie bitte auf die Qualität, sonst sparen Sie eindeutig am falschen Ort!

Die Supplemente

Säurefreies Vitamin C (■ ●)

Das Basisvitamin in magenfreundlicher Form

Vitamin C ist schon lange ein absolutes Muss für jeden Sportler. Neben den Reparaturprozessen im Körper wie Wundheilung und Muskelaufbau, ist Vitamin C auch ein Jungbrunnen für Blutgefässe. Trainingsstress, aber auch Rauchen und Diäten erhöhen den Bedarf an diesem Vitamin oft um ein Vielfaches. In Kombination mit Zink kommen Vitamin C auch Schlüsselfunktionen im Hormonhaushalt sowie beim Aufbau und Erhalt von Gelenken, Sehnen und Bändern zu. Nähere Informationen finden Sie unter Zitrozink.

Infekte wie Schnupfen oder Grippe sowie entzündetes Zahnfleisch und überdurchschnittlich lange Regerationszeiten sind oft deutliche Symptome für einen chronischen Mangel an Vitamin C.

Säurefreies Vitamin C besteht aus dem säurefreien Calciumsalz der Ascorbinsäure. Es hat somit die gleiche Wertigkeit wie reines Vitamin C, ohne jedoch den Körper und im speziellen die Magenschleimhäute einer zusätzlichen Säurebelastung auszusetzen. Gerade für Athleten, die aufgrund einer Übersäuerung beim Training mit Sodbrennen zu kämpfen haben, sind herkömmliche Vitamin C-Präparate eher mit Vorsicht zu genießen.

Ich empfehle Säurefreies Vitamin C zu jeder Mahlzeit. Es ist beinahe geschmacksneutral und lässt sich in Wasser oder einem Eiweißshake problemlos auflösen. Ich selbst nehme seit Jahren täglich 500mg Säurefreies Vitamin C als Basisversorgung zu mir.

Magnelact (■ ● ★)

Magnesium in einzigartiger Form

Magnelact enthält Magnesium in Verbindung mit rechtsdrehender Milchsäure, der physiologisch wertvollsten Form von Milchsäure. Durch sein einmaliges Herstellungsverfahren verfügt Magnelact über eine optimale Bioverfügbarkeit, d.h. der Körper kann das Magnesium besonders leicht aufnehmen und verwerten.

Der optimale Einnahmezeitpunkt liegt direkt nach dem Training. Kurz vor dem After-Workout-Snack eingenommen ist die entspannende Wirkung oft schon kurze Zeit später spürbar. Außerdem nehme ich Magnelact jeden Abend in Kombination mit Zitrozink zu mir. Gerade die Kombination aus Magnesium und Zink ist ein absoluter Geheimtipp für jeden Kraftsportler. Muskelentspannung, gesteigerte Wachstumshormonausschüttung, bessere Schlafqualität und somit eine beschleunigte Regeneration gehören zu den wichtigsten positiven Effekten. Die Dosierung von Magnelact liegt bei mir bei 6 Kapseln pro Tag. Eine Kapsel enthält 47mg reines Magnesium.

Basenpulverkapseln (■▲●)

Gesteigerte Leistungsfähigkeit und raschere Regeneration

Für mich sind Basenpulverkapseln ein Fixpunkt vor und nach jedem schweren Training. Während des Trainings schützen Sie die Muskulatur vor einer zu starken Übersäuerung und verbessern dadurch spürbar die laktazide Leistungsfähigkeit. Nach dem Training unterstützen Basenpulverkapseln die Regeneration, indem sie den Blut-pH-Wert wieder ausgleichen.

Neben Calcium und Magnesium enthält das Präparat auch Zink, ein elementarer Mineralstoff für Regeneration und den Hormonhaushalt (siehe auch Zitrozink).

Besonders als Ergänzung zu einer eiweißreichen Ernährung, die zusätzlich zum Training die Säurekonzentration im Körper erhöht, sind Basenpulverkapseln auch ein ideales Basissupplement.

Zitrozink (■★)

Ein Schlüsselmineral für jeden Athleten

Zink fördert Kraft, Ausdauer und Muskelwachstum und steigert die Wirkung von Wachstumshormon und Testosteron. Eine ausreichende Versorgung des Körpers mit Zink ist überhaupt die Grundvoraussetzung für die Testosteron-Produktion!

Zink unterstützt zudem den Abbau von Milchsäure nach dem Training und wirkt sich in Verbindung mit Vitamin C positiv auf Regenerations- und Heilungsprozesse aus. Besonders Gelenke, Bänder und Sehnen sind bei starker Beanspruchung verstärkt auf Zink angewiesen.

Jede Kapsel Zitrozink enthält 36mg Zinkcitrat, was 12mg reinem Zink entspricht. Zinkcitrat wird vom Körper optimal aufgenommen und verursacht, im Gegensatz zu vielen anderen Zinkpräparaten, keinerlei Verdauungsprobleme. Um die hormonoptimierende Funktion voll auszunützen, nehme ich 2 Kapseln mit der letzten Mahlzeit des Tages zu mir.

Supermineral (■●★)

Multimineralsupplement mit Kieselsäure und Biotin

In dieser Mineralstoffmischung sind Mineralien, Kieselsäure und wertvolle Spurenelemente in einem natürlichen Gleichgewicht. Das in der Kieselsäure enthaltene Silicium ist ein essenzieller Baustoff für den passiven Bewegungsapparat. Knochen, Gelenke, Bindegewebe, Bänder, Sehnen sowie Haut und Haare sind auf eine ausreichende Versorgung angewiesen.

Die Wirkung der Kieselsäure wird durch Biotin, das ebenfalls eine Schlüsselrolle für die Zellerneuerung spielt, ideal ergänzt und verstärkt.

Die „Sportlermineralien" Calcium, Kalium, Mangan, Zink sowie Chrom, Bor, Eisen und Nickel sind in Supermineral in einem ausgewogenen Verhältnis enthalten und garantieren beste Leistungsfähigkeit.

Tribulus (▲★)
Die einzige echte Steroidalternative
Tribulus, ein aus der Pflanze Tribulus Terrestris gewonnenes Präparat, erhöht auf natürliche Weise den Testosteronspiegel um bis zu 30% und fördert die Ausschüttung weiterer für Muskel- und Kraftzuwächse wichtiger Hormone. In Kombination mit der Peak-Ernährung, die bereits für einen erhöhten Wachstumshormonspiegel sorgt, entfaltet Tribulus seine volle Wirkung. Es wird zwischen den Mahlzeiten eingenommen, die Dosis richtet sich nach dem Körpergewicht.
Ich habe dieses Präparat erstmals im Winter 2004 im Aufbau eingesetzt und als echte „Geheimwaffe" für mich entdeckt. Seither ist Tribulus sowohl im Aufbau als auch in den Peak-Phasen ein Fixpunkt in meiner Supplementierung. Zahlreiche Athleten des Vorarlberger Olympiamodells haben damit ebenfalls beste Erfahrungen gemacht.
Neben Creatin ist Tribulus das Präparat mit der unmittelbarsten Wirkung, die bereits nach wenigen Tagen deutlich spürbar wird. Nicht auf der Dopingliste und trotzdem hocheffektiv.

L-Carnitin (■▲★)
Der Fatburner mit vielen Talenten
An meinem Rekordwert von 4,4% Körperfettanteil war L-Carnitin, ein bewährter Fatburner, nicht ganz unbeteiligt. Doch dieses Supplement kann weit mehr als nur die Fettverbrennung zu optimieren. Es beschleunigt die Regeneration, stärkt das Immunsystem, hilft bei Trainings- und allgemeinem Stress und wirkt cholesterinsenkend. L-Carnitin hat keinerlei Auswirkung auf den Insulinspiegel und kann somit an allen Tagen bedenkenlos verwendet werden.

Pro Aminos 2000 (■●★)
Schnell und bequem – Profi-Aminotabs
Pro Aminos 2000 sind ein komplexes Präparat, das alle essenziellen Aminosäuren enthält, die der Körper für den Muskelaufbau braucht. Aminos sind die ideale Erstversorgung nach jedem Training und für jeden leistungsorientierten Kraftsportler ein Muss.
Der Körper erhält damit extrem schnell verfügbare, hochwertige Aminosäuren in Reinform, die nicht erst aufgespalten werden müssen. Muskelreparatur und Regeneration setzen somit unmittelbar nach dem Training ein und verhindern katabole Zustände. Hohe Anteile an BCAAs und L-Glutamin, den für den Muskelaufbau wichtigsten Aminosäuren, sorgen für einen maximalen Effekt. Athleten von Weltklasseformat schwören auf dieses Spitzenpräparat!
Sehr praktisch sind Pro Aminos 2000 durch ihre Tablettenform – kein Pulver, keine Umstände. Ich habe „zur Sicherheit" immer ein Säckchen mit Nüssen und Aminotabs dabei.

Creatin (▲★)
Der mit Abstand effektivste Leistungsverstärker
Creatin ist das wirksamste und weltweit meistverkaufte Supplement im Kraftsport. Kein anderes Präparat führt auf gesundem Weg in kürzester Zeit zu ähnlichen Leistungssteigerungen. Creatin kommt auch in rotem Fleisch vor, durch eine normale Ernährung können die Mengen, die ein intensiv trainierender Kraftsportler benötigt, jedoch bei weitem nicht gedeckt werden.

Während eines hochintensiven Trainings greift die Muskulatur, noch bevor die Glykogenspeicher herangezogen werden, zur Energiegewinnung verstärkt auf die Creatinphosphatspeicher zurück.

Als Supplement sollte es mit dem After-Workout-Snack kombiniert werden: Zweimal täglich öffnet sich mit dem „anabolen Fenster" ein kurzer Zeitraum, innerhalb dessen die Insulinempfindlichkeit und somit die Aufnahmebereitschaft von Creatin in der Muskulatur besonders hoch sind.

Das erste anabole Fenster ergibt sich im nüchternen Zustand am frühen Morgen. Sie nutzen es am effektivsten, indem Sie eine halbe Stunde nach der Creatin-Einnahme die Dextrosemenge eines normalen After-Workout-Snacks zu sich nehmen. Das Creatin wird während dieser Zeit verdaut, so dass der durch den Traubenzucker ausgelöste Insulinkick genau richtig kommt, um die nunmehr freien Creatin-Nährstoffe blitzschnell in die Zellen zu schleusen.

Das zweite anabole Fenster können Sie knapp nach dem Training nutzen. Idealerweise nehmen Sie sofort nach der Einheit Creatin zu sich.

Creatin löst sich am besten in heißem Wasser oder Tee auf. Dieser einfache Trick kann die Wirksamkeit dieses Supplements um ein Vielfaches steigern!
Eine halbe Stunde nach dem Training folgt wiederum der Traubenzucker am besten zusammen mit Aminotabs (Pro Aminos 2000). Die starke Insulinantwort führt zur schnellstmöglichen und effektivsten Aufnahme des Traubenzuckers und der Aminosäuren. So beugen Sie einer Katabolie vor und treten sofort in die Regenerationsphase ein.

Beachten Sie, dass eine Creatin-Kohlenhydratkombination, vor allem am Morgen, die Fettverbrennung einstellt. Für Athleten mit dem Ziel der Körperfettreduktion nicht ideal! Auch sollte Creatin nicht gemeinsam mit koffeinhaltigen Getränken eingenommen werden. Die dadurch verstärkte Wasserausscheidung kann die Einlagerung des Supplements beeinträchtigen.

L-Glutamin (▲●★)
Die wichtigste Aminosäure für Muskelaufbau und Regeneration!
L-Glutamin stellt mit über 60% den mit Abstand höchsten Anteil des Muskelproteins und ist somit für Muskelaufbau und Regeneration die wichtigste Aminosäure überhaupt! Schon am Morgen, auf nüchternen Magen eingenommen, stimuliert es die Wachstumshormonausschüttung. Nach dem Training fördert es auf einzigartige Weise die Proteinsynthese in der Muskulatur.

Ein Geheimtipp für alle, die den perfekten Fettabbau anstreben: L-Glutamin stabilisiert den Blutzucker und kann so als Alternative zu Fructose bzw. Diätschokolade direkt vor oder während des Trainings eingenommen werden. Ein kleines Stückchen Schokolade stoppt die Fettverbrennung bereits! Mit L-Glutamin bleibt Ihnen dieses Risiko erspart. Neueste Studien zeigen, dass es überdies den Hunger auf Kohlenhydrate unterdrückt!

BCAAs (▲●★)
Hochwertig, schnell, essenziell
BCAAs sind vor allem in Aufbauphasen sehr wichtig, denn 35% des Muskelproteins besteht aus diesen drei verzweigtkettigen, essenziellen Aminosäuren (L-Leucin, L-Valin und L-Isoleucin). Sie sind somit vor allem nach dem Training zur Kompensierung kataboler Prozesse bzw. zur raschen Regeneration von größter Bedeutung. Außerdem regen Sie die Wachstumshormonausschüttung und damit auch die Fettverbrennung an.
Vor dem Training eingenommen sind BCAAs ein Geheimtipp für Athleten, die vorrangig abnehmen wollen: Wie Fructose stabilisieren sie den Blutzucker während des Trainings. Zusätzlich schützen sie aber auch die Substanz. Die verzweigtkettigen Aminosäuren in der Muskulatur werden beim Training als Erstes angegriffen. Stehen supplementierte BCAAs zur Verfügung, so werden diese vorher „verbrannt" und die Muskulatur bleibt verschont.

Protein 85 (●★)
Das Basiseiweiß für jeden Tag
Protein 85 ist ein Drei-Komponenten-Eiweiß aus Molkeneiweiß, Lactalbumin und Hühnereiweiß kombiniert mit Vitaminen und Mineralstoffen. Es eignet sich vorzüglich als Basissupplement für den täglichen Grundbedarf an hochwertigen Proteinen.

Koffein (▲★)
Muntermacher und Fatburner
Eine Tasse Kaffee beinhaltet etwa 100mg Koffein und „arbeitet" etwa 30 Minuten später für Sie. Die Halbwertszeit von Koffein beträgt 4 Stunden, das heißt nach 4 Stunden befindet sich noch die Hälfte des aufgenommenen Koffeins im Körper. Solange Sie nicht gerade 7 Stunden oder mehr trainieren, sollte das locker ausreichen. Vorausgesetzt, es befinden sich gerade keine Kohlenhydrate im Stoffwechsel, unterstützt Koffein auch die Fettverbrennung.

Doch Achtung! Zwei bis dreimal pro Woche gezielt eingesetzt kann ein starker Espresso oder ein Cappuccino ohne Zucker *der* Trumpf im Ärmel bei der HIT-Einheit sein. Bei ständigem Konsum gewöhnt sich der Körper jedoch leider schnell an diese „Sportlerdroge".

Carb-Blocker und Low-Carb-Riegel

Ich werde oft nach meiner Meinung zu Kohlenhydratblockern und so genannten LowCarb-Riegeln gefragt. Ich persönlich kann beides nicht empfehlen. Erstere greifen in den Verdauungsprozess ein, indem sie Kohlenhydrate „abblocken", also einfach unverdaut wieder ausscheiden sollen. Das klingt für mich weder natürlich, noch gesund – was meinen Sie?
Low-Carb-Riegel sind, im Vergleich mit ein paar Nüssen und Pro Aminos 2000 als Zwischenmahlzeit schon allein preislich unsinnig. Neuesten Erkenntnissen zufolge verursacht außerdem das darin enthaltene Glycerin eine nicht unerhebliche Insulinantwort. Wenn ich Lust auf Süßes, also auf Kohlenhydrate habe, greife ich lieber zu Protein 85 oder Süßstoff. Auch L-Glutamin hemmt, wie beschrieben, den Appetit auf Kohlenhydrate.

Buchempfehlung

Allen, die sich näher mit dem Thema Supplemente zur Leistungssteigerung befassen möchten, kann ich das HANDBUCH NAHRUNGSERGÄNZUNGEN von Klaus Arndt empfehlen.

PEAK-ERNÄHRUNG, INTERVIEW 2

DANIEL ZAUSER IM GESPRÄCH MIT DEM LEISTUNGSPHYSIOLOGEN JULIUS BENKÖ

Mehr zu Julius Benkö erfahren Sie auf Seite 13!

Empfehlen Sie Supplemente? Und wenn ja, welche?

Ich empfehle eine Supplementierung zusätzlich zur normalen Ernährung, sobald ein Athlet mehr als drei Trainingseinheiten pro Woche absolviert und das Ziel hat, sich zu verbessern und an Wettkämpfen teilzunehmen. Ich gehe aufgrund meiner Erfahrung soweit zu behaupten, dass jeder, auch wenn er keinen Sport betreibt, die Lebensqualität durch eine sinnvolle Zusatzernährung verbessern kann. Und wenn ich mir nur kurz ins Gedächtnis rufe, dass Jürgen seit 13 Jahren nicht mehr krank gewesen ist, dann versteht sicherlich jeder, was damit gemeint ist! Aber lassen Sie mich ein bisschen weiter ausholen...

Es ist in der heutigen Zeit unglaublich schwierig geworden, einen jungen Athleten davon zu überzeugen, dass er sich, genügend Talent vorausgesetzt, auch ohne die Verwendung unerlaubter Mittel bei internationalen Meisterschaften durchsetzen kann. Kaum ein Athlet wird bei fehlenden Erfolgen mangelndes eigenes Talent dafür verantwortlich machen, sondern die Schuld in erster Linie bei seinem Trainer und/oder bei der Nichteinnahme von Dopingmitteln suchen.

Es gibt daher nichts Schöneres, als einen Athleten nur durch erlaubte Supplemente und der exakten Trainingssteuerung so vorzubereiten, dass er die Gewissheit hat, mit denselben Blutwerten am Start zu stehen, wie einer, der sich mit unerlaubten Substanzen präpariert hat.

Was für mentale Kräfte diese Waffengleichheit freisetzt, kann sich sicherlich jeder vorstellen. Ich rede da nicht von irgendwelchen Zukunftsträumen, sondern von Erfahrungen, die ich mit meinen Athleten bereits gemacht habe.

Ich bin froh, dass Jürgen mit seinem Beispiel den Athleten einen gangbaren Weg zeigt, wie sie auf legale Weise internationale Erfolge feiern können.

Konkret entferne ich mich bei der Empfehlung für einen Athleten kaum von dem, was Jürgen in diesem hier Buch beschreibt. Nur in speziellen Trainingsperioden bei hochtrainierten Athleten wird das eine oder andere Supplement noch hinzugefügt.

Sie beraten Athleten ja auch bei ernährungsphysiologischen Fragen. Welches waren in dieser Hinsicht Ihre interessantesten Erfahrungen?

Während meiner Tätigkeit für den ÖSV Skisprung A-Kader trat ein hoffnungsvoller „Jungadler" an mich heran, ihn bei der Vorbereitung auf die Vierschanzentournee 2002/2003 im Hinblick auf eine Gewichtsreduktion zu unterstützen. Nach Analyse seiner Trainings- und Ernährungssituation ermunterte ich ihn, es mit einer kohlenhydratreduzierten, eiweißreichen und relativ fettreichen Diät zu versuchen. Bei den Fetten lag die Betonung natürlich auf denjenigen mit einem hohen Anteil an sogenannten Omega-3 Fettsäuren.

Der Athlet nahm dann in den letzten 4 Wochen vor der Vierschanzentournee 7kg an Körpergewicht ab, wobei es sich vor allem um eine Reduktion des Körperfettanteiles handelte. Bemerkenswert dabei war, dass er weder sein gewohntes Training reduzieren musste, noch in den Wettkämpfen einen Leistungseinbruch erlitt. Im Gegenteil, während der Vierschanzentournee erzielte er hervorragende Ergebnisse; und wenn ich mich noch recht daran erinnere, war er damals einer der bestplatzierten ÖSV-Adler, wenn nicht sogar der Beste. Diese Leistungsexplosion bei gleichzeitiger – starker! – Gewichtsreduktion ist meiner Meinung nach nur mit dieser Diätform zu realisieren. Die Gründe dafür sind ja in diesem Buch ausführlich beschrieben.

Eine andere, fast schon heitere Episode, erlebte ich mit einem Schweizer Radprofi, der Zeit seines Lebens mit Gewichtsproblemen zu kämpfen hatte. Er war natürlich als extremer Ausdauersportler ein Anhänger der „Kohlenhydrat-Fraktion" und nur schwer davon zu überzeugen, dass Fett nicht unbedingt fett machen muss.

Letztendlich startete er einen Versuch mit einer ähnlichen Ernährungsform, wie oben beim Schispringer beschrieben. Ich habe bei ihm als Ausdauersportler nur den Kohlehydratanteil direkt nach intensivem Training erhöht.

Als ich ihn dann 6 Wochen später wieder sah, erschrak ich zuerst einmal. Das erste Mal in seinem Leben schaute er *wirklich* wie ein Athlet aus, obwohl er schon seit Jahren Weltklasseleistungen auf dem Rad erzielte. Sein Gewicht reduzierte er von 75 auf 67kg und er hatte für seine Verhältnisse eine sehr gut definierte Muskulatur. Sein gewohntes Training konnte er während dieser Zeit ohne Leistungseinbruch durchführen.

Was mich aber wirklich bestürzte, war das Gefühl, dass er jetzt in die Dopingkiste gegriffen haben musste. Als er sich dann kurz darauf aus Versehen mit einer Lanzette in den Finger stach und dabei ohnmächtig wurde, waren meine Zweifel diesbezüglich wieder verflogen. Mehrere negative Dopingkontrollen in weiterer Folge waren ein weiterer Beweis.

Was ich mit diesen zwei Beispielen zeigen will, ist, dass diese Form der Ernährung, mit gewissen Anpassungen an die Anforderungen der jeweiligen Sportart und die individuellen Eigenheiten eines jeden Athleten, für jede – und ich meine wirklich jede – Sportart mit großem Erfolg anwendbar ist! Analog dazu verhält es sich natürlich auch mit den Prinzipien des Peak – Trainings.

Interessanterweise wurde im März 2003 in einer renommierten amerikanischen medizinischen Fachzeitschrift (NEJM, 2003, Nr. 20) ein Artikel veröffentlicht, in dem eine fettreduzierte Diät einer kohlehydratreduzierten Diät gegenübergestellt wurde. Das Ergebnis war eine klare Überlegenheit der kohlehydratreduzierten Diät, was einen längerfristigen Gewichtsverlust anlangt. Ein ähnliches Ergebnis wurde auch bei den verschiedenen gemessenen Blutwerten erzielt!

Man sieht also, dass selbst im Land mit dem höchsten Anteil an fettreduzierten Nahrungsmitteln und trotz dem weltweit höchsten Anteil an stark übergewichtigen Personen die Dämme der klassischen kohlehydratreichen und fettreduzierten Diätformen langsam Risse bekommen.

von oben nach unten: Herbst 2002, Winter 2003, Winter 2004

deutlich sichtbarer Muskelaufbau bei gleichzeitigem Fettabbau

Peak-Mental Power, Kapitel 1
Die mentale Stärke

„Ein Ziel ist nicht immer zum Erreichen da, oft dient es nur zum richtigen Zielen ..."
Li Chen-Fan (Bruce Lee), 1940-1973

Besser sein, wenn's zählt!

Es gibt Experten, die der mentalen Stärke einen großen Teil der Leistung zusprechen. Das stimmt nur bedingt. Die Voraussetzung ist, dass alles andere – sprich Training, Ernährung und der Lifestyle, welcher aus gutem Grund auch ein Teil dieses Kapitels darstellt, bereits gut funktionieren. In diesem Fall kann die mentale Stärke sehr wohl den entscheidenden Unterschied machen. Wenn es darum geht, Leistung auf den Punkt zu bringen, eine kraftvolle, langfristige Motivation aufzubauen oder die Regeneration gezielt einzuleiten, kann durch mentale Stärke aber so manches „Wunder" zur Wirklichkeit werden!

Sie fragen sich nun, wie stark dieser Unterschied ist. Die Antwort: „Individuell verschieden, wie alles andere im Peak-Prinzip auch." Der „Trainingsweltmeister" wird sehr wohl von mentalem Training profitieren. Der geborene Wettkämpfer hingegen entsprechend weniger. Ich zeige Ihnen im Folgenden *meinen* Weg und die entsprechenden Tipps, damit auch Sie lernen, besser zu sein, wenn es wirklich zählt! Am Peak-Tag oder bei einem Wettkampf!

Während meiner Anfänge im Wettkampfklettern war ich furchtbar nervös. Nicht annähernd gelang es mir, die Trainingsleistung auch im Ernstfall abzurufen. Mentale Stärke wurde mir, wie auch den meisten anderen Athleten in meinem Umfeld, nicht in die Wiege gelegt. Aber Dr. Martin Nikolussi, Sportpsychologe und mein erster Mentalcoach, brachte mir vor gut neun Jahren das autogene Training bei. Das war *die* Wende! Ich begann, das mentale Training ernst zu nehmen und in meine Woche zu integrieren.

Zwei wichtige Dinge können Sie durch Mentaltraining beeinflussen: Die Basis, die immer wieder bestärkend auf Ihrem Weg wirkt, sowie die Spitze, wenn es gilt echte Höchstleistungen zu vollbringen und genau dann besser zu sein, wenn es zählt! Doch alles der Reihe nach. Bevor Sie sich mit mentalen Techniken befassen: Eine Geschichte von mir mit anschließender, essenzieller „Mentaler Hausaufgabe"!

Das Warum ist wichtiger als das Wie!

„Warum tue ich das alles überhaupt?" Auch Sie sollten als Erstes für sich den Sinn Ihrer Lebensweise und natürlich der sportlichen Ziele darin eindeutig klären und definieren. Nur dann können Sie langfristig erfolgreich sein. „Warum" ist die alles entscheidende Sinnfrage und somit wichtiger als das Wie der Umsetzung anhand von Techniken!
Beantworten auch Sie die Warum-Frage anhand dieses Kapitels – mit Ehrlichkeit, Herz und voller Energie! Stellen Sie sich diese entscheidende Frage und fordern Sie sich zu einer eigenen, klaren Antwort. Dann haben Sie das Fundament zu *Ihrer* mentalen Stärke gelegt!

Doch, wie versprochen, erst die Anekdote: Vor dem letzten Weltcup in Brünn (Tschechien) machte mich mein Mentaltrainer, Fredy Anwander, so richtig heiß und aggressiv. Er fragte mich ununterbrochen: „Warum?" Meine Antwort war zunächst: „Ich will mein Bestes geben und meine Ziele erreichen."
Das genügte ihm nicht: „Warum? Warum?" Das löste Fragen in mir aus: „Warum will ich nach Brünn fahren, warum tue ich mir das an? Das ganze Training der letzten Wochen! Nun habe ich eine lange Fahrt vor mir, lande fast in Russland, das Hotel ist schäbig... nur Strapazen... Kälte... kein Komfort... Warum das Ganze?"
Am Ende war ich so entnervt, dass ich ihm die Faust vors Gesicht hielt und ihn anschrie: „Das ist mein Traum! Vor vielen Jahren habe ich angefangen zu klettern! Und irgendwann war ich live dabei, als die Besten der Besten beim Rockmaster antraten! Und ich schwor mir: Irgendwann bin ich da selbst am Start, irgendwann gehöre auch ich zur Weltspitze dieses Sports! Das war und ist meine Vision! Dafür gebe ich beim Training alles und dafür kämpfe ich an diesem Weltcupwochenende – und wenn ich dafür nach Russland fahren muss! Ich geb Gas, ich werde es allen zeigen! Ich werde ihnen die verdammten Griffe aus der Wand reißen!"

Dieser Weltcupbewerb wurde zum Highlight der Herbstsaison 2004. Vor Ort, betreut durch meinen Vater, erreichte ich neben nur 6 anderen Athleten das „Top" der Viertel-Finalroute. Auch wenn ich diese Vorrunden-Führung letztlich nicht verteidigen konnte – ich war für 24 Stunden als Nr. 1 in einem Weltcupbewerb gereiht!
Was war passiert? Fredy hatte mich aus der Reserve gelockt und mich wettkampfbereit gemacht. Das Mittel dazu war die Sinnfrage! Er hat mich dazu gebracht, den innersten Kern meiner Motivation zu öffnen – meinen tief verwurzelten Wunsch, einmal zu den allerbesten Kletterern der Welt zu gehören. Alles andere, die Ausrüstung, meine Lieblingsmusik, möglichst viel Abwechslung und ein hochprofessionelles Training und eben auch mentale Techniken, sind im Verhältnis zur Sinnfrage nur Randkomponenten; Werkzeuge und Stationen auf dem Weg nach oben!

Das Ziel definieren

Mike Mentzer schreibt in HEAVY DUTY JOURNAL: „Nur jemand, der vom Zweck und der Bedeutung seines Vorhabens absolut überzeugt ist, bringt den notwendigen Enthusiasmus für ein Intensivtraining mit, der notwendig ist, um optimale Fortschritte zu erzielen." Einfach ausgedrückt: Das „Warum" ist wichtiger als das „Wie". Wenn diese Frage geklärt ist, „legen *Sie* die Latte" – *Sie* definieren das Ziel!

Das Wichtigste: Machen Sie sich bewusst, *was* Sie wollen und *warum* Sie es wollen! Ein vages Ziel wird zu halbherzigen Maßnahmen führen. Doch wenn Sie sich über das, was Sie erreichen wollen, völlig im Klaren sind und zu 100 Prozent dahinter stehen, ist der Grundstein des Erfolgs bereits gelegt. Sie bestimmen die Richtung, die mentalen Trainingstechniken bringen Sie ans Ziel!
Es ist wichtig, Ihr Ziel genau zu formulieren. Nehmen Sie sich Zeit, denken Sie nach und schreiben Sie Zweck und Motivation Ihres Trainings auf. Bleiben Sie dabei realistisch, ohne bescheiden zu sein. Wer weit blickt, wird auch weit kommen! Jede Unter-, aber auch jede Überforderung wirkt demotivierend und schränkt Ihr wahres Potenzial ein.

Auf Seminaren und in Coachings werde ich immer wieder gefragt, ob es unbedingt notwendig sei, Ziele schriftlich zu fixieren. Meine Antwort ist ein klares „Ja!".
Erfolgreiche in allen Lebensbereichen haben eines gemeinsam: Klar definierte und bewusst gemachte Ziele! Und wenn Ihnen schreiben nicht zusagt, wie wäre es mit einem Bild. Bei mir dienen auch Fotos an allen Ecken meiner Wohnung dazu, meinem Unterbewusstsein immer wieder positive Instruktionen zu suggerieren!

Wie bei jeder Wegstrecke ist es bei der Zieldefinition wichtig, Zwischenetappen aufzustellen. Was sollte wann und wie erreicht sein, um auf Kurs zu bleiben? Jedes erreichte Etappenziel motiviert Sie von Neuem.

Auch ein Rückblick auf bereits erreichte Ziele wirkt motivierend: Ein Trainingstagebuch wird sich dabei als unentbehrlicher, motivierender Begleiter erweisen. Viele unterschätzen, was Sie in 10 Jahren alles erreicht haben, weil es keine schriftlichen Aufzeichnungen gibt um objektiv zurückzublicken. Schade, denn die Summe der kleinen Fortschritte überrascht die meisten!
Vermerken Sie im Trainingstagebuch täglich auch die mentale Verfassung in kurzen Worten: Motivation und Wohlbefinden, Probleme, wie z.B. Schlafstörungen oder Stress, Zeit und Häufigkeit der autogenen Trainingseinheiten und Änderungen des mentalen Trainingsprogramms. So kann auch hier, wie beim körperlichen Training, Verlauf und Erfolg analysiert und entsprechend reagiert werden.

Erfolg vorstellbar machen: die Vision

Das Gefühl des Erfolgs vorweg zu nehmen, vorstellbar und fühlbar zu machen, gehört zu den einfachsten und zugleich effektivsten Techniken mentalen Trainings im Leistungssport. Was könnte motivierender sein als die Aussicht, diese großartigen Emotionen auch beim Training und Wettkampf zu erleben?

Fast unglaublich aber trotzdem wahr: Das Unterbewusstsein unterscheidet nicht zwischen echten Sinneseindrücken und intensiven Vorstellungen. Den simpelsten Beweis liefern Träume: Wer ist nicht schon aufgewacht und war bis zu diesem Moment absolut davon überzeugt, dass sein Traum real war?
Nutzen Sie diese Tatsache für Ihre Programmierung auf Erfolg!

Es gilt, eine möglichst detaillierte Visualisierung der angestrebten Situation zu erzeugen, und zwar für alle fünf Sinne. Das entsprechende „Zauberwort" aus der Schatzkiste des NLP (neurolinguistisches Programmieren) lautet VAKOG:

- **V** für visuell, das was wir sehen
- **A** für auditiv, das was wir hören
- **K** für kinestetisch, das was wir fühlen oder spüren
- **O** für olfaktorisch, das was wir riechen
- **G** für gustatorisch, das was wir schmecken

Ein gutes Beispiel für **VAKOG** finden Sie weiter unten im Abschnitt Peak-Tage.

An zwei Tageszeiten haben sie die Möglichkeit, Ihr Unterbewusstes zu „programmieren", nämlich kurz vor dem Einschlafen und direkt nach dem Aufwachen. Dann ist Ihr Innerstes entspannt und absolut frei für Ihre positiven, begeisterten und natürlich auf Sie und Ihre Ziele abgestimmten Visionen! Für alle, die sich den Luxus eines Mittagsschläfchens gönnen, verdoppelt sich die Anzahl dieser „Fenster zum Unterbewusstsein" natürlich!

Mit autogenem Training haben Sie die Möglichkeit, diesen Zustand höchster Entspannung gezielt herbeizuführen. Mehr dazu erfahren Sie jetzt!

Autogenes Training: Die richtige Grundlage

Wie anfangs erwähnt, nutze ich die Methoden des autogenen Trainings. Es handelt sich dabei um eine vollkommen religions- und ideologiefreie Form der Meditation, die Körper und Geist in eine tiefe Entspannung führt und das Unterbewusstsein für gezielte Programmierung öffnet. Die Technik ist einfach erlernbar und wird praktisch von jedem Bildungsinstitut als Kurs angeboten.

Zwar habe ich in den letzten Jahren meine „mentale Trickkiste" natürlich erweitert. Bei der Basis bin ich aber immer geblieben. Sie stellt für mich die Einleitung für jede Form des darauf folgenden Mentaltrainings dar. Vor allem zur Regeneration und zur Vorbereitung auf Wettkämpfe und Peak-Tage setze ich autogenes Training regelmäßig ein.

CDs mit geleiteten Meditationen und auch Entspannungsmusik können sogar ohne Mentalcoach einen ersten Einstieg in ein Mentales Training bieten. Auch ich verwende oft eine CD, die die Grundstufe des autogenen Trainings abspielt. Zwar bin ich natürlich längst mit den Formeln vertraut, aber gerade wenn es mir schwer fällt mich zu konzentrieren, bietet die Führung eine echte Hilfe!

Regeneration

Autogenes Training versetzt Sie mit etwas Übung in kürzester Zeit willentlich in einen tief entspannten Zustand, bis hin zu einem temporären Tiefschlaf. Wenn Sie dies tagsüber praktizieren, ersparen Sie sich als „kleine Zugabe" innerhalb einer dreiviertel Stunde zwei bis drei Stunden Nachtschlaf!

Die Voraussetzung für autogenes Training ist völlige Ruhe. Störungen sind in jeder Form des Mentaltrainings absolut inakzeptabel. Schade um Ihre Zeit!
Ich selbst schalte neben dem Handy sogar die Türglocke ab. Ja, ich habe einen kleinen Schalter für genau diesen Zweck installieren lassen! Was ist wichtiger? Mein autogenes Training oder ein unangemeldeter Vertreterbesuch?

Mit Hilfe des autogenen Trainings kann ich am Abend sehr schnell die wertvollste Form der Regeneration einleiten: den Schlaf. Und mehr noch: Aufgrund meiner relativ hohen Flüssigkeitszufuhr – bedingt durch den hohen Eiweißkonsum – lässt es sich kaum vermeiden, dass ich nachts teilweise zweimal aufstehen muss.
Durch das autogene Training kann ich danach jedoch sofort wieder einschlafen. Sich eventuell aufdrängende Gedanken lassen sich so gut wie immer schnell unter Kontrolle bringen. Meine Schlafqualität ist somit trotz der kleinen Unterbrechungen sehr hoch und ich erwache jeden Morgen vollkommen frisch und grundsätzlich ohne Wecker!

Vorbereitung auf Wettkämpfe und Peak-Tage

In der Vorbereitung auf meine Höchstleistungen arbeite ich mit gezielten Visualisierungen. Dabei hilft das autogene Training, einen Zustand höchster Entspannung zu erreichen. So mache ich mich geistig fit und „scharf" für einen Peak-Tag.

Beispielsweise stelle ich mir den letzten Zug einer äußerst schwierigen Klettertour vor. Bei Wettkämpfen weiß ich natürlich nie, was auf mich zukommt. Aber ich sehe mich selbst elegant, zielsicher und vom Erfolg überzeugt das „Top" einer imaginären Wand erreichen. Ich versetze mich mit allen Sinnen in die Situation, die mich erwartet!

Visualisierungen am Morgen eines Peak-Tages funktionieren auch ohne autogenes Training. Das autogene Training dient allein dazu, aus einem Normalzustand in einen sehr entspannten Zustand zu kommen. Da ich nach dem Aufwachen ohnedies sehr entspannt bin, ist autogenes Training zu diesem Zeitpunkt überflüssig.

Glaubenssätze

Die Sinnfrage des Trainings kann – wie zu Beginn dieses Kapitels erwähnt – auch durch Mentaltraining nicht beantwortet werden. Aber Sie können sich auf Ihrem Weg immer wieder bestärken und sich auch in Krisenzeiten auf positive Formulierungen (Glaubenssätze) berufen, die Sie mit autogenem Training im Unterbewusstsein verankern können.

Dazu sollten Sie jedoch Ihre eigenen individuellen Formeln erarbeiten und finden. Es macht keinen Sinn, Standardformeln aus Mentaltrainingsbüchern zu übernehmen. Jedes Wort ist für Ihr Unterbewusstsein entscheidend und muss zu 100% auf Sie zugeschnitten sein! Grundsätzlich gilt immer:

- positiv formulieren
- einfach formulieren
- so formulieren, dass die Worte zu Ihnen passen

Beispiele für allgemeine Programmierungen sind:

- „Nach 30 Minuten tiefster Entspannung bin ich hellwach und verbringe den Rest des Tages aktiv und hoch motiviert."
- „Ich erbringe meine Leistung voller Kraft und Begeisterung."
- „Ich bin und bleibe gesund."

Wenn Sie wirklich ernsthaft an diese Sache herangehen möchten, sollten Sie sich einen Profi suchen, der mit Ihnen gemeinsam die passenden Formeln findet.

Modeling

Modeling ist, ebenso wie die bereits vorgestellte Visualisierung mit VAKOG, eine weitere, äußerst effektive Technik aus der Schatztruhe des NLP. Es bedeutet, Eigenschaften von Vorbildern oder erfolgreichen Sportlern zu übernehmen.

Ich mache dies oft direkt beim Training und besonders vor einem Wettkampf. Ich lasse mir Energie von Leuten „übermitteln", die sehr stark sind. Dazu versetze ich mich mit allen Sinnen quasi „in sie hinein" und stelle mir die gewünschte Fähigkeit so lebhaft wie möglich vor. Die dabei entstehende Energie befördere ich anschließend bewusst mit jedem Atemzug in meine Körperzellen. Egal ob Kraft, Technik oder Ausdauer, ich „sauge" quasi die Eigenschaften in jenen Körperteil, in dem ich sie brauche. Sie werden sehen: Es funktioniert.

Natürlich mache ich dies nicht mit dem Gedanken, jemanden anderen gleichzeitig zu schwächen! Wenn Sie diesbezüglich Bedenken haben: Stellen Sie sich einfach jemanden vor, der momentan pausiert und so z.B. Kraft im Überfluss zu „verschenken" hat! Mentaltraining hat immer etwas mit lebhafter, ruhig auch übertriebener Phantasie und Vorstellungskraft zu tun!

Ein weiterer, idealer Moment für Modeling ist für mich eine langweilige Ausdauereinheit. Ich stelle mir dann vor, dass ich nicht einfach nur Jürgen Reis, der Jogger bin, sondern ein Weltklasse-Marathonläufer. Ich stelle mir vor, dass neben mir ein Auto mit Fernsehkamera herfährt und mich bei einem wichtigen Lauf filmt und über meinen tollen Alleingang auf dem letzten Kilometer berichtet. Mein Schritt wird so flotter und leichter, ich richte mich ein wenig auf und gebe richtig Gas. Zur Verwunderung der Passanten stoße ich schließlich beim Überqueren einer imaginären Ziellinie einen Siegesschrei aus und genieße das Erfolgserlebnis. So steigere ich meinen Einsatz durch die Kraft der Phantasie und mache aus einer trostlos langweiligen Grundlagenausdauereinheit einen aufregenden Finallauf!

Solche Spiele können auch Sie noch heute in Ihr Training einbauen. Probieren Sie es aus! Es macht Spaß und lohnt sich! Seien Sie einfach „Kind" und spielen Sie mit Ihren Gedanken – nur zu!

Direkt im Training

Natürlich hat auch direkt im Training Ihre mentale Verfassung einen erheblichen Einfluss auf Ihre Leistung und Entwicklung! Ideale Trainingsbedingungen und das obligatorische Warm-Up und Cool-Down sind ideale Angriffspunkte für mentale Optimierungen!

Ideale Trainingsbedingungen schaffen

Schaffen Sie sich Ihre Trainingsbedingungen selbst und gestalten Sie sie genau nach den individuellen Ansprüchen! Nur so können Sie konzentriert, ohne Störung und mit Zufriedenheit trainieren!

Konstante Trainingsverhältnisse

Am wichtigsten ist eine konstante Trainingsumgebung ohne unliebsame Überraschungen. Jeder überflüssige Gedanke lenkt nur ab. Konstante Bedingungen geben Ihnen Sicherheit und gewährleisten eine objektive Beurteilung der Trainingsergebnisse. Verändert sich die Umgebung nicht, machen allein Sie den Unterschied! Besonders am Peak-Tag hat „Abwechslung" und „Zufall" einfach nichts verloren! Die Leistung wird nicht mehr nachvollziehbar und Sie spielen „russisches Roulette" mit Ihrer mentalen Verfassung. Wie wollen Sie eine Leistungssteigerung nachvollziehen oder dokumentieren, wenn sich jedesmal die Bedingungen ändern?

Planung und Ordnung

Ob Sie es glauben oder nicht: Bei anstehenden Wettkämpfen sind meine „Sieben Sachen" oft schon drei Tage vorher fix und fertig gepackt! Warum? Ganz einfach: Über Erledigtes muss ich mir keine Gedanken mehr machen. Halten auch Sie Ordnung! Bereiten Sie Ihre Utensilien fürs Training rechtzeitig vor, am besten bereits am Vortag. Dann kann es sofort losgehen und Sie verschwenden weder Zeit noch Nerven mit der Suche nach verlegten T-Shirts und Socken...

Trainingspartner – die menschliche Komponente

Wählen Sie Ihre Trainingspartner sorgfältig aus! Immerhin wollen Sie hart und konzentriert trainieren und keine Schwätzchen halten. Gegenseitige Motivation und Verlässlichkeit stehen an erster Stelle. Doch Vorsicht vor zu großer Abhängigkeit: Sollte Ihr Trainingspartner einmal verhindert sein, geben Sie allein Ihr Bestes!

Sport und selbst das Peak-Training ist auch für mich mehr als ein roboterhaftes Abspulen der Leistung. Ich trainiere an harten Tagen nur mit Trainingspartnern mit der selben Intention, so dass so richtig die Funken sprühen! Im Herbst 2004 waren dies Benny Dahmen, Andreas Bindhammer, Lukas Fäßler oder Bettina Schöpf. Mit ihnen konnte ich an den Peak-Tagen an meine Grenzen und auch darüber hinausgehen. Professionalität und Energie in Reinstform!

Für mich gilt: Wenn ein Trainingspartner absolut an meinen Erfolg glaubt und mich weiterbringt – gut. Mit dem trainiere ich und gebe natürlich auch von meiner Seite genau so „Feuer" für *seine* optimale Entwicklung. Oft entsteht genau so ein echtes Motivationsfeuerwerk! Jeder gibt alles! Dann explodiert es!

Wenn ein Trainingspartner mich dagegen behindert, egal auf welche Weise – leb' wohl! Von dem verabschiede ich mich. Dann hat er in meinem Training nichts mehr verloren.

Blockaden können auch durch einen übertriebenen Konkurrenzkampf auftreten, der Stress oder ein unbewusstes Bremsen bewirkt, weil einer vielleicht nicht die selben Fortschritte wie sein Partner macht!

Aber Vorsicht: Die Wahl des Trainingspartners hängt natürlich auch von der jeweiligen Zielsetzung ab. Für einen lockeren Morgenlauf braucht man nicht denselben Typ Trainingspartner wie für einen Peak-Tag! Das soziale Umfeld sollte nicht unter dem Training leiden. Sein gesamtes Leben *nur* nach dem Peak-Tag auszurichten macht sicherlich wenig Sinn.

Flexibilität

Und falls doch einmal alles anders kommt? Der Zufall lässt sich nie vollkommen ausschalten. Aber wenn Sie alles, was Sie beeinflussen können, im Griff haben, ist eine kleine Panne oder Unregelmäßigkeit leicht zu verkraften. Denn wo Ordnung herrscht, ist Flexibilität kein Problem!

Mental Warm-up und Cool-down: Rahmenprogramm des HIT

Sowohl beim Aufwärmen als auch beim Abwärmen können Sie – zusätzlich zum rein körperlichen Aspekt – mental Einfluss auf den Trainingseffekt nehmen.

Machen Sie sich schon beim Aufwärmen bewusst, welche Muskeln und Gelenke Sie im folgenden Training beanspruchen werden. Gehen Sie die Übungen in Gedanken durch und visualisieren Sie Ihre Trainingsziele. So machen Sie die Muskulatur bereit für das Training und bauen eine leistungssteigernde Vorspannung auf.

An hochintensiven Trainingstagen mache ich zur Aktivierung meist einen kurzen, lockeren Aufwärmlauf. In den letzten Minuten aber mit Intervallsprints! Während der acht bis zehn Sekunden, die diese dauern, stelle ich mir vor, wie ich beim Kreuzheben oder Bankdrücken die letzte Wiederholung mache oder in schwierigen Tour den entscheidenden letzten Griff erreiche. Ich mache mein „gesamtes System" heiß auf die HIT-Leistung.

So nutzen Sie das Warm-up, um sich auch mental zu aktivieren. Nicht nur die Muskeln auch der Geist sollen schließlich so richtig heiß aufs Training sein!

Zum Abwärmen ist ein Cross-Stepper ideal. Sie sollen aber nicht nur gelangweilt darauf herumstehen, sondern die Zeit aktiv mental nützen.
Rufen Sie noch einmal das Hochgefühl des Trainings auf und vergegenwärtigen Sie sich die erbrachten Leistungen. Stellen Sie sich bildlich vor, welche Muskeln konkret stimuliert wurden und was das Training in diesen Muskeln bewirkt. Stellen Sie sich auch vor, wie die Abfallstoffe durch das Cool-down abtransportiert werden und mit jedem weiteren Atemzug neue Nährstoffe und Sauerstoff in Ihre Muskulatur gelangen.
Die angenehmen Bewegungen erlauben es auch dem Geist, sich vom kompromisslosen Fokus freizumachen. Schütteln Sie die Anspannung ab und öffnen Sie sich wieder! Machen Sie sich bewusst, dass die Arbeit erledigt ist und dass sie Ruhe und Erholung nicht nur brauchen, sondern auch verdient haben!
Nach dem Cool-down und der mentalen Nachbereitung des Trainings können Sie zufrieden und voller Energie in den Rest des Tages starten.

Seien Sie zudem immer fair zu sich selbst! Wenn ein Training einmal nicht nach Wunsch verläuft, ist das noch kein Grund sich in Frustration oder Selbstzweifel zu stürzen. Jeder hat einmal einen schlechten Tag, und vielleicht haben Sie sich einfach etwas zuviel vorgenommen.
Analysieren Sie in Ruhe Ihr Training, notieren Sie sich alles und lassen es dann fürs Erste gut sein. Das Vergangene lässt sich ohnehin nicht mehr beeinflussen, Ihre gegenwärtigen Gefühle und Ihre zukünftigen Leistungen dagegen schon.

Bei mir hat sich als mentales Cool-down folgendes System bewährt: Zuerst wärme ich auf dem Cross-Stepper ab oder jogge vom Kraftraum nach Hause. Dort nehme ich meinen After-Workout-Snack und evtl. auch die Folgemahlzeit zu mir. Danach verankere ich in einem tiefen autogenen Training die Erfolge der Einheit und lasse gleichzeitig ganz bewusst die letzten Spannungen aus meinem Körper fließen. So beginne ich den Tag mit dem schönen Gefühl eines „zweiten Morgens". Ich fühle mich frisch und auch Arbeit und Privatleben kommen so nicht zu kurz!

Mental Power am Peak-Tag

Ein Peak-Tag ist ein Tag höchster Intensität, der an Ihren Körper und Geist extreme Ansprüche stellt. Die bestmögliche mentale Vorbereitung ist für einen solchen Tag absolute Grundvoraussetzung!

Der Peak-Tag beginnt bereits am Vortag

Legen Sie einen Zeitpunkt am frühen Abend fest, von dem an der Tag ganz Ihnen gehört. Bereiten Sie Ihre Ausrüstung vor und lassen Sie es sich am besten noch einmal gut gehen! Finden Sie Ruhe und Entspannung, um Ihr Unterbewusstsein für die „Vision des Erfolgs" zu öffnen. Führen Sie sich Ihr persönliches Ziel für den nächsten Tag detailliert vor Augen und halten Sie positive Zwiesprache mit sich selbst. Im halbwachen Zustand kurz vor dem Einschlafen ist das Unterbewusstsein schließlich für Erfolgsprogrammierungen besonders empfänglich. Genau zu diesem Zeitpunkt können Sie noch einmal Ihre „Vision" des nächsten Tages lebhaft verankern.

Wenn ich mich auf diese Weise auf den kommenden Tag einstimme, spüre ich bereits die Klettergriffe und empfinde das großartige Gefühl, das Seil in die alles entscheidende Zwischensicherung einzuhängen. Ich rieche den Duft der Kletterhalle und höre die anspornende Musik meiner Lieblingsband. Und natürlich liebe ich den Duft und den Geschmack eines Cappuccinos, den ich mir als Belohnung für die erbrachte Leistung gönne! Das ist praktisches VAKOG – alle Sinne werden angesprochen! Vertiefen auch Sie sich in Ihre persönliche Trainingssituation und gestalten Sie Ihre eigene, starke Vision des Erfolgs!

In den Peak-Tag starten

Wiederholen Sie die Visualisierung noch einmal am Morgen des Peak-Tages, direkt nach dem Aufstehen. So kommen Sie sofort in die richtige Stimmung.
Für mich ist ein Peak-Training am Morgen ideal, da meine Konzentration zu dieser Tageszeit am höchsten ist und die Energietanks aufgeladen sind. Nachtmenschen, die lieber etwas später starten, sollen das auch tun. Sie kennen Ihren Körper am besten, Sie wissen, wann der richtige Zeitpunkt für Höchstleistungen ist.

Der große Moment!

Mit Ihrer Vision des Erfolgs gehen Sie nun in das Training. Nicht nur Ihr Körper, sondern vor allem auch Ihr Geist ist jetzt zu Höchstleistungen bereit. Ihr ganzes „System" bildet ein großes, perfekt aufeinander abgestimmtes Ganzes.
Und ab nun heißt es nur noch „Action" – gehen Sie aufs Ganze! Es ist Peak-Tag: Konzentration und voller Einsatz sind gefragt!

Ausklang mit Abwechslung

Nach getaner Arbeit dürfen Sie ruhig noch ein wenig kreativ sein. Gestalten Sie den letzten Abschnitt des Trainings nach Lust und Laune, vielleicht kommen Sie ja auf neue Ideen oder entdecken eine neue Herausforderung. Etwas Abwechslung lockert auch den Geist ein wenig und das Training bleibt attraktiv und spannend!

Regeneration

Regeneration ist, wie erwähnt, genau so wichtig wie das Training! Sie haben sich bis zuletzt gepusht und alles gegeben – manchmal gestaltet sich das „Herunterkommen" vom Peak aber schwieriger als der Aufstieg. Doch es ist auch wichtig, die hohen Wogen wieder zu glätten, das innere Meer zu beruhigen. Mehr zu den Möglichkeiten haben Sie schon auf den vorigen Seiten in „Mental Warm-up und Cool-down" gelesen!

Muskelaufbau by „Mental Power"?

Kann Mentaltraining das Muskelwachstum beeinflussen? Auf jeden Fall wirkt sich eine positive mentale Stimulation motivierend auf das Training aus und bewirkt einen „Mehr-Effekt".

Ich selbst erzielte im Frühsommer 2004 mit für mich unglaublicher Geschwindigkeit einen Zuwachs an beinahe fettfreier Muskelmasse, der sich nicht allein auf Training und Ernährung zurückführen ließ. Gemeinsam mit meinem Mentalcoach Fredy Anwander hatte ich nämlich auch die geistige Komponente voll miteinbezogen. Ich bin überzeugt, dass auch dies einen entscheidenden Einfluss auf die sensationell verlaufene Entwicklung hatte!
Ich konzentrierte mich zu dieser Zeit bei jedem Mentaltraining auf die zuvor im Training belasteten Muskeln. Ich stellte mir plastisch und teilweise übertrieben ein schnelles und fettfreies Muskelwachstum vor und umgab mich bewusst mit motivierenden Fotos von Bodybuildern und Kraftsportlern.
Natürlich lenkte ich meine ganze Aufmerksamkeit auf die für mich als Kletterer wichtigen Muskelpartien, die Unter- und Oberarme, die Schultern sowie Brust-, Rücken- und Bauchmuskulatur. Bei Spaziergängen stellte ich mir bildhaft vor, wie der Sauerstoff direkt in diese Muskeln strömt, sie auftankt, massiger, kräftiger und härter werden lässt. Schließlich holte ich mir noch Unterstützung von einem Foto aus meiner frühen Kletterzeit, auf dem ich extrem muskulös wirkte. Für negative Gedanken blieb so kein Platz mehr und der Trick funktionierte!

Für eine mentale Stimulation gibt es keine übertriebenen oder lächerlichen Vorstellungen – die Gedanken sind frei und die Phantasie darf sich ruhig austoben. Von Arnold Schwarzenegger wird berichtet, er habe sich bereits in seiner Jugendzeit seine Bizepse als mächtige Gebirge vorgestellt. Warum nicht?
Versuchen Sie es! Seien Sie kreativ! Und vergessen Sie nicht: Für das Unterbewusstsein ist eine detaillierte Vorstellung genau so real wie ein tatsächliches Erlebnis. Der Erfolg im Kopf ist der erste Schritt zum wirklichen Erfolg!

Mentaltraining als wichtige Peak-Komponente

Richtig eingesetztes Mentaltraining aktiviert die letzten Reserven, macht Leistung abrufbar und motiviert Sie auf Ihrem Weg.

Aber beachten Sie bitte immer: Jegliche Polarisierung auf eine Komponente bringt Sie nicht weiter. Auch Training, optimale Ernährung und ein aktiver Lebensstil bleiben die Grundlagen des Peak-Prinzips und können durch nichts ersetzt werden. Es ist von entscheidender Wichtigkeit, dass Sie allen Elementen ihren Stellenwert zuschreiben.

Mentale Stärke ist kein Zufall: Kein Spitzensportler verzichtet heute mehr auf die Dienste eines professionellen Mentaltrainers. Wie Sie gesehen haben, kann man jedoch schon mit einfachsten Mitteln viel für seine mentale Fitness tun. Mit Eigeninitiative, Mut zur Selbsteinschätzung und ein bisschen Phantasie können Sie Ihr eigener Mentaltrainer sein!

Bestimmen Sie Ihr Ziel und verwirklichen Sie Ihre Vision des Erfolgs!

PEAK-MENTAL POWER, INTERVIEW

DANIEL ZAUSER IM GESPRÄCH MIT NLP-LEHRTRAINER FREDY ANWANDER

Mehr zu Fredy Anwander erfahren Sie auf Seite 13!

Welches sind die „mentalen Hauptkriterien" für Erfolg?

Klarheit ist die erste Voraussetzung. Klarheit darüber, was ich erreichen will, warum ich es erreichen will und, was das Wichtigste ist: Klarheit im Tun. Es reicht nicht aus, „fast alles zu geben" und sich im Geiste mit anderen Dingen zu beschäftigen. Körper und Geist, richtet sich im Zustand der Klarheit auf das Hier und Jetzt.

Flow ist eine Konsequenz der Klarheit im Tun. Der Flow ist ein Prozess, in dem das lineare Zeitgefühl aufhört. Man geht vollkommen in der Aufgabe auf, alles ist hundert Prozent erfolgreiches Tun. Für mich ist das immer ein Gefühl von: Ich bin! Ich bin das, was ich tue! Ich verschmelze vollkommen mit dem Ablauf der Dinge!

Veränderung: Derartig mit einer Aufgabe eins zu werden bedeutet aber auch, mit und in der Aufgabe über sich hinauszuwachsen und letztlich eine Veränderung zu erleben. Für die meisten Menschen ist der Begriff Veränderung, selbst, wenn es eine Veränderung zum Guten ist, emotional mit Angst besetzt. Doch die Bereitschaft zu Veränderungen ist die Grundvoraussetzung für wirklichen Erfolg. Spätestens nach dem Erreichen eines Zieles stellt sich immer die Frage: Wer und was bin ich jetzt? Welche Auswirkungen hat Erfolg auf mich und meine Lebensumstände? Kurz, wer ein klares Ziel vor Augen hat und zu Veränderungen bereit ist, wird im Zustand des Flow erfolgreich sein! Das *Warum* kommt vor dem *Wie*!

Welche Rolle spielen Gefühle und wie kann ein Sportler sie gezielt steuern?

Wer etwas will oder erreicht, sich durchgesetzt hat oder auch nur über etwas nachdenkt, steht mit seinen Gefühlen in Verbindung. Die Gefühle und deren Qualität sind ausschlaggebend für unsere Lebensqualität. Wer reich an verschiedenen Gefühlsbezeichnungen ist, ist reich an Lebensqualität. Es ist nicht dasselbe, ob Sie motiviert sind oder ob Sie bis in die Haarspitzen motiviert sind!

Je kräftiger wir unsere – positiven! – Gefühle bezeichnen können, desto kräftiger wird das Ergebnis ausfallen. Negative Gefühle können auf ähnliche Art entkräftet werden: Ob ich mich zum Beispiel ärgere oder aber „fast ein bisschen ärgerlich werden könnte", sind zwei ganz unterschiedliche Empfindungen. Sagt man sich das zudem leicht lächelnd und mit einer leichten inneren Ironie, entkräftet es aufs Neue den anstehenden Ärger. Wer sich zu sehr über einen Misserfolg im Training oder

Wettkampf ärgert, vergeudet Energie. Fakt ist Fakt – Punkt. Üben Sie sich darin, entwickeln Sie Freude am Suchen, Finden und Verstärken Ihres Erfolgsvokabulars.

Funktioniert Mentaltraining immer?

Ja – vorausgesetzt die anvisierten Ziele wurden „richtig" und realistisch gewählt und formuliert. Wenn ich mir beispielsweise als über 50-jähriger und mit meinem aktuellen Trainingspensum den Satz zurechtschnitze: „Ich muss nur positiv denken, dann schaffe ich es, Jürgen Reis im Wettkampf zu schlagen", fehlt es mir sofort an der inneren Überzeugung. Wenn ich nicht davon überzeugt bin, dass ich mein Vorhaben erreichen kann, ist es mehr denn je zum Scheitern verurteilt. Ich rede und träume von etwas, was ich nie haben bzw. sein werde.

Kurz, wir müssen absolut ehrlich zu uns selbst sein und hochsensibel für die Auswirkungen, die unsere Formulierungen tatsächlich nach sich ziehen und was sie bedeuten sollen. Zu wissen wer und wo ich bin, ermöglicht auch die Entscheidung, wohin ich will und wer ich sein möchte.

Außerdem lohnt es sich, ein Mentaltrainingssystem zuerst an kleineren Aufgaben auszuprobieren, um so stressfrei, aber neugierig den Ergebnissen entgegensehen zu können. Jedes kleine Erfolgserlebnis trägt zur persönlichen Sicherheit bei. Leider sind die meisten von uns gewöhnt, Erfolg sofort unter den Scheffel zu stellen. Was einmal gelingt, ist plötzlich nicht mehr so wichtig, nicht mehr so toll.

Um seine Ressourcen optimal zu nutzen, ist stetes Wiederholen und Verbessern von gezielten Abläufen äußerst nützlich. Freuen Sie sich über jeden noch so kleinen Erfolg. Mit der Zeit erreichen Sie, dass sich die Abläufe automatisieren und von selbst anspringen. So können Sie Ihre mentale Stärke immer weiter ausbauen. Man nennt das *neuroassoziatives Konditionieren*. Nichts ist so stark, wie Ihre Vision, Ihre Überzeugung und Ihre Passion, die Sie für Ihre Ziele entwickeln.

Wie wichtig ist ein guter Mentalcoach?

Ein Mentalcoach kann blinde Flecken aufdecken und dem Sportler helfen, über seinen Tellerrand hinauszusehen. Wenn jemand vermeintlich alles richtig macht, aber plötzlich nicht mehr an seine gewohnten Erfolge anschließen kann, dann ist mentales Coaching ein genialer Weg, sich wieder seiner Ressourcen bedienen zu können und an gewohnte Erfolge anzuschließen oder diese sogar zu übertreffen. Ziel ist es, *die* Momente aufzudecken und zu verändern, die das Quäntchen Unterschied zur Spitzenleistung ausmachen. Durch Mentalcoaching findet man Stärken aus der Vergangenheit und erkennt Irritationen, die den Erfolg verhindern. Gleichzeitig ist es Basis für den Start in die nächst höhere Liga. Mentale Stärke ist Erfolgsstärke. Wer sich mental optimiert, dem sei gesagt: Vorsicht! Es funktioniert wirklich! Und eines noch: Wissen alleine genügt nicht, man muss es auch umsetzen!

Peak-Mental Power, Kapitel 2
Peak-Lifestyle

Der aktive Lebensstil für Ihren Alltag

Das Peak-Prinzip ist für mich selbst weit mehr als „nur" hocheffektives Trainings- und Ernährungssystem, sondern eine echte, positive Lebenseinstellung. Energie, Aktivität, Kraft, Bewegung, Motivation und hundertprozentiger Einsatz in allen Lebensbereichen – das ist für mich der Peak-Lifestyle.
In meinem Leben nimmt der Sport derzeit den höchsten Stellenwert ein, doch ich trage auch Verantwortung für mein Unternehmen und lege großen Wert auf eine möglichst hohe Lebensqualität. So habe ich mehrere Hobbies, darunter Motorsegelfliegen oder auch Lesen. Auch erfüllte Beziehungen sind für mich absolut elementar. Genau wie Sie auch, darf und will ich in meinem Leben weit mehr sein als „nur" ein Weltcupkletterer.
Die Energie aus Training, Ernährung und mentaler Technik kommt nicht nur den sportlichen Leistungen zugute. Sie macht mich stark und fit in jedem Bereich. Auch wenn ich kein Leistungssportler mehr bin, werde ich mein Leben natürlich weiterhin nach den Grundsätzen des Peak-Prinzips gestalten. Ich bin und bleibe flexibel, was die Feinanpassungen und Zielsetzungen in den drei Peak-Elementen angeht. Sport wird jedoch mit Sicherheit immer elementarer Bestandteil meines Lebens sein! Aber Leben bedeutet auch für mich Wachsen durch kontinuierliche Veränderung in allen Bereichen.

Mit dem Peak-Lifestyle schließt sich der Kreis: Der auf Ihre sportlichen Ziele individuell angepasste Lebensstil verbindet Peak-Training, Peak-Ernährung und die mentale Komponente.

Dabei ist hier mehr als bei allen anderen Bereichen absolute Freiheit bei der individuellen Umsetzung angesagt. Natürlich können Sie beim Training und der Ernährung viele meiner Praktiken übernehmen und anpassen. Dies trifft auch auf die im Kapitel „Die mentale Stärke" beschriebenen Techniken zu. Doch hier ist Schluss damit! Erfinden Sie Ihren eigenen, persönlichen Peak-Lifestyle – nur so werden Sie sich auch auf Dauer damit identifizieren können! Bleiben Sie authentisch und achten Sie auch auf den inneren Schweinehund! Doch mehr zu diesem speziellen „Vierbeiner" etwas später!

Warum stelle ich Ihnen trotzdem *meinen* Peak-Lifestyle vor? Ganz einfach: Ich will Ihnen Mut zu Neuem machen! Vielleicht finden auch Sie, wie ich, manches, was „alle machen", auch in Kürze einfach gar nicht mehr so passend für Ihre Ziele... Lassen Sie sich durch meine inzwischen schon jahrelang erprobten Strategien für einen aktiveren Alltag inspirieren und motivieren! Seien Sie mutig und offen für Ideen, und probieren Sie aus, worauf *Sie* Lust haben!

Mit dem Peak-Lifestyle zu 4,4% Körperfett!

Ich habe im Ernährungskapitel den im Juni 2004 erreichten Körperfettanteil von 4,4% als „Zufallsprodukt" meiner Ernährungsumstellung bezeichnet. Das mag fast provokant anmuten. Wenn ein extrem niedriger Körperfettanteil für mich nebensächlich ist, wieso achte ich dann beispielsweise so exakt auf eine optimale Ernährung? Und warum bewege ich mich dann überhaupt so viel?
Der Körperfettanteil ist insofern nebensächlich, als es in meinem Sport in erster Linie um Kraft, Technik und Ausdauer geht. Kein Mensch beurteilt meine Leistungen im Weltcup nach der Körperzusammensetzung oder dem optischen Eindruck. Trotzdem ist ein niedriger Körperfettanteil natürlich von Vorteil. Jedes zusätzliche Kilo, das ich hinaufziehen muss, zieht mich hinunter – das Gesetz der Schwerkraft.

Im Gegensatz zu anderen Kraftsportlern und vor allem zu Bodybuildern, die in der Wettkampfphase einen noch niedrigeren Körperfettanteil haben, liege ich aber während des ganzen Jahres sehr niedrig. Etwa 7% bilden meist das obere Limit (siehe Innenseite des Rückumschlags). Im Kraftsport ist das absolut selten.
 Warum eigentlich? Die meisten Athleten gehen zuerst in eine Massephase und in der Wettkampfvorbereitung bewusst in eine Definitionsphase. Mein Weg ist einfach anders – wesentlich sanfter, stressfrei und langfristig praktizierbar. Die 4,4% Körperfett waren also in dem Sinne ein Zufall, als ich es zu keinem Zeitpunkt bewusst auf einen so niedrigen Wert angelegt habe. Hat sich dieser aber wirklich durch intensives Training und die erfolgreiche Ernährungsumstellung einfach so ergeben? Die Antwort ist: „Ja!", aber das letzte Glied in der Kette bildet eben dieses Kapitel. Sie werden anhand meines Peak-Lifestyles erfahren, wie ich mir durch zusätzliche Bewegung im Alltag unzählige „Fettverbrennungstrainings" ganz einfach schenken kann und zudem das ganze Jahr über topfit bleibe.

Mittlerweile schon fast *die* Standardfrage: „Jürgen, fühlst Du Dich wohl mit so wenig Körperfett?"... mit einer klaren Antwort: „Ja! Ich fühle mich absolut gesund, fit und wohl mit so wenig Körperfett! Ich funktioniere schneller, ich brauche weniger Schlaf und bin einfach aktiver." Wer mehr Körperfett mit sich herumträgt als nötig, läuft Gefahr, im Schneckentempo durchs Leben zu gehen und die meiste Zeit nicht hundertprozentig leistungsfähig zu sein – weder im Sport noch im Berufsleben.
Wie wenig Körperfett tatsächlich notwendig ist, wurde auf Seite 99 bereits beschrieben. Ein geringer Körperfettanteil und ein aktiver Lebensstil bringen in *jedem* Lebensbereich Vorteile!

Beispiel für einen trainingsfreien Tag

Das wichtigste vorweg: Für meinen Tagesablauf gilt dasselbe wie schon für meine Ernährungstabelle: Ich habe ihn nicht geplant! Er hat sich aus meinen Aktivitäten, meinen Vorlieben und natürlich auch meinen Terminen und Zielen, sowie meinem bevorzugten Tagesrhythmus ergeben.
Ich will Sie, falls Sie ein Nachtmensch sind, mit meinem Tagesablauf sicher nicht dazu motivieren, ab sofort um 6 Uhr früh aufzustehen. Jedoch soll mein Peak-Lifestyle auch Sie dazu ermuntern, jeden Tag nach Ihren Bedürfnissen und Vorstellungen zu gestalten. Und ganz „nebenbei" verbringen Sie ihn so fit, aktiv und voller Lebensfreude!

6.00, aufstehen – und zwar ohne Wecker. Ich gehe früh genug ins Bett, einfach sobald ich richtig müde bin, und fühle mich deshalb für gewöhnlich ganz automatisch um 6 Uhr früh hellwach. Das erste, was ich tue: Ich nehme meine Supplemente zu mir. Außerdem messe ich meine Blutwerte und auch mein Körpergewicht für das Trainingstagebuch.

6.15, eine der vielen Möglichkeiten: Aufs Mountainbike! Heute steht eine lockere Biketour in den Hügeln rund um meine Heimatstadt an – gut eine Stunde. Dabei fahre ich ganz gemütlich im Grundlagenbereich. Ich strenge mich nicht wirklich an und kann ruhig und entspannt atmen. Währenddessen konzentriere ich mich auf die Lockerung meiner Klettermuskulatur im Oberkörper.
Den Abschluss der morgendlichen Bewegungseinheit bildet immer ein Stretching von etwa 20 Minuten, das meine Beweglichkeit verbessert.

Wenn es draußen richtig kalt ist, gönne ich mir, je nach Zeit, vor der ersten Mahlzeit nach diesem „Morgentraining" ein heißes Bad. Sonst frühstücke ich sofort und widme mich im Anschluss meiner Arbeit bzw. geschäftlichen Aufgaben.

Der Vormittag ist meine Hauptarbeitszeit. Genau jene Zeit, in der ich auch meine sportlichen Peak-Einheiten absolviere. Dann arbeite ich am intensivsten und effektivsten. Die Peak-Zeit, die ich an Trainingstagen für hochintensive Einheiten nutze, ist an Ruhetagen hervorragend für anspruchsvolle berufliche Herausforderungen geeignet.

Vor dem Mittagessen unternehme ich meist einen kurzen Spaziergang, damit ich den Geist von der Arbeit fürs Erste frei bekomme. Bei diesem „Walk" mache ich auch meistens meine Einkäufe oder Erledigungen für den Tag. Das Nützliche mit dem Notwendigen kombinieren und einfach viel, viel Bewegung – einer der Grundgedanken des Peak-Lifestyles. Dass ich im 8. Stock wohne, kommt mit hier natürlich durchaus zugute. Den Lift benutze ich, ebenso wie mein Auto, nur wenn es wirklich sein muss.

Der dahinter stehende Grundsatz: Alles, was die Körpertemperatur erhöht, fördert die Fettverbrennung. Die Belastungszeit ist dabei nicht entscheidend! Bringen Sie sich einfach mehrmals täglich etwas auf „Trab" und Sie werden den „feinen Unterschied" in Kürze im Spiegel sehen! Dafür garantiere ich!

Nach dem Spaziergang, meist zwischen eins und halb zwei, esse ich zu Mittag, die zweite Mahlzeit des Tages. Ich lasse mich zeitlich aber nicht fixieren. Wenn ich die Mahlzeiten zu fixen Terminen mache, kann die genaue Einhaltung leicht zu einem Stressfaktor werden. Stress hat beim Essen aber nicht das Geringste verloren. Bei mir bedeutet dies: Einfach in aller Ruhe, wenn ich wieder zu Hause bin und Hunger habe.
Mehr noch: Essen unter Stress schließt die optimale Verdauung aus. Sie fühlen sich länger müde und energielos und belasten den Organismus! Greifen Sie lieber zu einem Zwischensnack, bevor Sie eine Hauptmahlzeit unter Zeitdruck einnehmen!

Genau aus diesem Grund – *kein Stress!* – bin ich, je nach Tagesplan und Terminen, was die Mahlzeitenplanung angeht, überhaupt sehr flexibel. Es kommt durchaus vor, dass ich eine der Hauptmahlzeiten durch zwei Snacks ersetze. Wie Sie aus dem Ernährungskapitel wissen, ist die Gefahr eines katabolen Zustands bei der Peak-Ernährung von vornherein kaum vorhanden. So gefährdet auch eine komplett übersprungene Mahlzeit kaum meine Regeneration. Trotzdem meide ich diese Praktik natürlich, vor allem in einer Peak-Phase, wann immer es geht!

Nach dem Mittagessen folgt ein absoluter Fixpunkt der meisten Arbeits- und Ruhetage: das zuvor beschriebene autogene Training, in dem ich zu Ruhe, Entspannung und Konzentration komme.

Gegen halb vier mache ich dann noch einmal einen Spaziergang, meist in Begleitung. Dabei bespreche ich entweder etwas mit einem Mitarbeiter oder telefoniere unterwegs. Sogar Kunden, die ich näher kenne, lade ich gerne zu einer „Walking-Besprechung" ein. So kann ich meine Beratungstätigkeit und die Bewegung leicht unter einen Hut bringen.

Wenn es regnet, gehe ich statt des Spaziergangs ins Fitness-Studio und setze mich dort mit Arbeitsunterlagen, Büchern und dem Handy auf den Rad-Ergometer. Eine gute dreiviertel Stunde im Wohlfühlbereich reicht vollkommen aus. Wenn ich Zeit und Lust habe, belohne ich mich hinterher mit Sauna oder Solarium – was mir gerade gut tut.

Während meiner Spaziergänge lasse ich die Gedanken schweifen. Oft ergibt sich dabei ganz von selbst eine Idee für ein neues Projekt oder ich fange an, mich mental auf den nächsten Trainings-Tag vorzubereiten und meine Glaubenssätze zu verankern. Ein schöner Nebeneffekt, der ungezwungen auftritt und die Bewegungspausen in jeder Hinsicht sinnvoll macht.

Ich komme am späten Nachmittag, zwischen vier und halb fünf, nach Hause und arbeite vor dem Abendessen meist noch gut ein bis zwei Stunden an anspruchsvollen Projekten. Dann folgt noch einmal ein intensives Stretching.

Nein, ich empfehle Ihnen nicht, zweimal täglich zu stretchen. Außer Sie sind – wie ich – ein von Natur aus nicht sehr beweglicher Weltcupkletterer oder beim Ballett. Aber: Stretching fördert nicht nur die körperliche Regeneration und beugt Muskelverletzungen durch Verkürzungen vor. Ich dehne alle Verspannungen eines stressigen Tages aus meinem Körper und spüre, wie ich weich und geschmeidig werde. Ruhige Musik unterstützt diesen Effekt.
So eröffnet das Stretching auf angenehme Art und Weise den Feierabend. Für mich ist diese Einheit vor dem Abendessen längst zum echten, täglichen „Ritual" geworden. Probieren Sie es – für den Anfang reichen 10 Minuten 3 bis 4 mal pro Woche. Aber Vorsicht: Absolutes „Suchtpotenzial" vorhanden!

Gegen 19.30 esse ich für gewöhnlich zu Abend. Danach folgt das wohlverdiente Chillout. Je nach Lust und Laune erledige ich noch einige weniger anspruchsvolle Arbeiten, lese, oder habe einfach „frei"!
An einem Ruhetag im Aufbau gehe ich gerne ins Kino und treffe mich mit Freunden oder Familie. Natürlich: Auch ich liebe es, hin und wieder in angenehmer Gesellschaft den Abend zu verbringen!
Wie Sie es aus dem Ernährungskapitel kennen, ist ein kleiner, eiweißreicher Nachtsnack kurz vor dem Zubettgehen bei mir obligatorisch.

Die neue Freiwilligkeit

Bei einem Personal Coaching tauchte kürzlich folgende Frage auf: „Jürgen, du bewegst dich jeden Tag zwei Stunden, auch wenn du nicht trainierst. Woher nimmst du nur diese Disziplin? Was ist dein Geheimnis? Ich habe selbst schon einmal versucht, jeden Morgen eine halbe Stunde zu joggen. Nach sechs Woche war ich mit meiner Motivation dann aber am Ende."
Ich konnte nur lachen und sagen: „Ging mir genau so!" Die Frage erinnerte mich an die Zeit, als ich selbst jeden Morgen systematisch joggen ging. Das zog ich einen Sommer lang durch – genau bis zum Herbst. Es wurde kalt und regnete viel und der allmorgendliche Lauf wurde zur Qual. Dies ging so weit, dass ich nicht nur seltener lief, sondern schließlich ganz das Handtuch warf.
Das war eigentlich schade, doch es zeigte: Aus einem „Zuviel" entwickelt sich sehr schnell eine totale Ablehnung. Was in Maßen gut und auch richtig ist, führt durch Übertreibung zur Aufgabe.

Woher nehme ich heute meine Disziplin? Die Zauberformel lautet: „Die neue Freiwilligkeit!" Ich hatte mich damals verhalten, als gäbe es neben dem Jogging keine anderen aeroben Betätigungen und als *müsste* ich jeden Morgen laufen. Darunter litt meine Motivation.

Doch während der vergangenen vier Jahre entdeckte ich die „neue Freiwilligkeit", die nichts anderes besagt, als dass ich mich keinen Zwängen mehr aussetze. Meine Trainingspläne sind voller Alternativen. Besonders an lockeren und regenerativen Tagen mit aerobem Training spielt es keine Rolle, *wie* genau ich trainiere. Das Wichtigste ist, *dass* ich mich bewege. Es gibt so viele Möglichkeiten!

Ich liebe Musik! Sie auch? Dann profitieren Sie davon! Nicht nur im Training, sondern auch für Ihren Peak-Lifestyle! Moderne, digitale Player sind klein, leicht und auch gegen Erschütterungen absolut gewappnet! Musik ist bei mir längst *die* Geheimwaffe schlechthin gegen den inneren Schweinehund! Ob als „Pusher" beim Training, zum Cool-down im Mentaltraining oder als Taktgeber bei meinen Walks: Musik ist für mich pure Energie!

Wenn es regnet, steige ich auf den Cross-Stepper, meine neueste Errungenschaft in diesem Herbst! Ich liebe es, zum Takt einer Live-Konzert-DVD dahinzumarschieren! Oder ich gehe zum Leistungszentrum des Vorarlberger Olympiamodells und trainiere an der Rudermaschine! Oder gehe schwimmen! Oder ich schwinge mich auf mein neues Mountainbike und trete in die Pedale! Oder einfach ab ins Fitness-Studio auf ein Kardiogerät. Auch das kann durchaus Spaß machen! Ich nehme Zeit-

schriften oder Bücher mit und lese oder lerne z. B. auf dem Radergometer. Oder ich führe während des aeroben Trainings gemütliche Privatgespräche am Handy. So kann ich alles Mögliche machen – ich habe auf dem Ergometer wirklich schon viele Bücher gelesen und gleichzeitig trainiert.
Oder ich gehe tanzen, auch das ist „aerobes Training"! Im Frühjahr wanderte ich mit „Stockeinsatz" mehrmals wöchentlich auf den Hausberg meiner Heimatstadt und fuhr als Belohnung gelenkschonend mit der Seilbahn zurück ins Tal. Ich probiere immer wieder Neues aus, das Bewegung, frische Luft und Spaß verspricht!

Sie sehen schon: Es muss nicht immer ein sturer Morgenlauf sein. Mit Kreativität stehen viele Möglichkeiten offen, Zwang kommt nicht auf. Langeweile und Monotonie sind gefährliche Motivationskiller. Vielfalt und Abwechslung hingegen machen Spaß und es fällt mir meist ganz leicht, die scheinbar strenge Disziplin zu wahren.

Zudem mache ich die täglichen aeroben Einheiten nicht wegen des Trainingsreizes oder um mich in meiner Sportart zu verbessern, sondern weil sie mir gut tun und ich mich dabei wohl fühle. Mein Immunsystem wird gestärkt und ich bleibe gesund. Diese Bewegungseinheiten bereichern einfach mein Leben.
Das Wesentliche ist die Bewegung, den eigenen Körper und den Atem zu spüren. Ich stelle mir dabei oft vor, wie die ganze Anspannung des vorangegangenen Peak-Tages sich löst. Die belasteten Muskeln haben „frei" und werden von der restlichen Muskulatur, die im aeroben Bereich arbeitet, beim Abbau von Milchsäureresten unterstützt.

Ein weiterer, bereits erwähnter, positiver Nebeneffekt jeder Art von lockerer, aber zusätzlicher Bewegung: Ich verbrenne eine Menge Körperfett! Bei aerober Bewegung, d.h. einem Sauerstoffüberschuss, kann der Körper gar nicht anders, als auf die Fettreserven zurückzugreifen. Ein Spaziergang am Morgen, ohne Frühstück versteht sich, ist für alle, die Fett verbrennen wollen, die Geheimwaffe schlechthin!

Der Peak-Lifestyle und die neue Freiwilligkeit ersetzen in diesem Bereich die Disziplin. Und damit ist die anfangs gestellte Frage beantwortet: Ich muss lediglich die Entscheidung für eine der zahlreichen Möglichkeiten treffen. Danach geht es ganz von selbst, weil ich nur das tue, was mir Freude bereitet und Energie verleiht.
Peak-Lifestyle heißt für mich stressfreie Regeneration. Die Zeit, die ich für diese regenerativen Aktivitäten benötige, ist alles andere als verschwendet. Sie gibt mir pure Energie für all meine Unternehmungen, ob sportlich, beruflich oder privat.

Die Gelegenheit am Schopf packen

Um den inneren Schweinehund zu überzeugen, verbinde ich meine Erledigungen oder Kundentermine oft mit Bewegungseinheiten. Innerhalb meiner Stadt nehme ich jeden Termin zu Fuß oder mit dem Fahrrad wahr und auch sonst mache ich viele Frischluftpausen. Bei Terminen nehme ich meine Arbeitsunterlagen, Handy und oft sogar den Laptop in einem Rucksack einfach mit. Dank Funk-Headset kann ich unterwegs auch telefonieren, ohne meinen „Walk" zu unterbrechen! An Ruhetagen bewege ich mich so oft bis zu zweieinhalb Stunden.

Gerade mit Kundenterminen habe ich gute Erfahrungen gemacht: Auf dem Hinweg bereite ich mich auf das Gespräch vor, sortiere meine Gedanken und konzentriere mich auf das Ziel der Besprechung. Auf dem Rückweg verarbeite ich das Gespräch, so dass ich zu Hause oft innerhalb einer halben Stunde ein Konzept ausgearbeitet habe. Im Auto habe ich solche Erfahrungen bislang vermisst. Wenn Sie mir nicht glauben: Probieren Sie es einfach aus!

Die Wissenschaft vom inneren Schweinehund

Jeder kennt ihn, und fast jeder fürchtet ihn. Wieso eigentlich? Auch für mich ist der innere Schweinehund ab und zu Widersacher, hauptsächlich ist er aber ein Erfolgsgarant! Was will der innere Schweinehund von mir? Nichts anderes, als dass ich meine Ziele erreiche und erfolgreich bin. Hin und wieder beschützt er mich auch. Jedoch greift er dabei, wie der Ihrige vermutlich auch, zu Mitteln und Wegen, die nicht zu meiner momentanen Zielsetzung passen. Meldet er sich, kommt es deshalb besonders auf eines an: Verhandlung – akzeptabler Kompromiss – Lösung!

Eine Episode
Eigentlich hatte ich an diesem Tag überhaupt keine Lust, bei Regen joggen zu gehen. Mein Schweinehund war berechtigterweise einfach der festen Überzeugung, dass mir das nicht gut tun würde, und dass er viel lieber eine DVD ansehen würde. Außerdem sollte ich ja noch für das Seminar nächste Woche weiterarbeiten...
20 Minuten später war ich auf dem Cross-Stepper im Fitness-Studio und hielt dabei einen „Vortrag" – ehrlich!

Was war geschehen? Ich hatte mit meinem Schweinehund einen Kompromiss gefunden: Wenn schon nicht joggen, dann auf andere, angenehmere Weise bewegen und nebenbei noch ein bisschen mit Spaß arbeiten. Denn ich und auch mein „vierbeiniger Freund" wussten genau: Im Fitness-Studio treffe ich Trainer und Kollegen, denen ich von meinem Seminarvortrag erzählen und somit gleich proben kann! Der innere Schweinehund war sofort überzeugt und zufrieden.
Angenehmer Nebeneffekt: Während ich mich bewegte und nebenher den Vortrag probte, verging die Zeit wie im Flug! Schlussendlich war ich sogar 60 statt der geplanten 45 Minuten gelaufen!

Zur Belohnung gönnte ich mir an diesem Tag einen Besuch in der Sauna und dem Solarium, was ich mir wirklich verdient hatte. Mein Schweinehund war ebenfalls begeistert…

Wie sehr der innere Schweinehund Kompromisse braucht, ist stark von der Persönlichkeit abhängig. Jan Ullrich schreibt in seinem 2004 erschienen Buch GANZ ODER GAR NICHT, dass er es sich bisher nicht vorstellen konnte, im Winter auf seine Ernährung zu achten oder gar Kalorien zu zählen. Andererseits befürchtet er, nie sein wahres Potenzial zum Vorschein zu bringen, und fand folgenden Kompromiss für das Jahr 2005: Dank Disziplin im Winter muss er sich im Frühjahr endlich nicht aufs Abnehmen konzentrieren. Stattdessen kann er seine volle Aufmerksamkeit dem Aufbau und einer ordentlichen Form widmen.

Auch ich halte während des ganzen Jahres eine gewisse Grunddisziplin, mit dem Hintergedanken, dass mir so Wettkampfvorbereitungen wesentlich leichter fallen. Dabei lasse ich mir immer kleine Reserven für die Peak-Phase in Sachen Gewicht, Leistung und Disziplin. „Reserve" heißt für mich aber nicht, dass ich im Winter zehn Kilo zulege!

Auf der einen Seite halte ich also Disziplin, auf der anderen Seite gestehe ich dem inneren Schweinehund viele Freiheiten zu, besonders an Ruhetagen. Vielen macht der Schweinehund immer wieder einen Strich durch die Rechnung. Wenn Sie jedoch in einen guten, konstruktiven Dialog mit ihm treten und seine Argumente berücksichtigen, wird er zum wohlwollenden Partner.

Disziplin – Die andere Seite der Medaille

Zugegeben: Ganz so lustig und abwechslungsreich wie beim aeroben Training an lockeren Tagen geht es auch bei mir nicht immer zu.

Die Peak-Phase bedeutet immer auch Verzicht und strengste Fokussierung auf das Training. Doch der Erfolg ist es mir wert, auf manche Annehmlichkeit oder Geselligkeiten zu verzichten und mein außersportliches Leben für ein paar Wochen auf ein Minimum zu reduzieren. „Eat, sleep, train" heißt es in amerikanischen Kraftsportkreisen. Direkt vor einem Weltcup ist genau das auch mein oberstes Credo.

Franziska van Almsick schreibt in ihrem Buch AUFGETAUCHT, sie habe während Ihrer aktiven Profilaufbahn hin und wieder fast Angst davor gehabt, gewisse Dinge auszuprobieren, weil sie ihr gefallen und sie von ihren sportlichen Aufgaben ablenken könnten. Ich kann das für mich nicht hundertprozentig bestätigen, doch ich weiß, wovon sie spricht.

In der Peak-Phase mache auch ich nichts, was mich ablenken und mich von meinem Weg abbringen könnte! Ich gehe jeder Versuchung von vornherein gleich aus dem Weg. Doch auch im Aufbau halte ich eine gewisse Grunddisziplin ein. Ich werde beispielsweise ab und zu gefragt, ob ich nie zu McDonald's ginge. Meine Antwort ist klar: „Nein! Was soll ich dort?"
Ich würde lügen, wenn ich sagte, dort gäbe es nichts, was mir schmeckt. Ich mag die Fruchttaschen und das Eis, auch den Capuccino – aber was soll ich damit? Warum soll ich ins Fast Food-Restaurant gehen und mich selbst quälen? Ich könnte hingehen und mir den Mund wässrig machen lassen oder etwas essen und danach mit einem schlechten Gewissen nach Hause gehen. Beides wäre wohl eindeutig kontraproduktiv und deshalb mache ich es nicht.
Auch kann ich mir den süßen Snack zu Hause zubereiten, ohne meinen Körper mit Unmengen Einfachzucker und Frittierfett zu belasten! Ich lasse mich auch zu nichts überreden – ich brauche auch gar keine Ausreden – das Zauberwort heißt einfach „Nein!".
Es spielt in dieser Situation für mich keine Rolle, ob mich andere für überdiszipliniert oder unverbesserlich halten. Ich bin mir einfach meiner sportlichen Ziele bewusst und meiner Sache somit absolut sicher und damit Punkt!

Auch das Klettertraining ist nicht immer der reinste Spaß. Was in meinem Trainingsplan unter GLA-spezifisch angeführt ist, bedeutet endlose Klettereinheiten an den Kletter- und Boulderwänden. Völlig unspektakulär, aber absolut notwendig. Nicht im Peak-Bereich, nicht Aufbaubereich, sondern gelinde ausgedrückt im Langeweilebereich! Ich habe eben geduldig meine Meter zu klettern. Keinem Kraftausdauersportler bleiben solche Einheiten erspart.

Der Stellenwert des Trainings

Immer schon fielen mir beim Training Leute auf, die sich nennenswerte Leistungssteigerungen scheinbar nicht leisten konnten oder wollten! Ich sah z.B. im Klettergarten an den Felsen Kletterer, aber auch im Kraftraum durchwegs leistungsorientierte Sportler, die scheinbar so unter Zeitnot waren, dass sie am Nachmittag das Handy nicht ausschalten konnten.
Ich schloss daraus: Sie mussten wohl während des Trainings arbeiten! Andere hatten offenbar sonst keine Zeit für ihre Familie – und brachten kurzerhand alle mit. Wiederum andere verlegten Grillpartys und Kaffeekränzchen in den Klettergarten. Toll...

Wie Sie erfahren haben, mache auch ich manchmal Walks mit Handy und Headset, oder gehe in netter Begleitung spazieren und einkaufen. Der große Unterschied: Davon erwarte ich mir keinerlei Trainingsreiz! Es geht mir rein um die Bewegung und Lebensqualität!

Aber wenn Ihre so sorgfältig ausgearbeiteten sportlichen Ziele durch Ablenkung gefährdet werden, fragen Sie sich einfach, was Ihnen Ihr Training wert ist.

Welchen Stellenwert hat der Sport in Ihrem Leben und wie können Sie dem in Ihrer Lebensführung gerecht werden? Erleben Sie den qualitativen Unterschied! Seien auch Sie für die Zeit Ihres Trainings einhundert Prozent Vollprofi und verwirklichen Sie so Ihr wahres Potenzial!

Peak-Tag: Ablenkung nicht erlaubt!

Der Peak-Tag ist nur für Sie und Ihr Training da, zu dieser Zeit sind Ablenkungen schlichtweg verboten. Er ist für die Dinge reserviert, die Sie näher ans Ziel führen, nichts anderes! Wenn Sie trainieren, trainieren Sie. Punkt.

Dasselbe gilt natürlich auch für kurze, intensive HIT-Einheiten. Warum sollten Sie sich im Moment höchster Konzentration und Anspannung ablenken lassen?

Wie Sie bereits wissen, beginnt ein Peak-Tag bereits am Tag davor. Irgendwann am Abend davor wird das Handy ausgeschaltet. Und am Peak-Tag selbst habe ich es gar nicht dabei! Ich fahre über eine Stunde zur Kletterhalle in Ottobeuren, das Ganze natürlich auch wieder zurück. Dabei konzentriere mich voll und ganz auf das sportliche Tagesziel. So telefoniere ich nicht während der Fahrt und höre mir keine Hörbücher an. Arbeitsunterlagen mitzunehmen wäre absolut das Letzte, was mir an einem Peak-Tag in den Sinn kommen könnte!

Erst am Nachmittag kehre ich in die „normale" Welt zurück. Dann schalte ich das Handy wieder ein, setze mich an den Computer und wende mich wieder anderen Aufgaben oder einem meiner Hobbies zu oder habe einfach mal frei!

Ich definiere mich als Kletterprofi, weil der Sport den höchsten Stellenwert in meinem Leben einnimmt. Wenn es um sportliche Erfolge und hochintensive Trainingseinheiten geht, muss alles andere zurückstehen. An Peak-Tagen bin ich kein sehr sozialer Mensch. Warum auch? Ich konzentriere mich nur auf mich und meinen Trainingspartner. Alles andere wäre kontraproduktiv!

Was kostet die Welt?

Ich trainiere nur mit der besten Ausrüstung. Und nein, ich bekomme nicht alles gesponsert! Auch fahre ich, wie Sie wissen, teilweise recht weit, um an optimalen Weltcupwänden meine Peak-Tage zu verbringen. Mein Krafttraining absolviere ich im derzeit größten und modernsten Fitnesscenter der Stadt. In meinem Zimmer steht wie schon erwähnt ein Cross-Stepper, ein Profi-Gerät, wie man es in Fitness-Studios findet. Davor eine DVD-Anlage mit großer Live-Konzerte-Sammlung meiner Lieblingsbands, die mir die Zeit auf dem Stepper kurzweiliger macht! Ich bin kein Profi-Mountainbiker, aber in meinem Keller steht ein Wettkampf-Bike. Nein, ich bin auch kein Marathonläufer, aber ich besitze trotzdem optimal gedämpfte Marathonschuhe, weil meine Sprunggelenke mir das wert sind. Das alles soll mich motivieren und Spaß machen. Ob Arbeit oder Sport... das „Werkzeug" macht den Unterschied!

Mein innerer Schweinehund ist also teilweise käuflich? Auf jeden Fall ist er berechtigter Weise anspruchsvoll und will Abwechslung. Schließlich trainiere ich genug! Und ganz sicher ist *er* nicht bereit, mit einem klapprigen alten Fahrrad, das jeder Zeit in seine Bestandteile zerfallen könnte, eine Biking-Tour zu unternehmen. Genauso wenig hat er Lust, sich am Morgen auf einen quietschenden Kaufhaus-Ergometer zu setzen.

Jetzt geht's aber erst richtig los: Ich gebe pro Monat bis zu 200 Euro für Supplemente aus. Vielleicht schockiert Sie das. Dafür bin ich mit anderen „Investitionen" weniger großzügig: Ich investierte jährlich nicht mehr als 10 Euro in alkoholische Getränke – und ich fahre gut damit. Ebenso wenig investiere ich in kulinarische Erlebnisse in Restaurants.

Ich bin ein sehr anspruchsvoller Konsument, was meine Lebensmittel angeht und achte auf die Qualität. Das hat nichts mit dem Geschmack der Speisen zu tun, sondern mit ihren Grundstoffen. Das hat auch nichts mit Geiz zu tun. Im Gegenteil! Einkauf und Zubereitung selbstgemachter Speisen kosten Zeit, die für mich als Unternehmer Geld bedeutet. Aber das bin ich mir ganz einfach wert! Mein Körper dankt es mir in Form einer ganzjährigen Leistungsfähigkeit und Gesundheit, die ich wohl mit sehr wenigen auf der Welt teile! Ich bin stolz auf das, was ich leiste und will auch richtig fit und gesund alt werden!

Warum ich trainiere

Natürlich denke ich mit meinen 28 Jahren auch an eine Zeit nach meiner aktiven Laufbahn als Weltcupkletterer. Meine Grundmotivation: Ich will das ganze Leben lang fit und gesund bleiben!

Mein großes Vorbild ist in dieser Hinsicht der Amerikaner Clarence Bass, der mit über 60 Jahren immer noch in absoluter Topform ist. Er trainiert nach HIT und bewegt sich zweimal täglich eine Stunde. Sein Körperfettanteil lag in Peak-Phasen sogar schon unter 3%!

Clarence Bass' Bücher sind äußerst inspirierend für mich. Wenn ich sie lese und seine Bilder sehe, weiß ich genau, wofür ich trainiere, ganz egal ob ich Leistungssportler bin und Wettkämpfe bestreite oder nicht. Ich stelle es mir großartig vor, im Alter noch so richtig fit zu sein und nebenbei den ganzen Jammerlappen und Ärzten zu zeigen, wo der Hammer hängt!

Der angenehme Nebeneffekt des Peak-Prinzips: Die Energie der Peak-Tage kann ich in Aufbauphasen einfach anderen Lebensbereichen zufließen lassen. Ich kann ein Seminar mit Peak-Energie halten, einen Kundentermin mit Peak-Energie wahrnehmen und meine privaten Kontakte mit Peak-Energie pflegen. So profitiert wirklich jeder Bereich meines Lebens davon!

PEAK-ZUGABE

ANHANG – DIE ZUGABE

Killer Edge – Der letzte Schliff

Ziel der „Killer Edge"-Vorbereitung ist es, innerhalb von zwei Tagen die absolute Topdefinition für ein Fotoshooting zu erreichen. Top-Bodybuilder sind oft sogar noch eine Woche vor einem Bewerb in mäßiger Form. Dann aber, auf der Bühne – Definition und Muskelmasse pur! Wie dieser Effekt auch dopingfrei zu erreichen ist, zeigt der folgende Bericht.

Es geht hierbei einzig und allein um eine Manipulation des Wasserhaushalts. Sie werden nicht innerhalb von 36 Stunden in Topform kommen, wenn Ihre grundsätzliche Körperzusammensetzung und Definition nicht schon sehr gut ist. Was Sie mit diesen Maßnahmen allerdings erreichen können, ist der letzte Schliff für einen wichtigen Fototermin oder einen Bodybuilding-Wettkampf. Nicht mehr, aber auch nicht weniger.

Meine Form war nach den Weltcups am Höhepunkt. Der hier beschriebene „Countdown" folgte direkt auf jenen Tag, den Sie bereits aus dem Peak Thriller von Daniel Zauser in der Einleitung kennen. Sie erinnern sich? Freitag, der 26. November! Ich führte dieses Entwässerungsexperiment erstmals im Herbst 2004, zwischen Samstag dem 27. und Montag dem 29. November, durch. An jenem Montag war ein wichtiger Fototermin für dieses Buch angesetzt und ich wollte natürlich die absolut bestmögliche Definition erreichen.

Vorarbeit

Ich ernährte mich Montag bis Freitag kohlenhydratarm nach der Peak-Ernährung, also ohne Ladetag, aber ich trank wesentlich mehr als gewohnt. Meine Flüssigkeitszufuhr lag bei fünf bis sechs Litern täglich. Normalerweise liege ich zwischen drei und vier Litern.

Sehr wichtig: Zusammen mit meinem Wasserkonsum erhöhte ich auch meine Salzzufuhr um gut ein Drittel. Um das Wasser in der letzten Phase kurzfristig aus dem Körper zu bekommen, ist ein erhöhter Salzkonsum mitentscheidend. Dadurch speichert der Körper sehr viel Wasser. Wenn die Zufuhr von Flüssigkeit schließlich in den letzten 48 Stunden drastisch reduziert und auf Salz gänzlich verzichtet wird, schleust der Körper die in dieser Zeit gezielt zugeführten Kohlenhydrate verstärkt in die Muskulatur. Gleichzeitig wird jedoch kein Wasser mehr eingelagert und fast ausschließlich dem Unterhautgewebe entzogen: Das Geheimnis der „Pergamentpapierhaut" bei Wettkampf-Bodybuildern. Und genau um diesen Definitionseffekt ging es auch mir!

Auch wenn „Fachmagazine" ihnen andere Strategien schmackhaft machen wollen: Finger weg von Diuretika und Kaliumpräparaten! Denn Herzrhythmusstörungen und schwere gesundheitliche Probleme können die Folge sein. Einfach in den letzten 36 Stunden das Salz weglassen und das Wasser reduzieren – alles andere ist nicht nur riskant, sondern vor allem sinnlos!

Freitag, 26. November: Peak-Tag
Die Beschreibung zum Peak-Tag finden Sie unter „It's Peak-Time" ab Seite 18.

Samstag, 27. November: Zwei Tage vor dem Termin
Ich schlief nach dem Peak-Tag sehr gut und war relativ früh wach und fit. Um 6.15 stand ich auf, wog mich und checkte meine Blutwerte – alles im grünen Bereich. Ich nahm wie immer die ersten Supplemente zu mir.

Um Punkt 6.30 stand ich auf dem Cross-Stepper. Die durch den vorangegangenen Peak-Tag verkürzte Muskulatur lockerte sich, das Gefühl war fantastisch. Alles lief bestens. Zweite Runde Supplemente. Um 7.15 folgte ein Minifrühstück in Form eines Eiweißshakes.

Um 7.30 war ich in der Landessportschule in Dornbirn, wo ich – dank des Frühtrainings auf dem Cross-Stepper – bereits eine Viertelstunde später komplett aufgewärmt mit dem Krafttraining beginnen konnte.
Ich begann mit meinen Übungen am Hangelboard. Dabei handelt es sich um ein kletterspezifisches Maximalkrafttraining an schmalen Holzleisten, das besonders den Rücken belastet. Die Hangelübungen enthalten sowohl eine positiv dynamische wie auch eine negativ dynamische Komponente. Insgesamt verbrachte ich am Hangelboard eine halbe Stunde. Am Anfang ging ich kurz auf Qualität, in der zweiten Viertelstunde stand dann Kraftausdauer auf dem Programm. Ich arbeitete mit verkürzten Pausen unter einer Minute und machte dazwischen Turnerübungen für die Körperspannung.

Mein Hauptaugenmerk galt in diesem „Abschlusstraining" jenen Muskelgruppen, die am Montag auf den Fotos besonders gut aussehen sollten.

In diesen Muskeln mussten die Kohlenhydratspeicher geleert werden, was ich mit vielen Wiederholungen und relativ geringer Intensität erreichte. Ich erhöhte die Belastungszeit von anfänglich acht auf 20 Sekunden gegen Ende. Das entspricht ungefähr 15 Wiederholungen bei einer Übung mit Gewichten.

Kurz vor 8.30 war ich dann auch schon in der Kraftkammer. Das Krafttraining dauerte an diesem Tag nur 30 Minuten. Aber auch hier war viel Trainingsumfang angesagt! Ich machte zuerst Bankdrücken mit relativ leichtem Gewicht und kurzen Pausen. Dann folgten einige kleinere Übungen, ebenfalls mit sehr kurzen Pausen, teilweise sogar in Form eines Zirkeltrainings. Ich wechselte also ohne Pausen zwischen den Übungen und machte Supersätze. Besonders im zweiten Teil des Krafttrainings gab ich bei kleineren Übungen für die Rückenspannung, bei Kurzhantelübungen für die Schultern und bei Dips für den Trizeps alles. Dabei war die Wiederholungszahl sehr hoch: 20 Wiederholungen und bis zu vier Sätze pro Übung!

Nach einer kurzen Pause nahm ich mir die „Concept 2"-Rudermaschine vor. Ich absolvierte 30 Minuten Intervalltraining mit Spitzen von bis zu 250 Watt. Mit Fettverbrennung oder Grundlagenausdauertraining hatte das nichts mehr zu tun. Ich war wie beabsichtigt voll im Kohlenhydrat-Stoffwechselbereich.

Im Ohr hatte ich die Musik von Queen, einer meiner Lieblingsgruppen, die einfach etwas zusätzlichen Schwung ins Ergometertraining bringt. Heute ist sie dringend notwendig! Denn diese ungewohnt harte und zugleich umfangreiche „Ausnahme-Einheit" direkt nach einem Peak-Tag entlockt meinem Körper die letzten Reserven. Und genau so sollte es sein! Vor dem Aufladen mit Kohlenhydraten wollte ich zuerst so richtig leer sein!

Ich gab alles und fühlte mich nach dem Training tatsächlich vollkommen ausgelaugt. Ich hatte es in 2,5 Stunden geschafft, mich völlig auszupowern. Normalerweise versuche ich diesen Zustand zu vermeiden, für das Fotofinish am Montag gab es allerdings keine bessere Trainingsvorbereitung.

Danach dehnte ich mich ein wenig und beendete damit den Trainingsvormittag.

Zu Hause nahm ich mein zweites Frühstück zu mir: Eier und Salat. Ich hielt die Insulinausschüttung so über den ganzen Tag sehr niedrig und verzichtete dafür sogar auf die strategische Lademahlzeit nach dem Training.

Die letzten 36 Stunden

Die Eiweißmenge setzte ich an diesem Tag sehr hoch an, während sich die Gesamtkalorienzahl an der unteren Grenze des Normalbereichs bewegten. Da die Kohlenhydratspeicher leer waren, trat mein Adernetz bereits am Nachmittag spektakulär hervor. Nur die Muskulatur sah zunächst noch ein wenig flach aus. Doch für die „Masse" sollten nun die letzten 36 Stunden vor dem Fototermin sorgen! Der letzte Trainingstag vor der Fotosession war also kein gewöhnlicher Aufladetag.

Die durch das Training völlig entleerte Muskulatur „lechzte" förmlich nach Kohlenhydraten. Genau dies ist das Ziel! Werden diese nun gezielt mit wenig Flüssigkeit zugeführt, ergibt sich innerhalb kurzer Zeit eine „Wettkampfdefinition"!

Mit 110 Gramm Haferflocken, angerührt mit etwas Wasser, Zimt und Süßstoff, eröffnete ich die Ladephase. Warum Haferflocken? Ein hoher Insulinspiegel kann zu unerwünschten Wassereinspeicherungen unter der Haut führen. Haferflocken haben im Verhältnis zu anderen komplexen Kohlenhydraten einen leicht erhöhten Fettanteil und damit verbunden einen sehr niedrigen glykämischen Index von 40. Wenn Sie davon nicht zu große Mengen auf einmal essen, fällt die Insulinantwort somit sehr bescheiden aus. Die Haferflocken am Samstag teilte ich auf zwei Mahlzeiten auf – eine um 20 Uhr und eine weitere vor dem Zubettgehen um 22.30 Uhr.

Ab Samstagabend, mit dem Start der Ladephase, schränkte ich die Flüssigkeitsaufnahme stark ein. Ich vermied übermäßiges Trinken, trank aber je nach Durst ein wenig.
Beginnen Sie mit der Flüssigkeitseinschränkung nicht zu früh. Der Körper hat sonst Zeit, darauf zu reagieren und wird nach Möglichkeit versuchen, jeden Tropfen Wasser festzuhalten. Deshalb dauert die eigentliche Ladeperiode nur 36 Stunden.

Beim Aufladen unbedingt beachten: Dehnen Sie die Kohlenhydratladephase nicht auf mehr als 36 Stunden aus! Trinken Sie an den letzten beiden Tagen nicht zuviel, aber auch nicht zu wenig! Meine Empfehlung: 1,5 l Flüssigkeit auf die letzten 36 Stunden verteilt.

Sonntag: Der letzte Tag vor dem Fototermin

Das letzte richtige Training sollte aber mindestens 48 Stunden vor dem Termin liegen und keinesfalls ein A-Programm beinhalten. Wenn Sie auf Nummer sicher gehen wollen, sollten Sie beim letzten Training nur noch lockere Hantelübungen mit vielen Wiederholungen machen. Ich selbst machte am Sonntag lediglich meine obligatorische Aktivierungseinheit auf dem Cross-Stepper und einen Spaziergang. Es ging mir ausschließlich darum, die Verdauung in Schuss zu halten und trotz allem ein wenig aktiv zu sein. Ein echtes Training ist am letzten Tag tabu. Zusätzlich ging ich kurz in die Sauna, ohne es zu übertreiben, und machte am Abend wie üblich ein Stretching.

Meine Ernährung bestand am Sonntag wieder vor allem aus Haferflocken, die ich, um ja keine hohe Insulinreaktion hervorzurufen, auf insgesamt zehn Mahlzeiten über den ganzen Tag verteilte. Mein Körper gab jetzt jede Menge Wasser ab. Die Folgen der Dehydrierung waren verblüffend. Meine Muskulatur fühlte sich nach und nach voller an. Zudem glich meine Haut mit jedem Gang zur Toilette immer mehr einer dünnen Schicht Pergamentpapier. Bereits am Sonntagabend zeigte mir der Spiegel ein schier unglaubliches Bild!

Insgesamt sollte die Menge der Kohlenhydrate an beiden Tagen zwischen 6 und 10 Gramm pro Kilogramm Körpergewicht liegen. Ich selbst habe mich relativ genau in der Mitte bewegt.

Am letzten Tag ist es zudem wichtig, ein wenig nach Gefühl zu gehen. Sich am späten Abend noch einmal mit Kohlenhydraten zu „mästen" wäre sinnlos, da der Bauch am nächsten Morgen wohl nicht besonders gut aussehen würde.

Der Eiweißanteil lag an diesem Tag sehr niedrig. Doch erstens war mehr aufgrund der hohen Kohlenhydratmenge nicht notwendig, zweitens wäre es sogar gefährlich, die Eiweißmenge hoch anzusetzen, wenn gleichzeitig die Wassermenge nicht ausreicht, um die entstehenden Stoffwechselabfallprodukte abzuführen.

Mit dem Trinken sollten Sie es trotz Entwässerung am letzten Tag vor dem Termin nicht untertreiben. Wie oben erwähnt, ein Liter Wasser darf es über den Tag verteilt ruhig sein.

Vor dem erstmaligen Ausprobieren der in diesem Kapitel beschriebenen Maßnahmen möchte ich Ihnen zudem einen vorherigen ärztlichen „Check" ans Herz legen. Zwar ist für einen gesunden Organismus eine solche zeitlich begrenzte Dehydrierung im Normalfall unproblematisch, aber die Verantwortung tragen Sie natürlich immer selbst!

Montag: Fototermin

In der Nacht zum Montag schlief ich sehr schlecht. Offensichtlich fühlte sich mein Körper inzwischen nicht mehr ganz wohl und geriet aus dem Gleichgewicht. Erstaunlicherweise gab er trotzdem weiterhin viel Wasser ab. Dreimal wurde meine Nachtruhe durch einen Gang zur Toilette unterbrochen!

Ich stand um 6 Uhr auf und trank einen Kaffee für eine weitere leichte Dehydrierung. Nach 30 Minuten auf dem Cross-Stepper fühlte ich mich vollkommen am Ende. In dieser stark dehydrierten Verfassung wird die Muskulatur bereits beim Aufwärmen übersäuert.

Für einen Kraftsportwettkampf wäre diese Vorbereitung also garantiert katastrophal! Obwohl ich auch in der folgenden Fotosession nicht wirklich trainiert hatte, setzte mich ein hartnäckiger Muskelkater anschließend für zwei Tage fast völlig außer Gefecht!

Kurz vor 8 Uhr aß ich meine endgültig letzten Vorbereitungshaferflocken. Um 8.30 traf ich mich dann mit Jürgen Christmann, dem Fotografen. Ich wärmte mich mit einem kleinen Zirkeltraining und Kurzhantelübungen auf. Dabei achtete ich besonders auf hohe Wiederholungszahlen, um den Pump in der Muskulatur zu verstärken. Jürgen machte bereits die ersten Fotos.
Doch ich wollte noch etwas ausprobieren, einen klassischen „Hinter-der-Bühne-Trick" aus dem Bodybuilding: Ich trank ein halbes Glas Sekt und nahm Dextrose. Dadurch wurde das Adernetz innerhalb weniger Minuten verstärkt herausgedrückt.
Andererseits setzte sich damit ein Countdown in Gang. Das Insulin kam und überschwemmte mich innerhalb kürzester Zeit. Nach Sekt und Dextrose blieben uns noch genau 30 Minuten für das Fotoshooting. Dann war die Show beendet. Das Ergebnis konnte sich jedoch wirklich sehen lassen, wie Sie anhand der Aufnahmen in diesem Buch selbst beurteilen können!

Nach einem solchen Fotoshooting ist ein richtiger Ladetag mit sehr viel Flüssigkeit notwendig. Sie sollten dieses Dehydrierungsspiel keinesfalls in der Folgewoche noch einmal wiederholen. Die Zahl solcher Extremmaßnahmen ist begrenzt, eine ähnliche Form könnte in absehbarer Zeit auch kaum mehr erreicht werden.
Entscheidend sind einfach die letzten 36 Stunden. Es ist wichtig, nicht zu übertreiben, also nicht gar nichts zu trinken und vor allem kein Kalium und keine Diuretika einzunehmen. Flüssigkeitsaufnahme reduzieren, Salz weglassen – mehr ist nicht nötig. Ich habe es an mir selbst gesehen.

Noch ein Tipp zum Abschluss: Wenn die Fotos sehr wichtig sind, können Sie zur Sicherheit zwei Termine ansetzen, einen am Morgen und einen am Abend. Falls Sie am Morgen noch nicht nach Wunsch dehydriert sind, gibt es immer noch den Ausweichtermin. Bis dahin wird es dann spätestens klappen.

Die Peak-Ernährung auf einen Blick

Ruhe- und Trainingstage

Grundnahrungsmittel
- reichlich Salat und Gemüse
- fette Fischsorten (auch Dosenfisch), Fleisch
- Eier (ideal: Freiland-Eier)
- Nüsse (alle Sorten), Avocados
- Käse (ideal: Bio-Produkte)
- Öle (Olivenöl, Leinöl, Rapsöl, Walnussöl), Leinsamen
- Topfen (Quark), Sahne und Butter (Bio-Produkte; Vorsicht kcal-Falle)
- nicht zu süßes Obst (Kohlenhydrate-Anteil beachten)

Snacks für Unterwegs
- Nüsse (alle Sorten)
- Aminos (siehe JR-Tipp auf Seite 159)
- Topfen (Quark) mit Eiweiß-Pulver (siehe Seite 142 unten)
- Karotten
- Dosenfisch
- Äpfel

Essen außer Haus
- Fisch oder Fleisch mit Gemüse
- Ham & Eggs (Rühreier in allen Variationen sind z.B. ideal auf Raststätten)
- Geflügelsalate
- Salat mit Käse oder Wurst
- bei guter Qualität auch Hamburger, Dönerfleisch (Brot und Soße weglassen!)

Ladetag

Für Ladetage in „Nicht-Peak-Phasen" gilt, speziell für die erste Mahlzeit nach dem Training: freie Bahn – keine Limits – Hauptsache reichlich Kohlenhydrate!

Ladetage in der Peak-Phase
- Obst
- Vollkornbrot und -produkte
- Milch und Milchprodukte
- Haferflocken und Müsli
- Gemüse, Salate

Jürgen Reis im Herbst 2004: Ernährung und Supplemente

Ruhetag

6 Uhr	Supplemente	500mg L-Carnitin, 5g L-Glutamin, 5g Creatin, Tribulus
nach dem Aufstehen		30 bis 45 Min. Morgen-Warm-up und -Gymnastik mit Stretching (Mountainbike, Morgenlauf oder Cross-Stepper)
7 Uhr	1. Frühstück	5g Creatin, 20g Dextrose, 10g Einfachzucker in Form eines milchzuckerfreien Kakaogetränks, 3 Pro Aminos 2000 Ist Fettverbrennung bzw. Gewichtsreduktion das primäre Ziel, nehme ich nur Aminos zu mir. Sinn ist die Nutzung der Fettverbrennungsphase der Nacht am Vormittag
Morgen		Geschäftliche Erledigungen, Tagesplanung bzw. Vorbereitungen, Telefonate
9 Uhr	2. Frühstück	Meist Vollfetttopfen (Quark) mit Nüssen oder Avocado mit Protein 85 Eiweißpulver gesüßt
Vormittag		Termine, Geschäftliches
vor dem Essen		Spaziergang mit Erledigungen
13.30	Mittagessen	z.B. Salat mit Fisch oder Käse oder Eiweißshake mit Nüssen, Käse, 1 Esslöffel Leinöl, o.ä., Supermineral, Säurefreies Vitamin C 250mg, 3 Magnelact, Tribulus
Nachmittag		Mentaltraining, anschließend Telefonate, E-Mails, etc.
15.30	Snack	Käse, Nüsse mit 5 Pro Aminos 2000 o.ä.
später Nachmittag		Geschäftliches meist mit Spaziergang (ca. 45 bis 60 Minuten) mit anschließendem Stretching
19.30	Abendessen	Eiweiß- und fettreich: z.B. Fisch oder Fleisch mit Gemüse, Eier, Vitamin E 400 I.E., Multivitaminkonzentrat
Abend		Chill Out! Letzte geschäftliche Erledigungen bzw. Vorbereitungen; Privates, Telefonate, lesen, relaxen ...
22.15	Nachtsnack	Meist Eiweißsnack mit Magertopfen (Quark) und Protein 85 (weniger Fett ist leichter verdaulich), 2 Zitrozink, 3 Magnelact, Säurefreies Vitamin C 250mg

Trainingstag

ca. 6 Uhr	Supplemente	500mg L-Carnitin, 5g L-Glutamin, 4 Basenpulverkapseln
		20 bis 30 Min. Morgen-Warm-up und -Gymnastik mit Stretching (Mountainbike, Morgenlauf oder Cross-Stepper)
ca. 7 Uhr	Pre-Workout-Snack	Eiweiß, kein Fett, keine Kohlenhydrate: z.B. Eiweißshake oder Eiweißsnack mit Magertopfen (Quark) mit Protein 85, Kaffee
ca. 8 Uhr		Beginn des Peak-Trainings laut Trainingsplan
sofort nach dem Training	After-Workout-Snack	Creatinsupplementierung 5g, 2 Basenpulverkapseln, 3 Magnelact, Tribulus, 5g L-Glutamin, 5 Pro Aminos 2000
30 Min. später		5g Creatin, 55g Dextrose Ist Fettverbrennung bzw. Gewichtsreduktion das primäre Ziel, nehme ich nur Aminos zu mir. Sinn ist die Nutzung der Fettverbrennungsphase der Nacht am Vormittag.
Rest des Tages		Ich klinke mich, außer am Ladetag, nach 1½ Stunden „Wartezeit" wieder in die kohlenhydratarme Phase ein.

Der glykämische Index (GI)

100	Glucose (Traubenzucker)	45	Spaghetti (al dente)
90	Kartoffelpüreepulver	45	Orangensaft
85	Schnellkochreis	45	Wildreis
80	Honig	40	frische Erbsen
80	Cornflakes	40	Pfirsiche/Pflaumen
80	Limonade	40	Haferflocken
70	Haushaltszucker	40	frischer Fruchtsaft ohne Zucker
70	Weißbrot, Baguette	40	Vollkornbrot
70	Salzkartoffeln	35	Apfel, Birne
70	Mais	30	Milchprodukte
70	Weißer Reis	30	Erbsen
70	Teigwaren, Ravioli	30	grüne Bohnen
65	Rosinen	22	schw. Schokolade (85% Kakao)
65	Mischbrot	20	Fructose
65	Pellkartoffeln	15	Soja, Nüsse
65	Ananas	15	frische Aprikosen
65	gezuckerte Konfitüre	<15	grünes Gemüse, Tomaten
60	Langkornreis	<15	Auberginen, Zucchini,...
60	Banane, Melone	<15	Knoblauch, Zwiebeln
55	Spaghetti (weich)		
50	Vollkornbrot		
50	Naturreis		
50	Vollkornteigwaren		

Bücher und Software von Jürgen Reis

Das Peak-Prinzip Hörbuch, Auflage 2, 2 CDs	€ 23,90
Peak-Prinzip-Kombi – Buch + Hörbuch	€ 39,90

Das erste deutschsprachige Kraftsporthörbuch

Peak Power – 3. Auflage, 220 Seiten € 24,90
Neue Strategien und Erfahrungen aus 2 Jahren Peak-Praxis

Peak-Time – 3. Auflage, 210 Seiten € 23,90
Die Krönung der Peak-Trilogie: Leistungssport-High-End-Strategien

Power-Quest – 2. Auflage, 230 Seiten € 24,90
Das umfangreiche Fragen- und Antworten-Buch zur Peak-Trilogie

Alle Bücher sind auch als E-Book erschienen und zu Sonderpreisen exklusiv auf WWW.PEAK-PRINZIP.COM erhältlich.

Peak-Log – PC-Software für Windows – Neue Version 2.0! € 39,90
Komplexe Trainingsplanung und -dokumentation wird zum Kinderspiel!

Jetzt kostenlos testen!
Überzeugen Sie sich selbst! Auszüge und Demos aller Produkte finden Sie direkt auf WWW.JUERGENREIS.COM/TESTIT

WWW.PEAK-PRINZIP.COM und WWW.JUERGENREIS.COM!
kostenloser Newsletter, Erfahrungsberichte, Internet-Tipps, u.v.m.
Im Shop: Bücher, Hörbücher, Software, Supplemente, Kettlebells, DVDs, ...
– einfach, direkt und versandkostenfrei!
VIP-Bereich für Leser – Benutzername: **Peak**   Passwort: **Peaktime**

EU-Überweisung und -Versand

Power-Quest.cc – Der Kraftsport-mp3-Podcast

Die heißesten Kraftsport-Podcasts im Internet! Jürgen Reis gibt gemeinsam mit Strongman-Trainingsexperte Dominik Feischl exklusives Wissen weiter. »live on tape – kostenlos – 100 % HARDCORE« so das Motto.

Individuelles High-End Wissen aus erster Hand!

- Professionelles Personal Coaching direkt mit Jürgen Reis
- *Peak-Prinzip* Seminare und Motivationsworkshops
Detailinfos auf www.juergenreis.com/coaching und www.juergenreis.com/success

Quellennachweis, weiterführende Literatur

Jan Prinzhausen
STRATEGIEN DER LEISTUNGS-
ERNÄHRUNG FÜR SPORTLER
Akademos, Hamburg, 2003

Klaus Arndt
HANDBUCH NAHRUNGSERGÄNZUNGEN
Novagenics, Arnsberg, 1999

HANDBUCH PROTEIN UND AMINOSÄUREN
Novagenics, Arnsberg, 2001

OPTIMALE FETTVERBRENNUNG
Novagenics, Arnsberg, 1998

REZEPTE FÜR DIE ANABOLE DIÄT
Novagenics, Arnsberg, 2003

SYNERGISTISCHES MUSKELTRAINING
Novagenics, Arnsberg, 2000

Klaus Arndt, Stephan Korte
DIE ANABOLE DIÄT
Novagenics, Arnsberg, 2002

Mauro Di Pasquale Dr. M.D.
THE ANABOLIC SOLUTION FOR BODYBUILDERS
AllProTraining.com books, Austin TX, 2002

THE ANABOLIC SOLUTION FOR POWERLIFTERS
AllProTraining.com books, Austin TX, 2002

THE METABOLIC DIET
AllProTraining.com books, Austin TX, 2000

Clarence Bass
ULTRA SCHLANK
Novagenics, Arnsberg, 1999

RIPPED BAND 1, 2 UND 3
Ripped Enterprises,
1980 (Bd. 1), 1982 (Bd. 2), 1999 (Bd. 3)

Franziska van Almsick
AUFGETAUCHT
Kiepenheuer, Köln, 2004

Lance Armstrong, Sally Jenkins
TOUR DES LEBENS
Bastei Lübbe, Bergisch Gladbach, 2001

Berend Breitenstein
BODYBUILDING: MASSIVE MUSKELN
Rowohlt, Reinbeck b. Hamburg, 2003

Sri Chinmoy
SPORT & MEDITATION
SCMT, Zürich, 1990

Paulo Coelho, Cordula Swoboda Herzog
DER ALCHIMIST
Diogenes Verlag, Zürich, 2003

Paulo Coelho
HANDBUCH DES KRIEGERS DES LICHTS
Diogenes Verlag, Zürich, 2001

Stephen R. Covey, A. R. Merrill, Rebecca R. Merrill
DER WEG ZUM WESENTLICHEN
Campus Verlag, Frankfurt (Main), 2003

Dalai Lama XIV
DER WEG ZUM GLÜCK
Herder, Freiburg im Breisgau, 2002

Ibrahim Elmadfa, Waltraute Aign, Doris Fritzsche
NÄHRWERTE
Gräfe & Unzer, München, 2002

H. Gärtner, R. Pohl
DER STEROIDERSATZ
BMS, Dortmund, 1994

Jürgen Gießling
1-SATZ-TRAINING
Novagenics, Arnsberg, 2004

Eugen Herrigel
ZEN IN DER KUNST DES BOGENSCHIESSENS
Fischer, Frankfurt (Main), 2004

Ulrich Klever
KLEVERS KOMPASS KALORIEN & FETTE
Gräfe & Unzer, München, 2002

Bruce Lee, John Little
EXPRESSING THE HUMAN BODY
Tuttle Publishing, Boston MA, 1998

Christian von Loeffelholz
LEISTUNGSERNÄHRUNG FÜR KRAFTSPORTLER
Novagenics, Arnsberg, 2002

James E. Loehr
DIE NEUE MENTALE STÄRKE
BLV, München, 1996

Peter Konopka
SPORTERNÄHRUNG
BLV, München, 2003

Mike Mentzer
HEAVY DUTY
Sport Verlag Ingenohl, Heilbronn, 1995

HEAVY DUTY JOURNAL
Sport Verlag Ingenohl, Heilbronn, 1995

Mirko Ribul
ENTSCHEIDE DICH JETZT!
Linde, Wien, 2003

Dagmar Sternad
RICHTIG STRETCHING FÜR FREIZEIT-
UND LEISTUNGSSPORTLER
BLV, München, 1996

Jan Ullrich, Hagen Boßdorf
GANZ ODER GAR NICHT
Econ, Düsseldorf, 2004

Nicolai Worm
SYNDROM X, ODER: EIN MAMMUT AUF DEN TELLER!
Systemed, Lünen, 2002

Dorian Yates und Bob Wolff
BLOODS AND GUTS
Sport Verlag Ingenohl, Heilbronn, 1995

Eine Auswahl besonders empfehlenswerter, weiterführender Literatur finden Sie auch mit Kommentar von Jürgen Reis auf WWW.JUERGENREIS.COM/SHOP. Sie können sämtliche Bücher und Tonträger dort auch direkt bestellen.

Start frei für Ihr Peak-Prinzip!

Dieses Buch enthält sämtliche Informationen, Ratschläge, sowie zahlreiche Tipps, die mich unter die Top 10 der Welt in meinem Sport gebracht haben. Auch Sie können mit dem Peak-Prinzip Ihre Ziele verwirklichen.
Die Peak-Leistung ist der lohnende Höhepunkt! Viele bezeichnen den Zustand, in dem sie sich während eines Peaks befinden, als „Flow". Dieser Flow ist ein unbändiger Energiefluss, in dem der Athlet mit seiner Aufgabe eins wird, in dem es mit einem Mal keine Mühe und keine Widerstände mehr gibt und die Leistung sich einfach ereignet. Das bewusste Denken, alle Erwartungen und Zweifel zerstreuen sich im Flow und werden bedeutungslos. Wenn Sie im Flow gewesen sind, werden Sie es wissen – aber erst im Nachhinein, erst nachdem Ihr Verstand wieder die Herrschaft über Ihr Denken und Handeln übernommen hat. Genießen Sie jeden Augenblick des Flow, spüren Sie seine Energie!

Zweifellos ist es der Traum jedes Sportlers, sich jederzeit nach Wunsch in den Flow zu begeben. Das Peak-Prinzip ist die bislang beste mir bekannte Methode, um den Flow mit hoher Sicherheit zum Spiel mit den eigenen Grenzen „einzuladen".
Dennoch habe auch ich zu diesem fast übersinnlichen Zustand nur begrenzten Zugang. Auch ich arbeite noch daran... Das Geheimnis des Flow ist eine äußerst faszinierende Thematik, die weit über den Sport hinausreicht. Wer weiß, wenn die Zeit reif dafür ist, könnte sich ein neues Buch daraus entwickeln...

Ich bin felsenfest überzeugt, dass Sie mit dem Peak-Prinzip, egal ob Einsteiger oder „Kraftsportlegende", optimale Fortschritte in der kürzestmöglichen Zeit machen werden. Auf Ihrem Weg zum Erfolg wünsche ich Ihnen von Herzen alles Gute!

P.S. Ich freue mich natürlich auch auf Ihre Anregungen, Lob und Kritik zum Peak-Prinzip und bin unter WWW.PEAK-PRINZIP.COM für Sie erreichbar.